教育部人文社会科学重点研究基地
南京师范大学道德教育研究所
重大项目基金资助

荣辱文丛
RONGRU WENCONG
高兆明 主编

荣辱观教育的当代路向

——基于城乡中小学的实证研究

赵志毅 等 著

人民出版社

总　　序

一个伟大的民族,必定有伟大信念、远大目标、博大胸怀,必定有昂扬向上、坚忍不拔、振奋前行的意志力,必定有深入人心、潜行日常、凝聚民众的是非善恶荣辱价值观,必定有基本公正清明的伦理生活秩序。一个仅仅有庞大经济体量的民族,未必能赢得世界其他各民族的敬重,未必能够始终生机勃勃、昂首前行。

经过 30 年的改革开放,中华民族精神、民族文化的再生问题,以无法回避的方式再次历史性地摆在了我们面前。当我们以一种非常正式的方式在全社会提出直面荣辱观问题、加强荣辱观教育时,这本身就意味着:在我们这块土地上,以是非善恶、荣辱廉耻为标识的社会道德价值精神已存有严重问题,无法粉饰,必须直面正视。

社会主义荣辱观问题的核心是:中华民族在走向现代化、向着世界先进民族目标进军过程中,应当具有何种道德文化、确立起何种道德价值精神、建立起何种伦理关系及其秩序? 只有具有文明、先进道德文化的民族,才有可能居于世界前列,才能获得全世界各民族的敬重与景仰。人的现代化,人的生活方式、生活态度及其精神世界的现代化,是实现民族现代化的关键。正是在这个意义上,我们可以通过社会主义荣辱观这个具体角度,理解我们这个社会,把握时代的脉博,站在时代的前沿。

社会精神生活中的病症,缘于社会生活方式自身的病症。社会荣辱价值的迷惘乃至颠倒,在根本上缘于社会伦理关系及其秩序的混乱。根据马克思的思想方法,对社会精神生活的任何严肃、深刻思考,都必须直面并深入产生这种精神生活内容的社会生活方式。离开了以物质生活为基础的社会生活方式,无法认识与说明社会精神生活及其内容。社会精神中的是非善恶混乱、荣辱廉耻颠倒,根源在于社会日常生活方式自身的是非善恶混乱、荣辱廉耻颠倒。正是在这个意义上,对荣辱问题的思考,首先是对社会生活方式及其价值精神的彻底追问,是对善恶合理性根据的追问。对于荣辱问题的认识,不能仅仅局限于个体道德层面,必须深入社会伦理关系及其秩序层面;不能仅仅局限于道德心理的精神层面,必须深入社会日常生活的实践层面。

然而,对于社会价值精神的这种追问,必须是严肃思想学术理论的。只有严肃思想学术理论的,才可能是理性、说理的,才能真正有益于精神自身的健康生长。摆在我们面前的这个系列研究,正是我们对于荣辱问题理性思考的产物。这个研究系列本着由抽象到具体、由思辨到实证的逻辑理路,在史论结合、中外关照、追求理论与实践相统一的理念主导下,分别从道德哲学、(中西)道德思想史、道德心理学、德育社会学角度展开,力图较为系统地探究荣辱问题。本研究系列的这四个部分,既相对独立,又通过内在学理逻辑互有联系,彼此构成一整体。

本丛书系教育部南京师范大学道德教育研究所基地项目《社会主义荣辱观的理论与实践》的最终成果。如名称所直接呈现出的那样,此项目具有强烈的意识形态特质,且易使人根据常识对研究本身形成先入为主的第一印象:应景、赶时尚的意识形态注释说教而已。然而,问题的关键在于:一方面,荣辱问题本身是否是真问题,是否值得深入探索;另一方面,对荣辱问题的研究是否应景、赶时尚,这完全取决于研究者的良知与态度。真问题,研究者的社会良知与科学态度,是真正学术研究的前提。这里必须消除一种误解,以为意识形态与科学精神、理性态度绝对二分不相容。如果不是在贬义的,而是在罗尔斯完备性学说体系的意义上理解意识形态,那么,本人以为任何严肃的政治意识形态活动均需要有科学精神与理性态度。在哲学人文社会科学领域,科学精神不能游离于政治意识形态之外,政治意识形态活动也不能没有科学精神。求真是通向未来的光明大道。

自古以来,哲学人文社会科学总是摆脱不了与政治意识形态的纠缠。问题的关键不在于是否有这种纠缠,而在于是何种性质的纠缠:是作为垂手相侍的婢女,还是作为挺立的理性思想明灯?哲学人文社会科学必须直面生活、实践,以科学的态度,理性地回答生活、时代最急切需要回答的问题,进而使自己获得生命活力。不是以应景的、盲从的、注疏式的方式,而是以严肃反思的、批判的方式,关注重大的社会问题,关注日常生活中的政治意识形态问题,这或许既是当今学人应取的基本价值立场与学术方向,亦是其应有的一种责任担当。

从接受任务的第一天起,本人就设定了一个原则:不做应景的事,从基础学理上做属于学术本身的工作;以追求真理的态度,通过踏实的学术研究,为中华民族的社会主义现代化建设事业服务。感性的东西总是杂多不确定的,感性背后那些显而不见的东西才具有某种恒常性。理论的任务及其生命力就在于探究、揭示这种恒常性,并用以解释现实、引领实践。值得庆幸的是,本人的这一设想,从最初起就获得了课题组同仁们的共识与支持。

严格说来,主持这个项目原本并不在自己的研究计划中。几年前,"社会主义荣辱观"问题刚提出之时,教育部曾直接召集南京师范大学与清华大学两所高校相关人员座谈,并委托两校对此问题做进一步深入研究。本人受命作为南京师范大学的首席专家,与几位同仁一同前去并领命而回。后,本人根据教育部重大委托项目的要求,在很短时间内对研究的总体内容与框架做了详细论证与报告,根据研究设计框架邀请相关专家加盟组成学术研究共同体,并在教育部人文研究基地"南京师范大学道德教育研究所"的组织下筹办了相关高层学术论坛。这一切均得到了教育部相关部门领导的充分肯定。其后,几经周折,此研究最终作为基地重大项目立项,获 5 万元的立项资助。尽管如此,出于对学校事业的热爱,出于学者责任与荣誉感,主持人与学术共同体同仁们不计得失,顾全大局,仍然放下自己手中正在进行的其他研究工作,义无反顾地投入这项工作。如果没有这种责任感与荣誉感,很难想象这项工作还能正常进行。在此我要特别感谢本课题组这一学术共同体的同仁们。没有陈真、邵显霞、汪凤炎、赵志毅等教授们的理解与支持,没有他们的道德责任感与学者荣誉精神,就不可能有眼前的这个系列成果。我们的合作既坦诚简洁,又轻松愉快。

在本研究工作展开过程中,得到了南京师范大学主管副校长吴康宁教授,以及社科处前后几任领导们的全力支持,得到了南京师范大学道德教育研究所所长金圣宏教授、副所长潘慧芳女士的鼎立相助。李和佳博士为课题组的日常活动,承担了许多具体琐碎工作。在此,向他们、向一切关心与支持过本研究的人们,一并致以由衷谢忱。

人民出版社哲学编辑室先后两任主任,陈亚明女士与方国根先生,对本丛书出版给予了全力支持,责任编辑夏青女士的热情厚爱与一丝不苟负责任的劳动,不仅使本丛书如期出版,亦使本丛书增色不少。尽管谢谢二字不足以表达与上述诸位之间的多年君子友谊,但我仍要向他们表示真挚的谢意。

高兆明

于南京河西愚斋

2010 年 1 月 19 日

目　录

第 一 章
绪　　论

荣辱观念古已有之。在我国，以儒家伦理思想为主体的传统文化的核心之一就是荣辱观念的养成。在西方，荣辱观研究则源于古希腊时期，哲学家们珍惜荣誉，往往把荣誉同人的自尊、善性联系起来考察。如今，中国处于社会转型时期，国民荣辱观的发展受到经济增长、文化融合、政治多元、价值动荡等因素的影响，呈现出多维、多元、多层次的态势。如何加强和完善荣辱观教育，促进人的德性养成，培育符合社会发展的公民，成为道德教育关注的热点，也是社会发展必须面对的主题。

第一节　荣辱观教育的理论探索

一、荣辱观教育的概念界定

（一）"荣辱"

荣、辱是一对基本的道德范畴，"荣"即荣誉，"辱"即耻辱，两者相辅相成。"荣"是对特定行为与精神的肯定评价，"耻"则是对特定行为与精神的否定评价。

荣，在《说文》中有："荣，桐木也。"在《尔雅》中有："木谓之华，草谓之荣。不荣而实者谓之秀,荣而不实者谓之英。""荣"还成为花草的总称。故而,中国人把花木的开放与凋萎称为"荣悴",把百花争艳的季节称为"荣年",把花的色彩称为"荣色",把植物生长旺盛称为"荣旺",把花木的茂盛称为"欣欣向荣"。由此意便引申出具有良好的名声和社会名望的"荣誉"一词。①"辱",有耻辱、侮辱、玷辱、屈辱、羞耻、羞辱等意,《说文》将其解释为"耻,辱也"。所以,"羞"、"耻"、"辱"三字含义相近,在使用中往往可以通用,没有本质上的区别。但是,如果细分的话,"羞"只是羞惭,在程度上没有"耻"、"辱"重。"耻"、"辱"用于名词时是同义词,用于动词时,则意义不同:"耻之"是表示以他为可耻,"辱之"表示侮辱他或使他受辱。在这样的用法中,"耻"、"辱"是不能相换的。

(二)"荣辱观"

《诗经》中有廉耻之说:"相鼠有皮,人而无仪。人而无仪,不死何为?"②其大意是:请看老鼠还有一张皮(喻为脸皮),这人行为没廉耻;既然行为没廉耻,为何还不死掉呢? 管仲把"耻"字提高到关系国家生死存亡的高度:"礼义廉耻,国之四维。"③社会的安定与进步,要靠道德的引领。礼、义、廉、耻,是道德的四大纲纪。人一生不做坏事,不是慑于法律,而是出于人的良知,当这样的教育成为大众的普遍意识之时,国家才会有长治久安。在孔子的学说中,仁是最高境界。孔子提倡"仁",仁者对大众有强烈的爱心,对社会有至诚的关怀。人一生的荣辱,都与是否行

---

① 如将荣誉爵位称为"荣级",将死后的荣誉称为"启荣",将禄位和恩宠称为"荣宠",将光耀显达称为"荣达",将载誉而归称为"荣归",将人之显贵称为"荣华富贵",将显赫安逸称为"荣逸",将荣耀、光彩称为"荣辉",将荣耀与幸福称为"荣福",将光荣获取称为"荣获",称颂某人担任某一职位为"荣任",将职位升迁称为"荣升",将光荣退职称为"荣退",将国家和社会的兴旺发达称为"繁荣昌盛",将光荣而且幸运称为"荣幸",将荣幸接受或担当称为"荣膺",将获得崇高声誉和社会名望称为"荣耀",将由于成就和地位面广为流传的名誉和普荣称为"荣誉",将荣耀和耻辱合称为"荣辱",等等。
② 《诗经·相鼠》。
③ 《管子·牧民》。

"仁"密切相关。道德高尚者,如孔子所说:"志于道,据于德,依于仁,游于艺。"①有坚定的理念,为万人所敬仰,自然会有荣光。即使在世时不得志,为权势所压抑,但也会有身后之荣。相反,悖逆仁道,多行不义,即使得逞于一时,但终究要受辱于世。荣辱与个人修养也有密切的关系,《论语·学而》说:"信近于义,言可复也;恭近于礼,远耻辱也。"诚信,有礼,自然就远离耻辱了。反过来说,没有信誉,无礼,当然要徒自取辱。"羞恶之心,义之端也。"②对于害人、害己的坏事,有厌恶之心,羞于去做,哪怕打死也不能去做,这是有是非观念的表现。荣辱观具有鲜明的阶级性。恩格斯曾经明确指出:"每个社会集团都有它自己的荣辱观。"③不同的时代,不同的民族,有不同的荣辱观,评价荣辱的标准也各不相同。在阶级社会里,剥削阶级荣辱观表现为把高贵的身份和特权、显赫的门第官爵和等级以及剥削来的金钱财富确定为人的价值和行为荣辱的标准。而我们现在所推崇的社会主义荣辱观是以集体主义、国家利益为基础的,衡量标准不是职务的高低、权力的大小、收入的多少,而是对社会进步和人类解放事业的贡献。每个热爱祖国,热爱人民,热爱社会主义的中国公民,都以为祖国为人民为社会主义事业作出自己的贡献为光荣,而以损害国家和人民利益、损害祖国的尊严和荣誉的行为为耻辱。④

综上所述,我们认为荣辱观是人们对光荣和耻辱的看法,是人生观、价值观在社会生活中的具体表现。在人的一生中,社会必然要对他的思想和行动的意义作出评价,而每个人对于这些评价也会产生一定的内心感受,这种社会评价和内心感受就是荣辱观的重要内容。这种感受既帮助每个人判断行为的好坏,也不断校正着人们的行为,引导人们弃恶向善,避辱求荣。

---

① 《管子·牧民》
② 《孟子·公孙丑上》
③ 《马克思恩格斯全集》第 39 卷,人民出版社 1961 年版,第 251 页。
④ 参见刘桂兰:《市场经济条件下的荣辱观》,《聊城师范学院学报》哲学社会科学版,1995 年第 2 期。

(三)"荣辱观教育"及"中小学生荣辱观教育"

同一时代、同一民族对荣辱的判断标准理当一致,否则,是非颠倒,黑白混淆,人们的道德底线难以坚守,正常的社会秩序难以维持,社会生活就会出现混乱。在我们社会生活的主流中,荣与辱的界限是清晰的,广大人民群众褒奖"八荣"并身体力行,贬斥"八耻"并自觉抵制。但在一些地方、一些人的意识中,也出现了一些是非不明、荣辱颠倒的现象。[1] 荣辱观教育就是要让大家统一认识,形成一致的对荣、辱的看法。因此,本研究认为荣辱观教育是一定社会或一定组织为了让人们明荣知辱,形成有利于社会发展的舆论导向和社会氛围而进行的一系列活动。

我国古代教育家们大都认为,人格教育是第一位的,知识教育是第二位的,让孩子成为一名合格的社会成员,是儿童教育的首要任务。朱熹认为,南宋之所以朝纲不振,是因为朝廷缺乏栋梁之才;而朝廷之所以缺乏栋梁之才,是因为童蒙时代没有受到良好的教育。因此,从国家的前途考虑,必须下大力气抓好童蒙教育。而童蒙教育的核心,是"培其根"、"固其本",使之"正",树立正直的品性。儿童思想单纯,身上坏习气比较少,只要引导得法,好的品行不仅与日俱增,而且根植于心田,就像人天生固有的一样,难以更改,并能影响人一生的发展。

夸美纽斯在《大教学论》中提出少年期是最佳的教育时机,此时所接受的东西对人具有终身的影响力。因此,对中小学生的荣辱观教育,就是要教育学生正确地区分荣辱,使学生形成正确的荣辱观,让学生明白什么是值得荣耀的,什么是感到耻辱的,使他们善恶明辨,爱憎分明,从而使他们严格要求自己,不断奋发向上,正确地对待所取得的荣誉和遭遇的失败;按照中小学生守则的要求,使之做到热爱祖国,热爱人民,积极参加劳动,生活俭朴,遵守学校纪律,遵守国家法令,爱护公物,诚实谦虚,不做对人民有害的事等。

---

[1] 参见《一条泾渭分明的是非界限——三论树立社会主义荣辱观》,《人民日报》,2006年3月24日。

二、荣辱观教育的理论溯源

(一)国外关于荣辱观的研究

西方荣辱观研究源于古希腊时期。古希腊的哲学家们非常珍惜荣誉,他们关注人性,很多时候是把荣誉同人的自尊、善性联系起来考察的。毕达哥拉斯(Pythagoras)在《金言》中提到:"无论是别人在跟前或者自己单独的时候都不要做一点卑劣的事情;最要紧的是自尊。"①德谟克利特(Democritus)指出:"对可耻的行为的追悔是对生命的拯救","做了一件可耻的事情,应该首先对自己感到惭愧。"②亚里士多德(Aristotole)对荣辱观有深入的阐述,首先,他以中道观点考察荣辱问题,指出"名誉和不名誉的中间性是淡泊(亦译作'适当的自豪'),过度了就叫做好名(亦译作'虚荣'),不足了就叫做自谦(亦译作'卑贱')"③,他认为好名或"虚荣"、自谦或"卑贱"都是不好的,而淡泊或"适当的自豪"是好的;其次,他对荣誉的理解有主观和客观的层面,指出"属于善良活动的快乐是高尚的,属于邪恶活动的快乐是鄙下的,而欲望也是这样。高尚的受到赞扬,卑下的受到斥责"④,并且批评了一些人"不顾羞耻,只知恐惧。他们避开罪恶并不是由于羞耻,而是由于惩罚"⑤;最后,亚里士多德认为荣誉来源于对共同事业的奉献,"对共同事业无所奉献是不会得到荣誉的"⑥。古希腊、罗马时期的斯多葛学派则认为:"荣誉是圆满的善……这种圆满的善类别有四:公正、勇敢、节制、知识……相类似的也有四种不荣誉:不公正、怯懦、无节制、愚昧。"⑦并指出"我们以不当的行为为耻,而以道德的

---

① 周辅成选编:《西方伦理学名著选辑》上卷,商务印书馆 1987 年版,第 15 页。
② 周辅成选编:《西方伦理学名著选辑》上卷,商务印书馆 1987 年版,第 46—47 页。
③ 苗力田等编:《亚里士多德全集》(第 8 卷),人民大学出版社 1995 年版,第 38 页。
④ 周辅成选编:《西方伦理学名著选辑》上卷,商务印书馆 1987 年版,第 223 页。
⑤ 周辅成选编:《西方伦理学名著选辑》上卷,商务印书馆 1987 年版,第 23 页。
⑥ 周辅成选编:《西方伦理学名著选辑》上卷,商务印书馆 1987 年版,第 188 页。
⑦ 苗力田等编:《亚里士多德全集》(第 8 卷),人民大学出版社 1995 年版,第 220 页。

行为为荣"①。

近现代西方荣辱观研究有了进一步发展。荣辱观研究者更辩证地看待主观感受与客观评价的关系,把荣辱观同人的德行结合起来研究。

"视荣誉为生命。"西班牙塞万提斯(Miguel de Cervantes)指出:"好名声比巨额财富更珍贵。"②英国莎士比亚(William Shakes)讲:"无论男人女人,名誉是他们灵魂里面最切身的珍宝。"③法国罗曼·罗兰(Rolland Romain)认为"荣誉比生命更宝贵"④。

追寻荣辱观的本质。斯宾诺莎(Spinoza)对荣辱观有着独到的见解。首先,他认为荣誉"是当人们看到了他们的行为受到别人的尊敬和赞美,而这种尊敬和赞美又不带有任何其他可能有的打算或利益时,在自己身上所感到的一种快乐。耻辱是当人们看到他们的行为受到别人的轻蔑,而这种轻蔑又不带有任何可能有的不利或伤害时,在他们身上产生的一种痛苦"⑤。其次,斯宾诺莎认为荣誉和耻辱"它们的基础是自爱","具有自尊和卑谦的人都是按照其真正价值认识自己的圆满性和不圆满性的","因为如果我们正确认识到我们的能力和我们的圆满性,我们亦就清楚地知道,为了达到我们的良好目的,什么是我们所应该做的。"⑥德国伦理学家弗德里希·包尔生(Frledrich Paulsen)在谈到荣誉时指出:人们对荣誉的爱,可以把它叫做"理想的自我保存的冲动","我们用客观意义上的荣誉来表示我们周围的人们给予我们的评价。一个人通过他的品质和行为在他的伙伴中唤起某种情感,这些情感是以价值判断的形式来表现的:尊敬和无礼、崇拜和蔑视、敬重和厌恶。这些情感以判断的形式表

① 苗力田等编:《亚里士多德全集》(第8卷),人民大学出版社1995年版,第229页。
② 转引自温克勤:《对于学习、践行社会主义荣辱观思想内涵的一些理解》,《道德与文明》2006年第3期。
③ 转引自温克勤:《对于学习、践行社会主义荣辱观思想内涵的一些理解》,《道德与文明》2006年第3期。
④ 转引自温克勤:《对于学习、践行社会主义荣辱观思想内涵的一些理解》,《道德与文明》2006年第3期。
⑤ 斯宾诺莎:《神、人及其幸福简论》,洪汉鼎等译,商务印书馆1987年版,第207页。
⑥ 斯宾诺莎:《神、人及其幸福简论》,洪汉鼎等译,商务印书馆1987年版,第207页。

现自己并为其他的情感所影响、加强和共鸣，因而产生了对于社会中的特定的个人的某种总的价值估价的东西：这就是他的客观融入。这种现象在动物中是没有的；仅仅在人类中，理智的和社会的生活才能达到如此完美和稳定的状态，才可能在意识的整体中获得对个人的持久的认识"①。弗德里希·包尔生这一论述在于说明，只有人们给予我们的赞扬这种客观意义上的评价，才使我们得到普遍的认同和价值的实现。亚当·斯密（Adam Smith）在《道德情操论》中阐述到："我们生来就希望被人热爱，希望成为可爱的人，而害怕被人憎恨，害怕成为可恨的人。"②

丰富荣辱观的外延。学者们认为荣辱观同人的自尊、尊严息息相关。俄国别林斯基提到"自尊心是一个人灵魂的伟大杠杆"③。英国卡莱尔（Carlyle）则讲"羞耻心是所有品德的源泉"④。罗尔斯（John Rawls）认为自尊的最基本的环境有两个方面：一是合理的生活环境；二是"感到我们的人格和行为受到了同样自尊的他人以及他们所享有的那些社会团体的赞扬和肯定"。他"把羞耻规定为当某人经受了对于他的自尊的一种伤害或对于他的自尊的一次打击时所产生的那种情感"，认为"没有自尊，那就没有什么事情是值得去做的，或者即便有些事值得去做，我们也缺乏追求它们的意志。那样所有的欲望和活动就会变得虚无缥缈，我们就会变如冷漠和犬儒主义"⑤。日本的岩崎允胤在谈到人的尊严、价值及其实现时论述到："人在共同生活及其发展的过程中，达到了对自己的活动或成果的自觉，逐渐形成了作为自我意识的存在的，换言之，即作为情感、意志、理性、良心的统一的、关于自我价值的思想。同时，形成了作为人性这种高度的普遍价值的、作为支撑着共同体的人的价值、关于人的尊严的观

---

① 包尔生：《伦理学体系》，何怀宏等译，中国社会科学出版社 1988 版，第 489 页。
② 唐凯麟：《西方伦理学名著提要》，江西人民出版社 2000 年版，第 194—195 页。
③ 转引自温克勤：《对于学习、践行社会主义荣辱观思想内涵的一些理解》，《道德与文明》2006 年第 3 期。
④ 转引自温克勤：《对于学习、践行社会主义荣辱观思想内涵的一些理解》，《道德与文明》2006 年第 3 期。
⑤ 参见罗尔斯：《正义论》，何怀宏等译，中国社会科学出版社 1988 版，第 427、429 页。

念。"他把人的尊严放到了对人的价值具有决定意义的地位上,认为"如果人失去了人的尊严,就丧失了一切。"①美国学者李健孙则认为"我们奖励一个人的所作所为,是因为我们认识到了他的尊严或价值。"而"我们称做为尊严而奋斗的斗争"也就是"对剥夺我们应得的荣誉的那些人,我们的反应是,抗议、反对、谴责他们或他们的行径。"②这里需要特别注意的是,国外荣辱观研究尤其注重与宗教精神的密切相关,带有很强的宗教色彩。

(二)国内关于荣辱观的研究

中国古代荣辱观研究重在荣辱的判断标准。孔子提出"志于道,据于德"③,指的是以坚守道德操守为荣,以失去道德操守为耻。孟子认为"仁则荣,不仁则辱"④,把"仁"作为荣辱的判断标准。荀子则以对待"义""利"问题作为荣辱的判断标准,他认为"先义而后荣者荣,先利而后义者辱"⑤。墨家学派则从功利角度来判定荣辱,指出"强则荣,不强则辱"⑥。受孔孟影响,后来的儒家学者把德行作为荣辱的判断标准。西汉贾谊讲:"贱而好德者尊,贫而有义者荣。"⑦南宋陆九渊认为:"由义为荣,背义为辱。"⑧

近代思想家则把荣辱观同国家、民族联系起来,把荣辱观上升到了关系国家民族前途命运的高度。龚自珍指出"士无耻,则名之曰辱国;卿大夫无耻,名之曰辱社稷","士大夫无耻,是谓国耻","士不知耻为国之大

---

① 参见岩崎允胤主编:《人的尊严、价值及自我实现》,刘奔译,当代中国出版社1993年版,第168—171页。
② 参见李健孙:《荣誉与责任》,译林出版社2004年版,第54—58页。
③ 《论语·述而》。
④ 《孟子·公孙丑上》。
⑤ 《荀子·荣辱》。
⑥ 《墨子·非命下》。
⑦ 《新语·本行》。
⑧ 《陆九渊集》卷二十三。

是"把市场经济通行的原则横移到社会生活之中,吞噬和挤压了规范人们行为的道德原则"。① 另有人认为:忽视道德主体的层次性、差异性,用一个统一的道德标准去要求所有的人,且一步到位,令人高不可攀,是导致当代中国道德生活"问题"的一个重要因素。②

总之,在对荣辱观问题研究上,中西方都源远流长,有丰富而宝贵的文化遗产。而近现代中西方对于专门的荣辱观研究则相对贫乏。随着社会主义荣辱观的提出,荣辱观研究成为热点,必将产生更丰富的成果。

第二节　国内外荣辱观教育状况分析

一、国外荣辱观教育的研究与实践

在国外很少有"荣辱观教育"这个名称,但是荣辱观的教育却是随处可见的。国外的教育工作者往往借着公民教育、道德教育、法治教育、宗教教育和历史教育的名义施行荣辱观教育。纵观近现代国外的研究与实践,可以归纳为以下几点。

(一)重视民族精神、爱国主义精神的教育

在美国,1987年,里根总统在国情咨文中强调:"学校要培养美国人的'国民精神',主要是指爱国、修养、诺言、恢复伦理道德、纪律等。"③1992年,美国一些行政组织与研究机构共同拟定了一份《阿斯彭品格教育宣言》,指出了"尊重、责任心、可靠、关心、公平、正义、公民美德与公民

---

① 张晓林:《引导社会风尚的一面旗帜——谈"八荣八耻"社会主义荣辱观》,《思想政治教育》2006年第8期。
② 李健华、易想和:《论社会主义荣辱观的主体层次性》,《伦理学研究》2006年第3期。
③ 朱永康:《中外学校道德教育比较研究》,福建教育出版社1998年版,第19页。

素质"等核心价值观。① 日本对于民族精神提炼为"大和民族"精神,把这种精神贯穿到各个学科的教育中,如国语课注重培养学生团结、诚实、谦逊、自律和合作精神,地理课则要求学生加深对国土的认识,明白日本除了国民的上进心、责任心外"一无所有"。② 韩国历来重视培育民族精神。韩国《教育法》七项基本方针中,其中有两项是直接讲民族精神问题的。③ 在现代韩国,"身土不二"是一种重要的价值观,"其核心是强调人的身心发展与自己国土的内在不可分离"④。

(二)善用渗透的方式、通过实践来达到教育的目的

美国一般不设专门的道德教育课程,但是"在美国,学校的所有课程都可以成为道德教育的载体"⑤,并且通过各种活动来塑造学生品德,"如社交、体育、文娱、宗教、志愿等"⑥,仅康奈尔大学的校园内就有600多个俱乐部、学会或协会供学生发展。⑦ 美国还重视大众文化和大众传播媒介,积极建设教育的公共环境,把国会大厦、白宫、华盛顿纪念堂等"一些容易唤起民众民族精神、爱国情感的地方"⑧作为泛德育的重要部分。日本和美国一样重视实践,仅名古屋大学"就有52个文化艺术社团和43个体育社团,63%的学生参加到这些社团活动"⑨。近些年来,日本还在一

---

① 参见彭雨、管宁:《韩国、美国高校道德教育特色与启示》,《思想政治教育》2006年第11期。
② 韦文学:《国外高校德育的特点及对我国的启示》,《思想政治教育》2006年第5期。
③ 参见张云飞:《韩国民族精神教育情况简介》,《高校理论战线》2004年第3期。
④ 彭雨、管宁:《韩国、美国高校道德教育特色与启示》,《思想政治教育》2006年第11期。
⑤ 朱永康:《中外学校道德教育比较研究》,福建教育出版社1998年版,第146页。
⑥ 朱永康:《中外学校道德教育比较研究》,福建教育出版社1998年版,第286页。
⑦ 彭雨、管宁:《韩国、美国高校道德教育特色与启示》,《思想政治教育》2006年第11期。
⑧ 教育部社政司组编:《比较思想政治教育学》,高等教育出版社2001年版,第162页。
⑨ 参见韦文学:《国外高校德育的特点及对我国的启示》,《思想政治教育》2006年第5期。

些中小学推进一种"上山下乡"、"土留学"活动,让学生到条件艰苦的岛屿、农村去,经受磨炼,①引导其树立热爱大自然、热爱劳动、热爱集体、热爱民族的荣辱观。韩国政府善于利用突发事件和重大事件来进行民族精神教育,比如,在亚洲金融风暴爆发以后,许多市民响应政府号召,向国家无偿捐出金银首饰,用以挽救国家的经济。②

(三)德育模式探索百家争鸣、百花齐放

西方荣辱观教育涵括于德育,因而,西方德育中也处处包含着荣辱观教育的内容。当代西方德育教育模式主要有:A.认知发展模式:它包括了道德两难问题的课堂讨论、价值分析、公正团体、榜样示范等方式;B.社会学习模式:包括了行为矫正法(奖惩)、文化传递法(名人传记、个人榜样等)等方式;C.价值澄清模式:包括了价值澄清、价值探究、价值反思、价值筛选等方式;D.社会行动模式:包括了社会行动法、角色扮演法、社会互动法、社区体验法等方式。③ 其中,价值澄清派认为"教师的任务就是帮助学生澄清他们的价值的性质和结果,并使学生逐渐完全服膺于它们,无须经过判断它们在客观是否合理"④。这种方法强调培育有高度自尊、自信和整合型的学生。美国斯坦福大学教育学院诺丁斯则认为如果我们"按照数学方式处理道德教育的话,我们就大错特错了"⑤,并提出了道德教育的母爱方式,这种方式以母爱般的关心为核心,认为教师应该像母亲关心孩子一样关心他们的学生。此外,心理学研究者研究表明,教师对学生抱有较高期望会对学生产生正强化作用,从而引发"皮格马利

---

① 参见韦文学:《国外高校德育的特点及对我国的启示》,《思想政治教育》2006年第5期。
② 参见彭雨、管宁:《韩国、美国高校道德教育特色与启示》,《思想政治教育》2006年第11期。
③ 参见檀传宝:《学校道德教育原理》,教育科学出版社2000年版,第166—177页。
④ 克里夫·贝克:《优化学校教育:一种价值的观点》,戚万学等译,华东师范大学出版社2003年版,第161页。
⑤ 内尔·诺丁斯.:《学会关心——教育的另一种模式》,于天龙译,教育科学出版社2003年版,第8页。

翁效应"或"罗森塔尔效应",这于道德教育也是一种有益经验。值得一提的是,玛格丽特·米德在研究代沟问题后,认为我们姑且不论代沟产生的原因,就其解决途径来讲交流是有效的沟通方式,而真正的交流正如玛格丽特所说应该"是一种对话"。"人们总是强调年轻一代的异化,与此同时却完全忽视了他们长辈的异化"①,她同时也提出:"在现代社会中同辈群体的影响甚至大到改变传统文化传递方式的地步。"②这对于我们研究荣辱观教育亦是具有借鉴意义的。

二、国内荣辱观教育的研究与实践

国内的荣辱观教育自古有之,只是习惯于在实践层面上通过正反典型事例"以案说法",教会人们知耻明荣。随着社会科学的发展,我国的教育工作者在荣辱观教育的理论研究方面有了很多的突破。

(一)对荣辱观教育内容的研究

社会主义荣辱观的提出为当代荣辱观教育指明了方向。在具体研究上,因为学者们角度不一样,因而其内容也就有了不同的侧重点,归纳来看,主要集中在以下几方面:A. 针对目前对民族文化的遗弃现象大力倡导继承和发扬优良传统文化(蒋惠明、罗志勇、王培军等,2006);B. 针对社会骄奢淫逸作风蔓延大力提倡艰苦奋斗精神(赵磊等,2006);C. 针对市场经济下弄虚作假、损人利己现象大力提倡诚信教育(汪和生、温锋等,2006);D. 针对部分人耻辱感缺失大力提倡知耻教育(张玉篙、尹玉荣等,2006)。总的来说,荣辱观教育内容丰富多样,既有以上学者集中关注的内容,也有学者独辟蹊径的内容,例如有学者提出了感恩教育内容

---

① 玛格丽特·米德:《文化与承诺:一项有关代沟问题的研究》,周怡等译,河北人民出版社1987年版,第87页。

② 玛格丽特·米德:《文化与承诺:一项有关代沟问题的研究》,周怡等译,河北人民出版社1987年版,第51页。

（兰军瑞等，2006），有学者提出了雷锋精神教育内容（王永国、曾义青等，2007）等，不一而足。

（二）对荣辱观教育对策的研究

在荣辱观教育对策研究上，总体来说国内学者普遍认同主要通过两个方面来加强教育，一是加大宣传，二是积极践行。有人把道德需要作为出发点、道德信念作为根本点、道德情感作为着眼点、道德修养作为着力点，分层次来加强荣辱观教育；①有人提出了加强荣辱观教育建设要分清楚八个辩证关系，即荣与辱的关系、高与低的关系、大与小的关系、老与新的关系、知与行的关系、硬与软的关系、教与管的关系、奖与惩的关系；②有人提出了荣辱观教育内容要有主体层次性的观念，指出对党政领导干部、个体户私营企业、广大青年、农民、工人等不同道德主体的荣辱观教育要有不同侧重；③有人指出要把握社会主义荣辱观教育的特点和规律开展荣辱观教育，指出荣辱观教育一要从感性的荣辱感入手，提升到理性的荣辱观的高度，二要坚持基于社会主义人生价值观确立社会主义荣辱观的根本；④有人则通过实现的条件、实现的主客体关系、实现的关键、实现的落脚点来探讨机制构想。⑤

（三）对荣辱观教育方法的研究

前面已经谈到荣辱观教育方法涵盖在德育方法之中，所以这里也对

---

① 参见章毛平：《关于加强青少年社会主义荣辱观教育的理性思考》，《思想政治教育》2006 年第 8 期。

② 参见李忠杰：《正确处理荣辱观建设中几个辩证关系》，《中国纪检监察报》2006 年 6 月 13 日。

③ 参见李健华、易想和：《论社会主义荣辱观的主体层次性》，《伦理学研究》2006 年第 3 期。

④ 参见刘书林：《社会主义荣辱观教育的特点和规律》，《思想教育研究》2006 年第 6 期。

⑤ 参见严莉群：《当前大学生社会主义荣辱观教育机制探析》，《西南民族大学学报》（人文社科版）2006 年第 6 期。

中国当代比较流行的德育模式进行简单梳理。根据教育活动中学生认识活动的形态,可以将教学方法分为:A. 以语言交流为主的教育方法(如讲授法、谈话法、讨论法等);B. 以直接感知为主的教学方法(如演示法、参观法等);C. 以实际训练为主的教学方法(如练习法、实验和实习作业等);D. 以陶冶为主的教学方法(如感化法、暗示法等)。① 有人将德育方法概括为思维训练法、情感陶冶法、理想激励法、行为训练法和修养指导法。② 有人则将德育模式分为传统德育模式和现代德育模式,定义"传统教育模式是通过组织、领导权威,进行动员、灌输,组织自我教育";"现代教育模式是通过制度权威,开展竞争、评估,发展自我教育"③。

总之,现有的研究和实践对少年儿童荣辱观教育进行了大量的探索和有益的尝试,但总体来说仍存在着理论基础不足、逻辑体系脆弱、经验色彩浓厚等问题。具体反映在:一方面,研究注重理论,实践性弱,如在"知行合一"研究中,往往过度阐述何为"知行合一"及其意义,对于如何做到"知行合一"的阐述不够深入,大数仍停留于喊口号阶段。另一方面,研究出现人云亦云、赶潮跟风或众说纷纭、各执一词的两极化态势,令人无所适从,且在此态势之下的研究往往以点盖面、失之偏颇、不成体系,未出现既有理论深度又便于操作的中小学荣辱观教育专著。

第三节　荣辱观教育的意义与研究思路

日常生活中,我们常感困惑:为什么一个在校关心集体、尊重老师、帮

---

① 参见南京师范大学教育系编:《教育学》,人民教育出版社 1984 年版,第 444—459 页。

② 参见南京师范大学教育系编:《教育学》,人民教育出版社 1984 年版,第 444—459 页。

③ 参见郑永廷:《现代思想道德教育理论与方法》,广东高等教育出版社 2000 年版,第 109 页。

助同学的学生在公交车上占据着"老弱病残专座"而对站立一旁的老人视若无睹？为什么一名小学"学雷锋艰苦朴素好思想"兴趣小组的积极分子为穿名牌衣服与父母闹得不可开交？为什么一个承诺做环境保护的标兵的中学生，却在公共场合里随手丢垃圾、任意摘花朵？我们的学校德育何以如此的苍白、手无缚鸡之力？德育工作究竟怎么做才能真正对学生入耳入脑入心？我们的学校教育到底缺少了什么？

一、荣辱观问题研究的意义

我国中小学生面临的荣辱观念的冲突主要是由于中国经济体制改革所导致的大众心理的变化所引起的。一方面，市场经济的发展导致新的社会关系、生活方式和价值观念的形成，导致如独立意识、竞争观念、法治意识，以及开放视野等新文化精神的张扬，导致传统荣辱观的变革。另一方面，中国社会主义市场经济荣辱标准的嬗变，又为当代中国青少年的人生追求与价值选择带来了新的依据，竞争与合作并存，利己与利他并重，忠诚与怀疑同在，规范与创新皆存，这些既矛盾又统一的观点、理念都会直接或间接地影响人们荣辱观念的形成。而且其中的若干问题，已经发生了颠覆性的变化，譬如，传统的以勤俭节约、量入为出为荣的生活观已经为"借贷消费"刺激经济增长为荣的现代生活观所取代。前者已经变成小农经济的代名词虽还未到"可耻"的地步但已属可怜的范畴，却是大家公认的，至于日常生活中由节衣缩食、艰苦奋斗为荣转向休闲旅游，讲求生活的品味之类的变化更是层出不穷，数不胜数。传统荣辱观的颠覆与"换位"极有可能形成认识上的误区或盲区，成为社会性的困惑或观念冲突、文化冲突。而这一切的突变与改革开放后多元文化并存导致的文化价值冲突有因果关系。现代社会文化发展呈现出的开放性、民主化、多样性特征，多种文化间的冲突、融合与价值选择已成为世界各国面临的重大问题。开放的世界环境在为中国广大青少年荣辱取向提供新的视野和转机的同时，传统文化与现代文化、东方文化与西方文化、主流文化与非主流文化、大众文化与精英文化间的矛盾冲突，也全面而充分地展示出耻"①。顾炎武讲"廉耻者士人之美节,风俗者乃天下之大事……士人有廉耻,则天下有风俗。"②康有为也认为"风俗之美,在养民知耻"③。孙中山说:"我们无论做什么事,只要问心无愧,凭真理去做,就是牺牲了,还是很荣耀。"④教育家徐特立也认为:"任何人都应该有自尊心、自信心、独立性,不然就是奴才。"他还曾经说:"人民不仅有权爱国,而且爱国是种义务,是一种光荣。"⑤

当代荣辱观的研究集中在对荣辱观现状、现象和成因的研究。有学者认为当前荣辱观现状令人忧虑,"不讲诚信,利欲熏心,制假贩假,坑蒙拐骗的事情,违背公德良心,损人利己、损公肥私的事情,经常发生;消极丑恶的黄赌毒现象沉渣泛起、滋生蔓延;寡廉鲜耻的卖淫嫖娼屡禁不止;崇洋媚外、丧失国格人格的事情也时有所闻……"⑥然而"可怕的并不是这些不道德、反道德现象的存在,而是在一些人那里是非、美丑、善恶的标准发生了混淆和颠倒,不以为耻,反以为荣,认腐朽为神奇,认庸俗为高尚,认谬误为真理,认丑陋为美丽。这才是问题中最严重的。"⑦另有学者认为:当代中国最严重的社会问题不是道德理想的失落,不是功利主义和世俗文化的泛滥,而是以人们内心深处耻辱感为特征的底线伦理的普遍弱化。⑧ 在对现象的原因探讨中,学者们多从社会转型角度分析问题,并提出具体的原因所在。有人把成因归结为:一是"改革开放对一些旧有、落后的传统道德观念的冲击和破除,变成了对整个道德体系的否定";二是"误以为发展社会主义市场经济可以不要和不讲道德约束和规范";三

---

① 《龚自珍全集·明良论》。
② 顾炎武:《日知录·廉耻》。
③ 康有为:《孟子微》卷六。
④ 孙中山:《孙中山全集》第3卷,中华书局出版社1984年版,第529页。
⑤ 徐特立:《徐特立教育文集》,人民教育出版社1979年版,第75页。
⑥ 张晓林:《引导社会风尚的一面旗帜——谈"八荣八耻"社会主义荣辱观》,《思想政治教育》2006年第8期。
⑦ 张晓林:《引导社会风尚的一面旗帜——谈"八荣八耻"社会主义荣辱观》,《思想政治教育》2006年第8期。
⑧ 刘义昆:《"八荣八耻"点出中国社会要害》,光明网——光明观察,2006年3月6日。

来。科学与人文、公平与效益、合作与竞争、继承与超越等一系列矛盾的存在,教育民主化与精英教育、继承传统与超越传统等的争论所反映的不同的价值追求,形成了现代学校荣辱观研究和关注的主题。① 根据学界近年来的研究和对学校德育问题的研究,我们认为,学校荣辱观教育中出现的问题集中表现在以下几方面:促进个体(即人)的发展与促进社会发展的冲突,掌握科学文化知识与获得生活经验的冲突,坚持集体教育与尊重个人的首创精神的冲突,观念中反传统与潜意识中维护传统的冲突,强调国际化与坚持本土化的冲突等。事实上,理想荣辱观的追求与日常生活层面的荣辱取向具有很大的不同,在这样一个道德价值与功利价值并存,集体主义与个人主义并存,为人民服务思想与物质主义、享乐主义并存,以及自由与规范、公平与效益、经济发展与环境保护并存的社会环境中,积极开展社会主义荣辱观教育意义重大、任重道远。

对全社会成员进行荣辱观教育,关系国家的发展和民族的振兴。中小学生是祖国未来的建设者和接班人,对中小学生进行荣辱观教育意义非常重大。

(一)中小学生荣辱观教育是构建和谐社会的需要

随着改革开放的不断深入,社会主义现代化建设取得了巨大成就,同时也出现了许多不和谐因素,影响到社会的安定与和谐。因此我党提出了构建民主法治、公平正义、诚信友爱、充满活力、安定有序、人与自然和谐相处的社会主义和谐社会的宏伟目标。② 人与社会的和谐是社会主义和谐社会的核心内容。社会主义和谐社会强调人与人之间要相互尊重、相互信任和相互帮助,社会内部关系融洽、协调。如果公民缺乏基本的道德素质,人与人的交往就会因缺乏诚信、良知、宽容、互助等道德品质而产生很多丑陋行为,导致人际关系恶化,社会秩序遭到破坏。另外,在人自

① 参见裴娣娜等:《社会转型时期中学生价值观探析》,《教育研究》2006 年第 7 期。
② 参见胡锦涛:《在省部级主要领导干部提高构建社会主义和谐社会能力专题研讨班开班式上的讲话》,《人民日报》2005 年 2 月 20 日。

身的和谐、人与自然的和谐的实现过程中,道德也发挥着巨大作用。

　　和谐社会是以道德为支撑的社会,公民道德是当今中国构建社会主义和谐社会的基石,道德作为人的内在尺度,关注的主要是人"应该做什么"和"不应该做什么"。以善和恶、正义和非正义作为判断标准,引导和约束着人的价值选择和行为方式。在传统文化中,知耻的道德规范从来都同个人修养和国家、民族的振兴有密切的关系。清代思想家龚自珍曾把恬不知耻看做社会道德败坏的根源,"士皆知有耻,则国家永无耻矣;士不知耻,为国之大耻。①"养民知耻不论是对个人的道德修养,还是对大众道德文明的教养以及社会与国家秩序的安定,都具有培根固本的重要意义。因而,强化耻感教育,尤其是加强青少年的思想品德教育,形成正确的荣辱观,才是改善社会风气的基本对策。

(二)加强中小学生荣辱观教育是实现德育目标的需要

　　加强荣辱观教育能帮助中小学生更好地接受正确的荣辱观念的影响,自觉抵制错误的荣辱观念的影响,从而形成符合和谐社会建设要求的正确的价值取向。和谐社会是人自身和谐发展的社会,中小学生是和谐社会的未来建设者,只有身心和谐发展,具有较高素质,才能担当起和谐社会的建设重任,才能有力地推进和谐社会的建设进程。因此,我们要研究中小学生人格发展特点及教育规律,培养中小学生正确的荣辱观,形成一股积极向上的道德力量,以利于他们适应时代发展的要求,进而推动社会的和谐发展和进步。

　　在整个中小学阶段,儿童的思想品德属于发展期,并处于伦理观念形成的时期。其中,在小学阶段,由于小学生开始慢慢接触社会,同时不善于分析、辨别、控制自己的行为,因此小学生的品德在很大程度上表现出动荡性,具有两极分化的特点。如何帮助正处于道德品质形成关键时期的小学生养成良好的品德,这是摆在每一位教育者面前的重要课题。品德的培养是指教育者按照一定社会的要求,有目的、有计划地对受教育者

---

　　① 《龚自珍全集·明良论二》。

在心理上施加影响,以图把社会意识和道德规范转化成个体的思想品德,从而培养和造就教育所希望的具有先进的思想、高尚的品德和积极促进社会发展的道德行为个体。对小学生重点是加强爱祖国、爱人民、爱劳动、爱科学、爱社会主义教育,引导他们初步树立正确的人生观和世界观。①

荣辱是一个人应该具有的最基本的道德观念,也是人们在社会生活中做人处事需要遵循的基本道德要求。因此,对学生进行荣辱观教育是中小学德育的重要内容,是实现德育目标的要求。

二、研究理路

联合国教科文组织的研究者在《学会生存》中明确指出:"学校教育正在为一个尚未到来的社会培养公民和领导者。"这要求学校教育具有超越性;要敢于在适应市场经济的同时超越现实,为未来社会培养新型人才。胡锦涛同志"八荣八耻"的提出为我们学校教育培养这种新型的人才树立了标杆,提出了有操作意义的要求,他在方法论上为我们奠定了新的基础。以往建设社会主义精神文明包括加强未成年人思想道德建设,政府多从正面提倡的角度去宣传、去号召。这一次,胡锦涛同志从荣与耻两个方面旗帜鲜明地提出了什么能做,什么不能做,什么做了是光荣的,什么做了是可耻的,为我们学校教育提供了崭新的思想武器。如何让社会主义荣辱观走进孩子心里,融化在实际行动中,要求教师脚踏实地地去认真领会,仔细研究不同年龄阶段儿童荣辱观发生的机制,并在此基础上探索行之有效的教育方法。

(一)对少年儿童的耻感教育必不可少

何为荣、何为耻,古人说得很明确。"先义而后利者荣,先利而后义

---

① 参见中共中央办公厅、国务院办公厅:《关于进一步加强和改进未成年人思想道德建设的若干意见》,《中国教育报》2004 年 3 月 23 日。

者辱,荣者常通,辱者常穷,通者常制人,穷者常制于人,是荣辱之大分也。"(荀子语)大意是说,重义轻利者为荣,反之重利轻义者为辱。义者畅行天下,利者穷途末路,义者常受人尊重而制人,利者受人侧目而制于人,这是荣辱的根本区别。其实,荣辱的观念与情感密不可分,有荣辱感的人定然是非分明,洁身自好,坚持正义。而荣辱观念淡漠的人则对荣耻事件无动于衷、任其自流。非但如此,还常反耻为荣,如将纸醉金迷、骄奢淫逸视为有生活品味的表现,或反荣为耻,如将艰苦奋斗视为过时的做法,认为不值得提倡。教育青少年树立正确的荣辱观,形成稳定的荣辱感应该课上课下相结合,校内校外相一致,形成齐抓共管的教育合力。

建国 60 年来,我国的基础教育取得了令人瞩目的成绩,为国家培养了大量的人才,在社会主义建设中发挥了积极的作用。然而,存在的问题也是不容忽视的。抛开学校德育的目的和内容常常跟着政治运动的风浪潮起潮落之外,在广大教师的头脑里,重"荣誉"教育、轻"羞耻"教育,重"正面教育"、轻"负面教育"的观念占据着主导地位。这种"头重脚轻"的教育行为直接导致受教育者看重"面子",顾及"荣耀"的所谓"正面教育",藐视"羞耻"、"廉耻"的"负面教育"。这种以牺牲一头而成全另一头的片面教育导致了两类不道德现象的产生:一是培养出了心高气躁,只知争荣誉,捞名声不知承担"义务"的"单向度的人";二是为奸佞小人、"伪君子"的产生提供了温床。早在半个多世纪以前,西方教育家、心理学家杜威、皮亚杰、科尔伯格等人就采用对偶故事和道德两难法对儿童进行教育,让儿童讨论生活中真实或虚拟的正面或负面的事例,使儿童在一系列的情景模拟、角色扮演、价值观辨析中受到训练,为其人生发展道路铺垫基石。而我国一些教育工作者迄今还在"拒斥"这种做法。2008 年 5 月 12 日汶川地震后不久,本课题组在某小学以地震题材开展德育活动时,有的老师不解地问道,为什么不去做"奥运"而要做"地震"?南京又没有地震!笔者在用科尔伯格的道德两难故事"海因茨偷药"对小学生施教时,不少教师诧异地问道:"偷东西还能问该不该?行不行吗?"品德心理学的研究表明:儿童耻辱感意识的形成和作用呈"几"字形,即过弱或过强都会影响儿童的心理健康。儿童耻辱感过弱,起不到对行为的调节作用,表现为事不关己、高高挂起、无所事事、得过且过。但是,如果耻辱感过强,往往适得其反,表现为抑郁懦弱、嫉妒报复等病态行为。所以耻感教育应该结合心理健康教育,通过引导树立正确的自我意识从而形成适度的耻感,做到自知自爱、自尊自强。

(二)加强儿童荣辱观教育的科学研究

树立正确的荣辱观是一个社会文明程度的重要标志。只有在知荣弃耻、扬荣抑耻的社会里,才能去除邪恶、净化灵魂、美化精神、提升境界、激发活力、凝聚人心,才能使人普遍地变得温文尔雅、文明高尚、公正无私、宽容友爱、仁慈善良,既能够激起人的理想、希望、热情和自我牺牲的精神,又能够控制情欲、贪欲,树立起坚定的信仰,增强人的勇气和胆量,推动社会的和谐与进步。社会主义荣辱观涵盖爱国主义、集体主义、人道主义与社会主义思想,既体现中华民族的传统美德和时代要求,也反映了社会主义的世界观、人生观、价值观。

荣辱观是人们对光荣与耻辱价值的理解和追求,是中小学生道德判断的重要尺度和标准,是道德选择和道德行动不竭的动力源泉。也就是说,荣辱观是影响人们确定行为目标、选择行为方式以及解释行为结果的重要因素,是人社会化的重要内容。荣辱观具有极强的辐射力和穿透力,从根本上影响人们的思想言行。我国正处在经济社会转型时期,在社会信息化、经济全球化、网络普及化、文化多元化的社会进程中,面对多种价值的选择、困惑与问题,如何建设具有生命力、内涵丰富、积极健康的荣辱观教育体系,是深化学校德育改革的重要内容。如何正确引导学生形成荣辱观,端正他们的人生态度,促进他们的身心发展,是需要广大教育工作者认真对待的问题。

本课题是中小学生社会主义荣辱观教育的哲学与心理学研究的拓展与深化。它的目的是:第一,为中小学生社会主义荣辱观教育的理论建构提供依据;第二,为中小学生荣辱观教育实践提供方法与途径;第三,探明中小学生社会主义荣辱观和荣辱感之间的关系,寻找适合不同年龄阶段儿童心理特点的教育内容及策略。

　　为此,本课题组采用理论探讨与实证研究相结合的方法,在江苏、浙江、安徽等省的城乡中小学中对少年儿童荣辱观的形成与发展以及教育状况进行了全面的调查分析,试图在此基础上提出对培养中小学生的社会主义荣辱观具有操作意义的意见和建议,在多元文化处境中,对少年儿童荣辱取向进行重新审视,对学校荣辱观教育进行深层次的思考,寻找学校德育改革与发展新的生长点,从而为学校德育创新提供选择的思路,并为全社会精神文明建设提供参考依据。

第 二 章

热爱祖国篇

热爱祖国是中华民族的光荣传统,是推动社会前进的巨大力量,是各族人民共同的精神支柱。爱国主义教育是引导广大青少年树立正确理想信念、人生观、价值观的基础性工程。如何有效实施爱国主义教育是我国中小学荣辱观教育中的重要课题。

第一节　研究背景与理论分析

为了祖国繁荣昌盛,千百年来,多少仁人志士舍生忘死,多少黎民百姓默默奉献:屈原"亦余心之所善兮,虽九死其犹未悔";苏武"仗汉节牧羊,卧起操持,节旄尽落";范仲淹"先天下之忧而忧,后天下之乐而乐";文天祥"人生自古谁无死,留取丹心照汗青"……爱国的信念使中华民族形成了一套完整且持久的文化价值选择、整合机制。

爱国主义是一种关于个人与祖国关系的系统观念,而不是零散化、感性化的认识。强烈的民族自豪感、坚强的民族自尊心、坚定的民族自信心都是爱国主义的具体表现。爱国主义是一个国家、一个民族凝聚民心的思想基础以及不断追求进步的精神动力。

作为一种道德要求,爱国主义要求人们把爱国、报国、兴国、强国、救国看做崇高美德,把卖国、辱国、祸国、乱国、叛国视为对祖国和民族的不道德行为,甚至是一种犯罪行为。爱国主义作为调整个人与国家、民族关系的道德规范,是在长期的社会实践中形成的,并突出地表现为:把关心祖国的前途和命运作为自己的神圣职责,"天下大乱,无有安国;一国尽乱,无有安家;一家皆乱,无有安身"①;把个人利益服从祖国利益看做应尽的道德义务,"捐躯赴国难,视死忽如归"②;把坚守民族气节,维护祖国尊严作为重要责任,"富贵不能淫,贫贱不能移,威武不能屈"③。作为一种政治原则,爱国主义强调公民具有热爱和保卫祖国的基本政治责任和义务。阶级性是爱国主义最本质的属性,也是爱国主义成为重要政治原则的根源和基础。在阶级和民族的关系上,当国家遭受外敌入侵时,民族矛盾上升为主要矛盾,一切应以民族利益为重,阶级利益要服从民族利益。"兄弟阋于墙,外御其侮。"④祖国主权神圣不可侵犯是爱国主义最重要的原则。

由于社会和历史阶段不同,国家的性质不同,爱图主义具有不同的内容和特点。在奴隶制社会,奴隶主阶级占有生产资料,奴隶只是奴隶主的私人财产,奴隶主阶级倡导的爱国主义就是要求奴隶为保卫奴隶主的城邦、国家及扩大疆域服务。在封建社会,地主阶级占有生产资料,他们所倡导的爱国主义就是让农民无限忠诚,维护地主阶级的国家政权和封建剥削制度。近代,随着资产阶级民族国家的诞生,建立在资本主义基础上的爱国主义随之出现,它要求无产阶级热爱剥削、镇压劳动人民的资产阶级国家政权和资本主义剥削制度,甚至以民族主义混淆爱国主义。爱国主义和民族主义是两个不同的概念,民族主义是资产阶级世界观在民族关系上的反映,其实质是民族利己主义,主要表现为民族沙文主义,把本民族的利益置于其他民族之上,鼓吹民族(种族)优越论:一方面,极力抹杀民族内部的阶级矛盾和阶级对立,以民族矛盾掩盖阶级矛盾,以欺骗劳

---

① 《吕氏春秋·有始览·谕大》。
② 《后出师表》。
③ 《孟子·滕文公下》。
④ 《诗经·小雅》。

动人民;另一方面,推行民族压迫和民族分裂政策。民族主义尽管也打着爱国主义、民族利益的旗号,但与无产阶级的爱国主义有着本质的区别:首先,各民族一律平等是无产阶级爱国主义的重要表现;其次,无产阶级的爱国主义与争取社会主义的前途密切结合;最后,无产阶级爱国主义与国际主义相融合,无产阶级爱国主义要求人们自觉维护自己祖国和民族的利益和尊严,不得以任何借口损害和侵犯其他国家和民族的利益和尊严,为整个人类的进步和发展作出贡献。

爱国主义不管是作为人们对于自己的祖国的一种情感、思想意识,或是一种理性行为,无不体现了人的社会属性及其内在要求。爱国主义作为一种观念体系,首先体现为热爱祖国的土地和人民的情感要求,爱国主义情感是爱国主义的基础;其次,爱国主义表现为一种责任和义务,爱国主义把责任和义务作为最基本的要求,它要求公民具有热爱祖国和保卫祖国的责任和义务,并把这种责任和义务作为每个人的人生基本准则和道德观念,在人生的不同阶段都以此作为道德标准和准绳;最后,爱国主义是一种具体的社会实践行为,在具体的社会实践中,爱国主义要求每个公民的行为要从国家利益、整体利益出发,顾全大局,在危机关头挺身而出,舍小家顾大家,热爱祖国和报效祖国。在新时期,爱国主义的具体内容包括:热爱祖国的山河,发展祖国的物质文明、精神文明和政治文明;反对狭隘的民族主义和分裂国家的言行,维护民族团结和祖国统一;反对民族压迫,反对外来侵略,捍卫祖国主权;同一切阻碍历史发展和社会进步的反动阶级和社会势力英勇斗争,推动祖国不断进步。

爱国主义教育是一定社会的教育者,通过一定的教育内容、方法和手段,对受教育者施加思想影响,培养他们的爱国情感,增强他们的爱国意识,引导他们开展爱国行动的一种实践活动。在爱国主义体系中,爱国主义情感、爱国主义观念与爱国主义行为是一个互相联系、互相促进的有机整体。在爱国主义教育的过程中,由于情感是个人的内心体验,是爱国主义思想的源泉,激发受教育者的爱国情感就成为爱国主义教育的起始内容;爱国主义思想一旦形成,就具有相对稳定性,对爱国行为具有决定作用,培养受教育者的思想意识就成为爱国主义教育的目的;引导受教育者的爱国行动是爱国主义教育的结果，也是爱国主义教育的归宿。因此，爱国主义教育包括：爱国情绪情感的激励，爱国责任和义务的养成与爱国实践活动的履行。

爱国主义是一个历史范畴，不同时期的爱国主义教育具有不可磨灭的时代烙印：奴隶制时期，统治者把爱家天下、爱主人与对天、对祖先的崇敬结合在一起进行爱国主义教育。封建时期的爱国主义教育是在伦理道德体系中实施的，其核心是爱君主、爱朝廷、爱国家，以体现君王至高无上的地位。总之，中国古代的爱国主义教育主要体现"君权神授"的思想，统治者教育人们敬天畏天，把自己变成神的化身，从而使人们将对神的敬畏转移到对天子的畏敬，统治者们在此基础上建立起一整套维护这一原则的伦理体系。1840 年鸦片战争以后，中国进入了半殖民地半封建社会。而这一百多年中华民族内忧外患的历史则是进行爱国主义教育最生动、最具体的教材：只有实行民主共和才能拯救中华民族，坚持民主进步的思想才是爱国的最高体现，因为它代表着历史发展的方向，符合人民的意愿。追求民主、争取自由、反对封建专制是爱国主义教育的时代内容。新中国的爱国主义教育紧跟时代的步伐，与古代和近现代的爱国主义教育在内容和特点上都发生了根本性的变化。今天，我们的爱国主义体现了爱人民、爱社会主义与爱国的高度统一。

爱国主义教育不同于形势教育及其他思想政治教育。对普通青少年来说，爱国主义教育属于心理与情感层面的社会意识教育，它是青少年在个人生活经验基础上形成的对国家、民族以及社会制度与文化传统的认同与内化。这一过程是长期而复杂的，需要社会长期稳定地向青少年提供正确引导，如果缺乏这一引导，爱国主义或民族意识教育将寸步难行。爱国主义教育是一门科学，更是一种实践活动。进行爱国主义教育必须坚持理论与实践相结合的原则，以科学的理论为指导，遵循教育规律，充分重视在现实生活中爱国意识和行为的养成，深化爱国主义的情感教育和思想教育。

我们研究爱国主义教育必须面向世界、面向未来。一方面，教育工作者应清醒地认识到经济全球化对民族文化的生存和发展带来的挑战。培养学生对民族文化的认同是爱国主义教育的基本任务。在经济全球化背景下,民族国家意识和全球意识是统一的,但经济全球化并不等于世界经济、政治及意识形态的一体化。相反,国与国之间在经济、政治、文化等领域里的矛盾会更加尖锐,冲突会更加激烈,竞争也会更加残酷。因此,当代学生既要具有全球意识,更要具有民族意识和国家意识。另一方面,国家的发展与个人价值的实现是不可分割的,爱国主义教育应和学生的个人发展相结合。在经济全球化的市场经济时代,随着人们主体意识的觉醒,个性得到前所未有的解放。不能将爱国主义与个性、个人自我价值实现决然对立。

国外中小学极其重视对学生进行爱国主义教育。特别是20世纪80年代以来,由经济全球化所引发的大量的伦理冲突和道德困惑,使国外教育研究更加重视学校德育的爱国主义理论研究和实践改革。

西方爱国主义教育的研究非常重视应用性研究,强调理论研究要贴近生活,讲求实效性、科学性和可操作性。美国和俄罗斯的研究值得我们借鉴。美国作为世界强国,一直重视对国民进行爱国主义教育。以培养美国精神、树立国民的自尊、自信、自豪感、培养好公民为教育内容,并把爱国主义教育作为中小学校课程的一个重要组成部分,探讨通过宗教信仰、大众传媒、节日庆典活动等途径进行润物无声的渗透式教育,取得了显著的成效。俄罗斯教育工作者继承苏联教育工作者重视爱国主义教育的传统,从爱祖国与爱人类、爱国主义的内在发生机制、爱国主义教育与个性发展、爱国主义的层次与分类等方面进行了系统的研究。具体而言,西方国家在中小学校开设历史课,对青少年一代讲授本民族、本国家的产生、形成、发展的历史及世界史教育,以培养本国青少年的国际竞争与合作精神,增强他们报效祖国的紧迫感和使命感。各国首先重视对青少年进行本民族母语的教育,其次是伦理价值观的教育。热爱自然,保护环境,节省资源是各国对青少年进行爱国主义教育的重要内容。为此,各国都在各中小学校开设地理课,向学生讲授本国山川风光、江河湖泊、土地资源、气候特征、矿藏状况、经济分布等地理知识。同时实施政治社会制度教育,旨在让青少年一代认识本国现行政治、经济、文化、教育等制度的合理性、正确性、神圣性,进而拥护、热爱本国现行的制度,升国旗、唱国歌是各国进行爱国主义教育的重要形式。各国都很重视宣传为民族、国家在政治、经济、军事、科技文化教育方面作出贡献的人物,为他们建纪念馆、树纪念碑,出版著作或拍成电影、电视,让人们瞻仰,让青少年一代以英雄人物为榜样,学习英雄们为国奉献的精神。

我国历来重视对青少年进行爱国主义教育,各级各类学校开展了各具特色的爱国主义教育活动。改革开放以来,我国中小学爱国主义教育蓬勃发展,取得了一系列重要成就。

其一,课程标准不断更新。2007年我国颁布了中小学德育大纲,其中对爱国主义的要求有:"尊敬国旗、国徽,认识祖国版图,会唱国歌,为自己是中国人而自豪;了解家乡的风土人情,初步了解祖国的壮丽山河;初步了解祖国悠久的历史、文化传统和近代以来中华民族的深重灾难,体会中华儿女英勇斗争的精神;初步了解中国共产党领导人民进行革命斗争、建设新中国的历史,以及新中国成立以来,特别是改革开放以来社会主义现代化建设取得的伟大成就;初步了解世界上不同文化背景下人们的生活方式和风俗习惯,尊重文化的多样性。"对比1993年3月《小学德育纲要》中的相关内容,新时期爱国主义教育内容增加了多元文化的背景,树立了全球观念。

其二,教育内容更加丰富。改革开放以来,我国尤为重视爱国主义教育,从《关于加强爱国主义宣传教育的意见》到《小学德育纲要》和《中学德育大纲》,爱国主义教育逐渐确立了以"五爱"为主的内容体系。1994年中共中央颁发的《爱国主义教育实施纲要》则进一步拓宽了中小学爱国主义教育的内容:中华民族悠久历史的教育,中华民族优秀传统文化的教育,党的基本路线和社会主义现代化建设成就的教育,中国国情的教育,社会主义民主和法治教育,国防教育和国家安全教育,民族团结教育,"和平统一、一国两制"方针的教育等等。总之,中小学爱国主义教育的内容日益丰富。

其三,教育序列已经形成。《爱国主义教育实施纲要》指出:爱国主义教育要以中国近、现代史和国情教育为依托,形成贯穿小、中、大学各教育阶段,由浅入深的稳定的教育序列。目前,我国学校爱国主义教育的目标与内容根据学生年龄的不同,具体分为小学、中学、大学不同阶段,呈现出一定的序列性。从小学阶段要"知道在中国长期形成的民族精神和优良传统,初步知道影响中国发展的重大历史事件,初步了解新中国成立和祖国建设的伟大成就"到中学阶段"了解我国的基本国情、基本路线、基本国策和世界概况"再到大学阶段积极参与国家事务的管理,为国家的发展建言献策等,无不体现着一定的序列。

其四,教育载体日趋多样。改革开放之前,受"文化大革命"的影响,我国中小学实施爱国主义教育的载体仅仅局限于学生的思想政治教育以及各项政治运动,忽视了其他的教育载体。20 世纪 80 年代中期以来,这种教育的单体化倾向得到纠正,逐步形成了爱国主义教育的多体化局面。教育部《关于加强爱国主义宣传教育的意见》详细指出了中小学课程、校园环境、课外活动、革命遗址、烈士陵园等等都是爱国主义教育的实施载体。我国中小学爱国主义教育的实施逐渐从单体化向着多体化的方向发展,并逐渐形成爱国主义教育的整体化网络。

其五,教育方式强调参与。德育心理学的研究表明,"知"是培养爱国意识的基础,"行"是实现目标的关键,"情"起"中介"和"催化剂"的作用。因此,对学生的爱国荣辱观教育,只有坚持晓之以理,动之以情,导之以行,才能促进学生知、情、意、行的统一和谐发展。我国以往的爱国主义教育内容多集中在认知层面,较少关注学生的参与意识和参与行为,现在这种情况得到了改观,学校爱国主义教育的"行为"指向与爱国的实践之间建立了较为紧密的联系纽带。

青少年爱国主义教育实效性的提高关键在于德育理念的转变与方式方法的改变。事实上,爱国主义教育既是高深的理论问题,更是复杂的实践问题。在多元文化背景下,如何更好地进行爱国主义教育?以往的研究目的内容讲的多,内化机制讲的少。很多理论研究往往只是停留在一般性的宣传和说教层面,发展和创新不够,对中小学爱国主义教育存在的问题的对策研究多停留在就事论事的层面上。本章试图对"中小学生荣辱观教育——爱国主义"部分作实证研究,希望通过数据揭示问题,找出对策,为方兴未艾的中小学爱国主义教育研究尽绵薄之力。

第二节　数据呈现与问题讨论

在理论探究基础上,研究者结合新时代背景,以我国目前爱国主义教育现状为出发点,设计了反映爱国荣辱观的问卷,期望通过问卷调查,反映我国爱国主义教育中存在的问题。

一、数据呈现

爱国教育在小学主要通过品德与社会、品德与生活课、班会、少先队活动等形式开展。在中学主要通过思想政治课、团队等活动形式开展。我国载人航天器升空、2008 年北京奥运会的举办、2010 年上海世界博览会的开幕、重申清明节、端午节、中秋节等传统节日为法定节假日,为传统的爱国主义教育注入了新的内容。在全球化背景下,如何顺利实现多元文化的嫁接与融合,弘扬爱国正气,成为学校德育亟待解决的问题之一。

（一）中小学爱国主义教育的现状调查

调查了解中小学生爱国主义教育的现状,旨在切实反映当前实际存在的问题,以此为据,进一步完善中小学爱国主义教育。本问卷在对中小学生访谈的基础上,邀请专家、一线教师、教育科员人员参与编制,力求多角度全方位反映当前中小学爱国之现状,揭示影响中小学生爱国教育实效的原因,继而引发教育主管部门、学校、教师、家长对新时期爱国主义教育的反思。

（二）调查方式及内容

本次调查以问卷为主,以访谈为辅;内容根据中小学生道德认知发展的特点并结合新的时代背景而展开,主要考察中小学生对中国传统节日的认同、在国际比赛中的国家荣誉感、对祖国科技发展的自豪感、对国家政治的关注意识、爱国行为的实施及如何处理个人利益与国家利益的关系等。在对中小学学生实施调查的同时,进一步对小学生家长的荣辱观进行了调查。小学生调查问卷共设 6 题,中学生调查问卷共设 5 题。问卷实际回收 3785 份(其中包括小学生问卷 1473 份,中学生问卷 1234 份,家长问卷 1078 份)。

(三)小学部分数据分析

围绕爱国荣辱观的 6 个题目,从整体来看:小学生对中国传统节日(中秋节)的认同率不高,甚至低于圣诞节,小学高年级对中国传统节日的认同比低年级要稍强;在国际比赛中,大部分学生有较强的国家荣誉感,仅有极少数学生表现为不关心;对祖国的科技发展,大部分学生有自豪感,仅有极少数学生表现为不关心;大部分学生关注国家时事,少部分学生表现为不关心;小学高年级比低年级爱国情感要略强,而小学低年级比高年级的爱国意志略强;在个人利益与祖国利益发生冲突时,大部分学生能选择维护国家利益,但仍有少部分选择保全自身利益。

1. 小学生荣辱观分析

从不同年级、性别的小学生在爱国荣辱观各题目上的卡方检验结果来看:各年级学生在"爱国"各项的反应差异显著;小学生的性别在"爱国"各项上反应差异不显著。具体表现为:传统节日认同感呈现出随年级增高认同感加强的趋势,选中秋节的比例呈增高的趋势;爱国知情意表现为年级越高,爱国情感加深,爱国意志或行为减弱的趋势;选"我愿意这样做"的比例呈增高的趋势,选"我决定这样做"的比例呈递减趋势;在国家机密与个人生命的选择上,小学年级越高,选"犹豫不决"的比例呈增高的趋势,选"交出国家机密"的比例呈递减趋势;对国际比赛中的国家荣誉感,女同学比男同学更"激动"、更"关心",详情如表 2 - 1 所示。

表2-1　小学生爱国荣辱观与年级的卡方检验结果

题目	人数	卡方值	df	p
1. 传统节日认同	1473	88.197	10	.000
2. 国家比赛荣誉感	1473	17.107	10	.072
3. 国家科技自豪感	1473	30.369	10	.001
4. 国家政治意识	1473	19.436	10	.035
5. 爱国知情意识	1473	68.845	10	.000
6. 爱国两难情境	1473	80.430	10	.000

2. 小学生与家长(成年人)荣辱观对比分析

对比小学生与家长(成年人)的荣辱观选项,发现家长与儿童的选择各有特点,具体表现为:小学生对中国传统节日认同率明显低于家长(成年人),选择喜欢"中秋节"的比例仅为15.9%,远远低于家长的53.3%。这在一定程度上反映了成人与儿童在价值认同上的差异。在多元文化背景下成长的儿童比在相对单一文化环境中长大的成人更易融入异质文化,见表2-2所示。

表2-2　对中国传统节日的认同

被试	1. 圣诞节和中秋节,你喜欢哪一个节日?		
	A. 圣诞节	B. 中秋节	C. 两个都喜欢
小学生	20.1%	15.9%	64.0%
家长	9.2%	53.3%	37.5%

小学生对国家比赛中的荣誉感远远高于家长(成年人)。选择"激动"的比例为90.4%,远远超过家长的39.2%。同时,不关心的比例1.8%也低于家长的4.9%。家长对国际比赛的国家荣誉感渐趋理性,选择一般的较多。这在一定程度上反映了儿童比成人更易于"动情",成人长于逻辑理性的推断,而儿童道德行为的发生更诉诸情感,见表2-3所示。

表2-3　在国际比赛中的荣誉感

被试	2. 国际比赛中,中国队获得荣誉时,你会感到?		
	A. 激动	B. 一般	C.不关心
小学生	90.4%	7.8%	1.8%
家长	39.2%	55.8%	4.9%

小学生对科技发展的自豪感远远高于家长(成年人)。对"嫦娥一号"升空,选择"激动"的比例为82.7%,远远超过家长的35.2%。同时,不关心的比例1.9%也低于家长的23.7%。家长对科技发展的自豪感不关心比例过大,显示亟需加强成年人的民族精神的培养。这种情况的出现反映出,社会化程度越高并不意味着道德情感越丰富,情感的发展与逻辑理性的发展并非成正相关,社会化程度并不等同于道德水平,见表2-4所示。

表2-4　对科技发展的祖国自豪感

被试	3. 当"嫦娥一号"升空时,你会感到?		
	A. 激动	B. 一般	C. 不关心
小学生	82.7%	15.4%	1.9%
家长	35.2%	41.1%	23.7%

小学生对国家政治的关注意识要略好于家长,结果显示,24.2%的家长对国家政治从不关注,这方面也可能会影响孩子们关注国家政治的热情。这在一定程度上反映出家庭教育的重要性,家长作为儿童成长的"第一任教师",同样肩负一定的教育责任,见表2-5所示。

表2-5　对国家政治的关注意识

被试	4. 你关注国家政治新闻吗?		
	A. 经常关注	B. 有时关注	C. 从不关注
小学生	25.9%	67.1%	7.1%
家长	8.7%	67.1%	24.2%

小学生的爱国认知、意愿方面较均衡,相对来说,儿童重认知,而家长(成年人)重意愿。这在一定程度上反映了学校爱国主义教育的重点仍停留于道德知识的灌输层面,随着社会化程度的提高会刺激儿童逐步将认知转化为意愿,见表2-6所示。

表2-6 爱国的知情行着重点

被试	5. 我们要热爱国家。		
	A. 我知道这很重要	B. 我愿意这样做	C. 我决定这样做
小学生	25.5%	38.4%	36.2%
家长	17.8%	72.0%	10.2%

小学生选择以国家利益为先,不惜牺牲自己的比例远远高于家长,为86.7%。36.5%的家长选择"交出国家机密,保住自己的性命",显示出亟需加强成年人的爱国主义教育,否则会影响小学生的爱国情操。这种情况的出现,需要我们认真反思知性德育的危害。我们的教育预设总是理所当然地将儿童视为"被教育"、"被管束"的对象,而忽视了对我们自身的反思,成人有时也需要当向儿童学习,见表2-7所示。

表2-7 爱国两难情境中的选择

被试	6. 如果你是一名国家机密人员,受到生命威胁时,你会怎么办?		
	A. 交出机密	B. 犹豫不决	C. 坚决不交
小学生	7.0%	6.3%	86.7%
家长	36.5%	36.8%	26.7%

（四）中学部分的数据分析

围绕"爱国"的5个题目,从整体来看,中学生具有不同于小学生和小学生家长的特征。在国际比赛中的荣誉感、科技发展的自豪感、爱国两难情境的选择、爱国认知方面与小学生接近,其积极性略弱于小学生,但远远高于家长（成年人）；受学校教育的影响,中学生对国家政治的关注意识比较强,远远超过小学生与家长。从中学生"爱国"各题目的年级、性别、城乡的卡方检验来看,中学生的城乡差异、年级差异在各项上显著,而性别维度在各项上的差异不明显,见表2－8所示。

表2－8 不同年级的中学生在爱国上的卡方检验结果

题目	人数	卡方值	df	p
1. 国家比赛荣誉感	1234	21.969	10	.015
2. 国家科技自豪感	1234	10.934	10	.363
3. 国家政治意识	1234	22.539	10	.013
4. 爱国两难情境	1234	34.231	10	.000
5. 爱国情感	1234	21.146	10	.020

具体表现为:国际比赛中的荣誉感呈现出随年级增高而下降的趋势,选择感到"一般"与感到"不关心"的人数随年级略有升高;对祖国科技发展的自豪感呈现出随年级增高而下降的趋势,选择感到"不关心"与感到"一般"的人数随年级略有升高;在国家机密与个人生命发生冲突时,年级越高选择"犹豫不决"与"交出国家机密"的比例呈增高的趋势,高中生选择第1项"交出国家机密"的比例要明显高于初中生;在爱国认知方面呈现出随年级增高而下降的趋势,选择感到"无所谓"与没有自豪感的人数随年级增高略有升高;在对国家政治的关注意识的性别差异上,男同学显示出比女同学更能经常关注;在国际比赛中的国家荣誉感的性别差异上,女同学显示出比男同学更多的"激动"和更少的"不关心";在国家机密与个人生命的爱国两难情境选择的性别差异上,女同学显示出比男同学更多的"坚决不交,不能让国家受损"和更少的"交出国家机密"。

1. 学生与家长(成年人)荣辱观的不同特点比较

对比中学生与小学生、家长(成年人)的荣辱观选项(中学部分的问卷去掉了传统节日认同选项,并修改了爱国知情意选项),发现呈现不同特征,具体表现为以下几个方面。

中学生与小学生在大多数选项上具有一致性,在国际比赛中国家荣誉感、对祖国科技发展的自豪感、对国家利益的态度选择上略低于小学生,明显高于家长(成年人),见表2-9、表2-10和表2-11所示。

表2-9　在国际比赛中的国家荣誉感

被试	2. 国际比赛中,中国队获得荣誉时,你会感到?		
	A. 激动	B. 一般	C. 不关心
小学组	90.4%	7.8%	1.8%
中学组	88.2%	9.7%	2.1%
家长对照组	39.2%	55.8%	4.9%

表2-10　对科技发展的祖国自豪感

被试	3. 当"嫦娥一号"升空时,你会感到?		
	A. 激动	B. 一般	C. 不关心
小学组	82.7%	15.4%	1.9%
中学组	80.6%	17.1%	2.3%
家长对照组	35.2%	41.1%	23.7%

表2-11　国家利益与个人利益的选择

被试	6. 如果你是一名国家机密人员,受到生命威胁时,你会怎么办?		
	A. 交出机密	B. 犹豫不决	C. 坚决不交
小学组	7.0%	6.3%	86.7%
中学组	6.5%	10.4%	83.1%
家长对照组	36.5%	26.7%	36.8%

　　不同于小学生、家长,中学生在国家政治的关注意识上明显高于小学生,也高于家长,显示了中学生在学校教育中加强政治意识的实效性。对比发现中小学生的爱国荣辱观要远远强于家长(成年人),见表2-12所示。

表 2-12　对国家政治的关注意识

被试	4. 你关注国家政治新闻吗?		
	A. 经常关注	B. 有时关注	C. 从不关注
小学组	25.9%	67.1%	7.1%
中学组	34.7%	62.6%	2.8%
家长对照组	8.7%	67.1%	24.2%

2. 城乡中学生在"爱国"各选项上的差异检验

经卡方检验发现,城市与农村中学生在爱国维度各题目上的差异显著,见表 2-13 所示。

表 2-13　城乡中学生在爱国维度上的卡方检验结果

题目	人数	卡方值	df	p
1. 国家比赛荣誉感	1234	51.277	2	.000
2. 国家科技自豪感	1234	122.011	2	.000
3. 国家政治意识	1234	14.740	2	.001
4. 爱国两难情境	1234	61.237	2	.000
5. 爱国情感	1234	54.164	2	.000

城乡中学生在爱国各个题目上的反映情况如表 2-14、表 2-15、表 2-16、表 2-17 和表 2-18 所示。

表 2-14　城乡中学生对在国际比赛中的国家荣誉感回答情况

(单位:%)

地区	1. 国际比赛中,中国队获得荣誉时,你会感到			总计 人数(百分比)
	A. 激动 人数(百分比)	B. 一般 人数(百分比)	C. 不关心 人数(百分比)	
城市	494(81.5)	99(14.9)	22(3.6)	606(100)
乡村	594(94.6)	30(4.8)	4(0.6)	628(100)
总计	1088(88.2)	120(9.7)	26(2.1)	1234(100)

表2-15 城乡中学生对科技发展的祖国自豪感回答情况（单位:%）

地区	2. 当"嫦娥一号"升空时，你会感到			总计 人数（百分比）
	A. 激动 人数（百分比）	B. 一般 人数（百分比）	C. 不关心 人数（百分比）	
城市	412(68.0)	172(28.4)	22(3.6)	606(100)
乡村	583(92.8)	39(6.2)	6(1.0)	628(100)
总计	995(80.6)	211(17.1)	28(2.3)	1234(100)

表2-16 城乡中学生对国家政治的关注意识回答情况 （单位:%）

地区	3. 你关注国家政治新闻吗？			总计 人数（百分比）
	A. 经常关注 人数（百分比）	B. 有时关注 人数（百分比）	C. 从不关注 人数（百分比）	
城市	224(37.0)	356(58.7)	26(4.3)	606(100)
乡村	204(92.8)	416(66.2)	8(1.3)	628(100)
总计	428(34.7)	772(62.6)	34(2.8)	1234(100)

表2-17 城乡中学生爱国的知情行着重点回答情况 （单位:%）

地区	4. 如果你是一名国家机密人员，受到生命威胁时，你会怎么办？			总计人数 （百分比）
	A. 交出机密 人数（百分比）	B. 犹豫不决 人数（百分比）	C. 坚决不交 人数（百分比）	
城市	63(10.4)	90(14.9)	453(74.8)	606(100)
乡村	17(2.7)	38(6.1)	573(91.2)	628(100)
总计	80(6.5)	128(10.4)	1026(83.1)	1234(100)

表2-18 城乡中学生在自豪感的回答情况 （单位:%）

地区	5. 作为一个中国人，你觉得自豪吗？			总计 人数（百分比）
	A. 是的 人数（百分比）	B. 无所谓 人数（百分比）	C. 不是 人数（百分比）	
城市	495(81.7)	90(14.9)	21(3.5)	606(100)
乡村	596(94.9)	22(3.5)	10(1.6)	628(100)
总计	1091(88.4)	112(9.1)	31(2.5)	1234(100)

3. 在爱国维度上不同年级中学生的差异分析

经过卡方检验发现,不同年级的中学生在国家比赛荣誉感、国家政治意识、爱国两难情境和爱国情感上均有显著差异,说明年级对中学生爱国情感发展存在着一定的影响。

表 2 - 19　不同年级中学生在爱国维度上的卡方检验结果

题目	人数	卡方值	df	p
1. 国家比赛荣誉感	1234	21.969	10	.015
2. 国家科技自豪感	1234	10.934	10	.363
3. 国家政治意识	1234	22.539	10	.013
4. 爱国两难情境	1234	34.231	10	.000
5. 爱国情感	1234	21.146	10	.020

各年级在爱国各个题目上的具体反应情况如表 2 - 19、2 - 20、表 2 - 21、表 2 - 22、表 2 - 23 和表 2 - 24 所示。

表 2 - 20　中学各年级学生在对在国际比赛中的国家荣誉感回答情况

（单位:%）

| 年级 | 1. 国际比赛中,中国队获得荣誉时,你会感到 | | | 总计 人数（百分比） |
	A. 激动 人数（百分比）	B. 一般 人数（百分比）	C. 不关心 人数（百分比）	
初一	193(94.1)	8(3.9)	4(2.0)	205(100.0)
初二	172(86.9)	23(11.6)	3(1.5)	198(100.0)
初三	161(85.2)	27(14.3)	1(0.5)	189(100.0)
高一	202(88.2)	20(8.7)	7(3.1)	229(100.0)
高二	188(90.0)	18(8.6)	3(1.4)	209(100.0)
高三	172(84.3)	24(11.8)	8(3.9)	204(100.0)
总计	1088(88.2)	120(9.7)	26(2.1)	1234(100.0)

表 2-21　中学各年级学生对科技发展的祖国自豪感回答情况

年级	2. 当"嫦娥一号"升空时,你会感到			总计人数(百分比)
	A. 激动人数(百分比)	B. 一般人数(百分比)	C. 不关心人数(百分比)	
初一	174(84.9)	26(12.7)	5(2.4)	205(100.0)
初二	170(85.9)	26(13.1)	2(1.0)	198(100.0)
初三	147(77.8)	38(20.1)	4(2.1)	189(100.0)
高一	179(78.2)	44(19.2)	6(2.6)	229(100.0)
高二	166(79.4)	39(18.7)	4(1.9)	209(100.0)
高三	159(77.9)	38(18.6)	7(3.4)	204(100.0)
总计	995(80.6)	211(17.1)	28(2.3)	1234(100.0)

表 2-22　中学各年级学生对国家政治的关注意识回答情况

年级	3. 你关注国家政治新闻吗?			总计人数(百分比)
	A. 经常人数(百分比)	B. 有时人数(百分比)	C. 从不人数(百分比)	
初一	75(36.6)	126(61.5)	4(2.0)	205(100.0)
初二	67(33.8)	128(64.6)	3(1.5)	198(100.0)
初三	47(24.9)	134(70.9)	8(4.2)	189(100.0)
高一	74(32.3)	148(64.6)	7(3.1)	229(100.0)
高二	92(44.0)	114(54.5)	3(1.4)	209(100.0)
高三	73(35.8)	122(59.8)	9(4.4)	204(100.0)
总计	428(34.7)	772(62.6)	34(2.8)	1234(100.0)

表 2-23　中学各年级学生爱国的知情行着重点回答情况

年级	4. 如果你是一名国家机密人员,受到生命威胁时,你会怎么办?			总计人数(百分比)
	A. 交出机密人数(百分比)	B. 犹豫不决人数(百分比)	C. 坚决不交人数(百分比)	
初一	7(3.4)	12(5.9)	186(90.7)	205(100.0)
初二	7(3.5)	14(7.1)	177(89.4)	198(100.0)

年级	4. 如果你是一名国家机密人员,受到生命威胁时,你会怎么办?			总计人数 (百分比)
	A. 交出机密 人数(百分比)	B. 犹豫不决 人数(百分比)	C. 坚决不交 人数(百分比)	
初三	5(2.6)	24(12.7)	160(84.7)	189(100.0)
高一	20(8.7)	30(13.1)	179(78.2)	229(100.0)
高二	18(8.6)	26(12.4)	165(78.9)	209(100.0)
高三	23(11.3)	22(10.8)	159(77.9)	204(100.0)
总计	80(6.5)	128(10.4)	1026(83.1)	1234(100.0)

表 2-24 中学各年级学生在自豪感的回答情况

年级	5. 作为一个中国人,你觉得自豪吗?			总计 人数(百分比)
	A. 是的 人数(百分比)	B. 无所谓 人数(百分比)	C. 不是 人数(百分比)	
初一	186(90.7)	16(7.8)	3(1.5)	205(100.0)
初二	191(96.5)	6(3.0)	1(0.5)	198(100.0)
初三	162(85.7)	21(11.1)	6(3.2)	189(100.0)
高一	193(84.3)	27(11.8)	9(3.9)	229(100.0)
高二	181(86.6)	23(11.0)	5(2.4)	209(100.0)
高三	178(87.3)	19(9.3)	7(3.4)	204(100.0)
总计	1091(88.4)	112(9.1)	31(2.5)	1234(100.0)

二、问题讨论

从调查问卷、访谈情况来看,我国中小学爱国主义中的主要问题反映在以下几个方面。

(一)爱国主义教育需要紧扣时代脉搏

爱国主义教育的内容比较单一,对反映新时代爱国主义精神的题材挖掘不够。在部分教师眼中似乎只有吉鸿昌从容就义、黄继光堵枪眼等半个多世纪前的英雄人物才是爱国主义的典型,而神舟飞船升空、北京奥运会、上海世界博览会等题材,作为爱国主义题材还未完全走进德育课堂。

(二)对学生爱国情感的培育需要加强

在爱国主义教育中应突出情感熏陶。但调查中,教师们往往采取的是"美德袋"式的做法,以教多少国情知识、参加多少实践活动为满足,忽视了对爱国道德品质教育基础——爱国情感的激发与培养。爱国主义教育鲜有从情感上打动学生的,教师在爱国主义教育中重视"晓之以理",轻视"动之以情"的现象比较常见。

(三)爱国言行不一现象比较严重

教师在爱国主义教育中发挥主导乃至"主宰"作用,方法多以灌输为主,不容许学生有所质疑,爱国教育仅仅停留在强化爱国主义教育的仪式上,如升国旗、奏唱国歌等。学生的活动被框定在道德条文的范围之内,主体性被压抑。虽然把爱国的词藻说得比唱得还动听,但很少落实在行动上,学到的爱国知识大多仅是停留于口头的溢美之词。在学校的环境下,所有学生在爱祖国、爱学校、爱家乡、爱社会主义等方面都表现出言行一致的倾向;另一方面,在校园之外,言行不一的现象十分普遍。

(四)政治参与意识的培养亟待强化

经济全球化背景下,中小学生的政治参与意识逐渐减弱。本次调查显示,中学生中经常关注国家政治新闻的只有三分之一。这一方面反映了学校缺乏对学生作为合格公民的责任意识的培养;另一方面反映了教育中的功利主义倾向,中学生只关注应试的成绩,而不关心身边发生的事情,"两耳不闻天下事,一心只读圣贤书"。爱国主义教育成败的一项重要指标反映在学生对国家政治的关心程度方面,培养学生参与公共生活的意识与能力是当前中小学爱国主义教育中的薄弱环节。

第三节 研究结论与教育对策

笔者结合以上理论分析与实证研究的成果对教师和学生进行了相关的集体访谈、课堂观摩等活动,研究怎样能在突出其教育特点的同时使中小学校的爱国主义教育更具系列性、可操作性和实效性,尝试提出以下教育对策。

一、研究结论

(一)中小学生爱国荣辱观的主流特征

调查结果表明,中小学生的荣辱观总体上呈良好态势,大部分中小学生具有强烈的国家荣誉感与科技发展的祖国自豪感,面临爱国两难情景时,多数中小学生能把国家利益摆在第一位,甚至不顾个体的生命。在爱国的认知、情感与意志方面,多数中小学生能够知行并重。但是也看到大部分小学生对我国传统节日的认同率不高,部分学生对把国家利益放在第一位仍犹豫不决,甚至出卖国家利益,高中生比初中生稍高,这显示了爱国主义教育不能逐步减弱,而是要从小学到高中逐步加强。

调查结果显示,中小学生与成年人的荣辱观有显著差异。一般认为,成年人的道德要比未成年人高,因此荣辱观也要比未成年人高尚。但是,从调查结果来看,成年人的荣辱观未必比未成年人高尚,甚至远远不如未成年人,这一结果有点出乎意料。例如在爱国两难情境中,只有36.8%的成年人选择维护国家利益第一,远远低于中小学生的选择(分别为83.1%,86.6%)。这从一个侧面显示了通过学校教育,我国大多数青少年拥有健康的荣辱观,能够积极地热爱祖国,以危害祖国为耻。绝大部分中小学生充满爱国热情,他们关心国家大事,愿意为祖国的繁荣昌盛贡献自己的力量,对自己的未来充满信心。可见,正确的荣辱观得到了绝大多数同学的肯定、认可。价值取向上的高认同度,为深入开展荣辱观教育奠定了良好的思想基础。

中学生在社会主义荣辱观方面存在的问题也是不容忽视的。对待祖国、人民这样一些老一辈人心目中非常神圣而崇高的观念,在一些中小学生心目中淡漠了。他们对个人利益想得多,而对国家的前途、民族的命运和人民的利益考虑得少,甚至根本没有考虑;在中小学生中也不同程度地存在着好逸恶劳、损人利己、见利忘义、违法乱纪,害怕吃苦,不愿艰苦奋斗的错误观念。这些学生对自己肩负的历史重任认识不清,对学习的目的认识不明,有的连自己的学业都无法完成。中小学生荣辱观中存在的这些问题,不仅直接妨碍到他们的成才,而且关系到国家、民族的前途和命运,关系到我们的社会主义现代化建设事业是否后继有人的问题。

(二)中小学爱国主义教育的特点

小学低年级学生对爱国主义的认识处于起步阶段,对其进行爱国教育的重点应该是强调书写汉字的规范、升旗时的肃静、日常行为规范的养成,要注意爱国情感教育,激发其做一个中国人的自豪感。小学高年级在爱国知识的积累过程中要加强对爱国实践活动的参与,培养其爱国认知与爱国情感的统一。对初中一、二年级的学生进行爱国主义教育的侧重点应该是继续强化国旗、国歌的礼仪教育,激发民族自豪感,同时也要树立民族自尊心、自信心,培养社会责任感等。这时候的爱国主义教育要注重意志的锻炼。到了初三以后,学生的心理有了一个大的发展,产生了较强的独立意识和民主意识,开始怀疑、否定家长和教师,自己进行独立的判断。从思维上来说,抽象思维发展较快。因此从初三到高中以后,爱国主义教育的侧重点除了巩固初中一、二年级时期的成果外,要强化社会责任感教育,强调对家庭、社会、国家的责任感,宣传祖国社会主义建设成就和发展规划,激发学生爱国之情;进行社会主义信念教育,理解只有社会主义才能救中国,只有社会主义才能发展中国;进行中国为世界、为人类作贡献的国际主义教育;进行公民教育等。这时候的爱国主义教育要注重逻辑性和内容的系统性的整合。

二、教育对策

爱国主义教育虽然已经纳入到了学校德育体系中,成为德育的核心内容之一,对于这一点已达成共识,但是在教育的实效性方面仍然存在着许多问题。主要原因除了我们分析过的教育者多从宏观角度出发、偏重于从教育者的角度去思考等原因外,还在于爱国主义教育的理论基础研究还不够深入,以致限制了这项教育的深入开展。对前人已有的理论成果的借鉴,有助于指导我国中小学爱国主义教育。美国中小学非常重视德育,其中重要的一部分就是爱国主义教育。其目的是将学生培养成为"责任公民",即成为具有合乎本国政治制度的观念和爱国主义精神,能对国家尽到责任与义务的公民。美国中小学爱国主义教育的途径多种多样,不仅存在于学校教育中,还广泛地渗透在社会教育中,包括开设公民学课程、高度重视历史教育、充分利用国旗教育、节日庆典教育、广泛建立教育基地、游乐活动的渗透教育、总统的演说辞教育、大众传媒的宣传教育、宗教教育等。毋庸讳言,美国中小学爱国主义教育与我国的教育有根本差异,但是其明显的实效性对我国的爱国主义教育却有借鉴意义。

(一)教育理论科学指导,加强实际运用

爱国主义教育的研究应在教育学和心理学的指导下开展,理论研究要贴近生活,讲求实效性、科学性和可操作性。

皮亚杰认为,儿童的心理特征对儿童道德教育有着很大的影响。他从心理学和哲学的角度探讨了儿童心理发展与儿童道德发展的关系。他把儿童道德认知的发展分为三个阶段:即前道德阶段(0—5 岁),此阶段儿童的道德判断多以自己的需求和兴趣为依据;他律道德阶段(5—10岁),此阶段儿童表现出对规则或权威人物(教师或家长等)的绝对遵从;自律阶段(10 岁或 11 岁以后),此阶段儿童表现出依据自己认可的内在标准对行为做道德判断。而这一变化的根本动因是来自于个体与环境的相互作用,是个体对所理解经验的构建。科尔伯格则进一步扩展了皮亚

杰的"三阶段"说,提出了"三水平六阶段"说。他将人的道德发展分为:前习俗水平(9岁以前),这一阶段的儿童并未真正理解社会习俗或原则,表现为以是否获得奖励或惩罚为判断行为是否正确的标准,包括服从与取向阶段和相对功利取向阶段;习俗水平(9—20岁),这一阶段的道德主体主要依据行为是否有利于维持习俗秩序和符合他人愿望来判断,包括寻求认可取向阶段和遵循法规取向阶段;后习俗水平(20岁以后小部分人),这一阶段的道德主体能摆脱外在因素,依据个人意愿选择标准进行判断,包括社会契约取向阶段和普遍伦理取向阶段。据此可以看出:爱国主义教育应随着儿童年龄和认知水平的变化,内容和形式要作相应的调整和变化,从浅入深,由易至难,因材施教,开发与儿童心理相适应的内容和形式。

在中小学,不同年级的学生心理、智力发育不同,学生思想品德发展具有顺序性和阶段性而各有特点,德育内容本身是个多层次的结构体系。爱国主义教育的层次性源于学生思想品德发展的顺序性和阶段性。从广度而言,不同的年龄阶段应有不同的德育内容;从深度而言,不同年龄阶段的同一德育内容也应有不同的程度。爱国主义不是由单一的一个层面,而是由深浅不同的多层次构成。受教育者由于年龄和身心发展水平的差异,使其所接受的内容层次的高低、深浅和广度也迥然不同。因此,爱国主义内容的深度和广度,一定要尊重学生身心发展特点、认知能力,一是要根据年龄层次,开展分层教育,设置由浅入深、由感性到理性、由具体到抽象的循序渐进的教育内容;二是要根据爱国主义教育的整体内涵,分层次、分阶段设计教育专题,形成系列教育活动。在序列内容安排上爱国主义教育的认知、情感、行为都要充分注意其阶段性和连续性。进行爱国主义教育要针对中小学生的年龄特点、认识水平和理解能力,要分层次、有计划地安排爱国主义教育的内容,由浅入深、由近及远、从具体到抽象,循环反复,不断加深小学生的爱国认识,激发情感,指导行为。

(二)教育内容与时俱进,突出时代特点

随着经济、政治、文化国际化和信息化,各种价值观念、文化模式相互

渗透、撞击，使得保持本民族文化的同时，引进别国先进科技、吸收别国思想文化有益成果，成为各国面临的共同课题。爱国主义教育是一个历史范畴，在社会发展的不同阶段、不同时期有不同的内涵。爱国主义教育不能仅停留在条框的抽象说教，要活化传统资源，融入时代特色。为此，爱国主义教育内容亟待拓宽，结合现代社会多元化发展的轨迹，尤其要把科技道德教育、公民道德教育、环境道德教育、合作精神教育、网络道德教育等内容融入其中，使爱国主义教育更具新意，富有时代气息。现代科技发展越来越显示其巨大作用，但科技在为人类造福的同时，其使用不当也会给人类带来极大危害和造成新灾难，像生态失衡、环境污染、核威胁等，为此必须在科技发展与社会道德精神价值之间找到平衡，从小培养人的科学精神和科技价值观念。现代国际竞争归根结底是人才竞争，我国社会主义要在竞争中立于不败之地，就应增强人才素质，科学道德素质是现代人才必备的重要素质，也是现代爱国主义教育必须赋予的新内容。

虽然建设中国特色社会主义和坚持改革开放已经从文化和社会心理上为中国人所认同，但不容忽视的是，中国特色社会主义建设面对的是一个全球化的趋势日益加深的开放世界，世界资本主义正以其强大的力量企图按自己的面貌为自己创造一个世界，即在世界范围内建立以资本主义为标准的制度、习惯、法律和行为方式。在这种强势的推动力下，中西文化的交流碰撞带来的不仅文化趋同和融合，也在不断地消解人们的民族意识、国家观念。教育要传承和弘扬优良革命传统和时代精神。革命优良传统，是中国共产党领导中国人民在新民主主义革命和社会主义革命中形成的精神凝聚，它是中华民族优良传统在新的历史条件下的发展和创新，主要包括井冈山精神、长征精神、延安精神和西柏坡精神等。这些精神所蕴含的坚定信念、艰苦奋斗、实事求是、勇于创新、自强不息、自力更生、艰苦创业等，与中国共产党在新的历史时期领导人民体现出的新的时代精神，如抗洪精神，"两弹一星"精神，解放思想、实事求是精神，紧跟时代、勇于创新精神，知难而进、一往无前精神，艰苦奋斗、务求实效精神，淡泊名利、无私奉献精神等，都是中华民族历经磨难而立于不败之地的力量之源，也是激励中国人民民族认同的文化源泉，要大力传承和弘扬优良的革命传统和时代精神,增强中小学生的民族认同感和文化认同感。

首先,从中小学生对中国传统节日的认同中,我们可以看出新阶段爱国主义教育亟须更新,必须适用新的观念。我国从 2008 年开始把清明节、端午节与中秋节定为法定假日。爱国主义教育应紧密联系这个内容,突出时代性,抓好起始教育和系列主题教育。起始教育对中小学生来讲至关重要,在学生入学之初施教,从严要求,从严管理,能促使学生养成良好的学习、生活习惯和品质。同时要根据不同年级学生特点,开展不同主题的教育活动,使之系列化、科学化、整体化、长期化、制度化,寓教育于各项活动之中,融思想性、知识性、趣味性于活动之中,能有效地帮助中小学生克服各种不良品德行为。让学生参与集体活动,让他们体验、接受和自觉遵守某种"团体规范",以此培养学生的责任感和集体荣誉感。组织学生参与某种集体活动,并为他们提供角色承担的机会,如让学生自己设计、组织召开主题班会,由学生自己组织开展社会考察活动等。学生在这些活动中,不仅在能力上得到锻炼、提高,而且在实践中修正自己的价值标准。让他们参与政治的、法律的、经济的活动,社会救灾、志愿者行动以及一些社会热点问题的讨论等各种教育实践活动。对于一些社会活动,学生不但感兴趣,而且教育意义更为深刻,对学生理解价值的内涵以及形成和发展价值观帮助颇大。

其次,中小学爱国教育要适应全球化背景,具体可以从以下三方面考虑。

第一,全球化背景下的爱国主义教育要求培养理性的爱国观。爱国主义首先表现为一种忠诚,对祖国、人民的忠诚,培育这种忠诚始终是爱国教育的主要价值追求。从教育学生忠于小组、班级、年级、学校这些微型群体开始,逐步扩大到忠于较大的群体如家乡、城市,再到忠于国家这种大群体。但是两次世界大战提醒我们,狭隘爱国主义会导致灾难性后果,我们需要培育一种新的爱国观——理性爱国观。理性爱国观指的是忠诚于国家或群体是有条件的,这种忠诚要建立在对国家或群体自私性的批判上的。例如鲁迅,他比任何中国人都爱国,但是他对国民性的批判也比任何人都尖锐。只有这样的理性爱国观才能有效地避免狭隘的民族主义、自私的国家主义等。教育对于培育理性爱国观起着重要作用,"教育首先应该拿自己开刀,允许甚至帮助受教育者批评班级、学校存在的问题"①。理性爱国观的关键在于把人类利益置于高于国家利益之上,是一种适度的爱国主义。只有这样爱国主义才符合现代民主的理性、平等与自由的理念。

第二,全球化背景下的爱国主义教育要求国际视野的培养。爱国主义教育要有国际视野,积极适应我国民主社会的发展。世界公民意识的培育首先要从人类归属感出发,我们要培养学生首先从本班、本校、本地、本国的归属与认同,也要培养学生对外群体的认同与接纳,要认识当今世界的多元性、多样性。教育要引导学生尊重个体的生命,关注人类的共同命运,理解和尊重不同文化。要形成一个"我与你"的平等关系,而不是"我与他"对立的关系。青少年和儿童是我国民主社会的"预备公民",进行全球视野的爱国主义教育,将有利于建立一个公正、和平与民主的社会,也将有利于尊重各民族之间历史与文化的差异。要培育他们有对全球事务参与的意识与能力,使未来一代不仅能立足于全球化的时代,更能在激烈竞争中认同并保持着本民族文化,还能够有效地从全人类利益出发,维护人类的共同利益,拥有世界公民意识的爱国主义教育是全球视野下现代教育的诉求。

第三,全球化背景下的爱国主义教育要求多元化思想的交流与合作。经济全球化大大促进了各个国家、地区之间文化交流与合作。因而,在一定范围内,文化趋同的进程正在加快。随着经济全球化和信息技术革命的到来,世界范围内各种思想文化思潮相互碰撞,人们的思想、道德和价值观念发生着深刻的变化,社会意识和社会价值取向日益多元化,广大中小学生的世界观和价值观的取向也在多元化,这是我们在培养中小学生荣辱观中所不得不面对的现实。实现社会和谐,建设美好社会,始终是人类孜孜以求的社会理想,而加强青少年思想道德建设更是构建社会主义和谐社会的一项重要任务。我国正处于社会转型时期,不同思想观点、不

---

①　高德胜:《道德教育的时代遭遇》,教育科学出版社 2008 年版,第 79 页。

同文化的相互碰撞和激荡,致使中小学生的理想信念、思想认识、价值取向由于社会生活的影响呈现出多元化的倾向,甚至出现扭曲。在全球化的背景下,进行爱国主义教育理念与教育经验的交流,同时也会出现共同关注全球问题的合作等。这对中小学爱国主义教育提出了新的挑战。

(三)教育途径丰富多样,注重实践特色

实验主义哲学家、教育家杜威教育理论的一个核心理念是"在做中学",也就是在"经验"中学习,从"经验"中学习。他认为:学校教育可以使青少年获得社会生活经验并养成有效的参与社会生活的能力,因此,真正明智的指导就是使儿童参与教育活动,在参与中提高儿童的兴趣和训练技能,这样教育才有效果。此外,教育者应创造良好的环境,使儿童能在环境中行动、思考和感受,以便更好地影响学生的智力和道德发展。中国近现代教育史上最早从中国国情出发探索教育道路的教育家陶行知,在长期教育实践的基础上,批判地继承了传统教育与西方教育的合理因素,创立了"以生活为基础,以终身教育为纲"的人民教育理论。"生活即教育"是陶行知教育理论的核心。其基本含义是:第一,"生活即教育"是人类社会原来就有的,自有人类生活产生便有生活教育,生活教育随着人类生活的变化而变化;第二,"生活即教育"与人类社会现实中的种种生活是相应的,生活教育就是在生活中受教育,教育在种种生活中进行;第三,"生活即教育"是一种终身教育,与人生共始终的教育。"社会即学校"是陶行知"生活教育"理论的另一个重要命题。他指出:"我们主张'社会即学校',是因为在'学校即社会'的主张下,学校里的东西太少,不如反过来主张'社会即学校',教育的材料、教育的方法、教育的工具、教育的环境,都可以大大的增加,学生、先生可以多起来。"他提出"社会即学校"的主张和"生活即教育"一样,也在于反对传统教育与生活、学校与社会相脱节、相隔离。

"教学做合一",是生活教育理论的教学论。在爱国主义教育中,我们也要本着"教学做合一"的思想,把"教"与"学"同"做"结合起来,把生活的实际、学校的实际、学生的实际与活动的实际结合起来,并创造性地

开展工作,尊重学生的个性发展,注意教学之外的生活,指导学生在实际的活动中感受和体验,从而进一步培养他们的爱国情操。在爱国主义教育中,应充分利用社会、学校、社区资源,使学生在真实的环境和情境中加以体验和实践,在潜移默化中接受爱国主义教育,强化爱国情感,以提高爱国主义教育的时效性。

在对比家长与中小学生的爱国观中发现,中小学生与家长显著不同,部分家长的爱国观会积极影响中小学生的爱国观,例如对中国传统节日的认同。但是也有家长的爱国观会带给孩子负面的影响,例如对国际比赛中国家荣誉感、科技发展的祖国自豪感、对国家政治的关注意识、爱国两难情境中的选择等。我们把家庭中影响中小学生爱国意识的不良因素归结为三点。其一,父母行为不良,举止不雅,言传身教差。少数家长文化层次低,行为粗鲁,常讲脏话;有的家长作风不正,行为放纵,给子女直接树起了坏榜样;有的家庭不和,有的对长辈不尊,对子女无疑会产生极坏的影响。其二,家庭教育方法不当,正确引导不够。部分家长对子女过分宽容,不分是非曲直,偏袒护短,忽视对子女团结、协作、助人等意识的教育;有的家长错把粗鲁当严格,信奉"棍棒之下出孝子"的古训,轻则训斥辱骂,重则棍棒相加,体罚折磨,把子女推到了自己的对立面,心理隔阂加深,形成子女对父母的畏惧、怨恨和反抗心理;有的父母对子女的教育要求不统一,当着孩子面唱对台戏,孩子无所适从,矛盾重重,教育的作用互相抵消;有的父母把子女当成"小皇帝",过分溺爱学生,对他们的要求百依百顺,助长了学生的不良习惯,久而久之形成了孩子自私自利,不体谅、尊敬父母的恶习。其三,家长负面的"荣辱观"意识深刻影响着中小学生价值观的形成。如现在社会泛滥着颠倒的荣辱观:好逸恶劳成了"潇洒",损人利己成了"能耐",见利忘义成了"聪明",违法乱纪成了"勇敢",骄奢淫逸成了"荣耀",热爱祖国被视为"做作",服务群众被视为"爱逞能",崇尚科学被视为"书呆子",辛勤劳动被视为"没本事",团结互助被视为"冒傻气",诚实守信被视为"老古板",遵纪守法被视为"不开窍",艰苦奋斗被视为"老保守",如此等等,不一而足。建构中小学生的爱国观,家庭环境是一个重要的方面,父母是中小学生的第一教师,也是模仿的榜样,成年人的爱国观在儿童爱国主义教育中起重要作用。

利用家庭、学校、社会协同合作的教育网络作用引导中小学生树立荣辱观是一大系统工程,仅靠教育部门和学校无法完成,需要营造全民树立荣辱观的社会氛围。要注重成人教育者的示范作用,时刻铭记"学高为师,身正为范"的教育名言,牢记"身教重于言教"的古训。学校要加强与社会的联系,争取社会的配合,利用本地优势挖掘荣辱观教育资源,开展"走入孩子心灵,走进学生家庭"的教育活动,组织学生走出校园参观爱国主义教育基地,访问名人故里,祭扫革命烈士墓等,同时大力发展社区教育,要与社区协作,努力办好青少年校外社会实践场所,积极建设一批适合青少年的文化、娱乐、体育等活动场所,开展适合青少年身心特点的活动。要开展家庭教育活动,通过学校开放日、校长接待日等形式,加强与家长的沟通和联系。针对现代家庭教育中反映的问题,组织开展"家庭教育热点问题众人谈"活动。加强对家长学校工作的督查、指导,定期开展家长学校的专项评估检查。吸引学校、机关、公安、文化及有关社会团体及人员参与,利用社会优势,组织学生参加各种社会实践和公益劳动。对学生的荣辱观教育中要注意把历史和现实结合起来,把优良传统和时代精神结合起来,把思想教育和实践活动结合起来,在丰富主题思想上下工夫,在挖掘精神内涵上下工夫,在拓宽教育功能上下功夫。与时俱进,时时、事事让学生受教育,增见识,辨善恶,减少青少年犯罪,促进中小学生正确的社会主义荣辱观的形成。

(四)教育形式具体灵活,强调持久效应

在中小学开展社会主义荣辱观教育,对于培养品德高尚的社会主义新人具有重要意义。要把这件事情做好,必须使社会主义荣辱观教育具体化、形象化、持久化。实践性是德育最本质的特征,因为教育的目标本质上是实践的,教育的过程本身是实践活动,实践是检验学生品德素质高低的唯一标准。对中小学生进行爱国主义教育,如果离开了丰富多彩的活动,将陷入成人化、程式化的泥潭,不仅不能激发他们的爱国情感,更不可能将情感转化为学生的爱国行为。因此,教育工作者要抓住有利时机,

根据教育对象不同的年龄层次、心理特点、知识水平和接受能力,为学生创设各种体验性教育活动,科学安排活动内容,注意思想性和艺术性,力求富有吸引力和感染力,让学生在体验中增强爱国情感,树立爱国志向。

第一,中小学生爱国主义教育要具体化。

在概念上要具体化,例如,"热爱祖国为荣"中的"祖国"是个大概念,不易为中小学生所理解,教师可以将其具体化为爱学校、爱父母、爱同学、爱家庭,特别是关爱那些需要帮助的弱势群体。又比如,"危害祖国为耻"也是概括性要求,具体到中小学生,则应有具体要求,如做中国人的自豪感,为祖国的科技振兴自豪等。双休日、节假日的新调整给学生们提供了充裕的时间和广阔的空间,这样,学校就可以举办"假日小队"、"雷锋岗"、"再走长征路"、"少年军校"等一系列实践活动,可以说这些活动为学生磨炼自己的世界观、人生观、价值观提供了舞台。在学校营造爱国主义教育的氛围,多种渠道实施爱国主义教育,如教育者的榜样示范作用、办黑板报、校训、标语、举办爱国主义教育的知识竞赛、定期举办社会主义建设成就的图片展、学生自己的摄影展等。学校还应该积极组织、创办贴近学生生活的广播、板报、校报、队报以及内容丰富的宣传橱窗,营造积极向上、文明健康的校园舆论氛围。

教师作为一个道德性的群体,必须在学校形成爱国教育的氛围。教育途径上要坚持以活动为载体,注重在实践中培养学生形成正确的荣辱观。实践是道德培养的沃土,也是道德提高的根本途径。良好的道德修养和行为习惯,只有在实践中形成、发展,并在实践中得到检验,才具有可信性和生命力。要通过志愿服务、社会调查、生产劳动等社会实践和公益活动,使中学生心灵得到净化、思想得到熏陶、认识得到升华、觉悟得到提高。应当紧密结合学校、学生思想和生活实际,将"八荣八耻"细化到与学生学习和生活息息相关的、看得见、摸得着的细微的言行举止上。比如,在教育学生"以热爱祖国为荣,以危害祖国为耻"的活动中,首先要引导学生爱家乡、爱学校、爱班级;当强调"以服务人民为荣"时,就得引导学生从积极主动地为班级、为同学服务做起。只有注重了从长远处着眼,从细微处入手,引导学生从小事做起,一点一滴地积累,才能使学生逐步树立正确的荣辱观,知荣明耻才能成为学生发自内心的自觉行动。全体教职员工都必须是学校这一爱国氛围的成员。例如有的学校在升国旗、奏国歌时要求学生庄严肃穆,却有不少老师来回走动,互相讲话,这样的行动为爱国观带来了负面影响。还有一些教师长期以来形成了只有国外的东西才好的意识,爱国意识薄弱,这种价值观也会影响学生的爱国观的发展,因此学校应不失时机地开展教师的爱国教育,使每个教师成为爱国模范、以身作则,积极营造爱国氛围。

第二,中小学生爱国主义教育要形象化。

在爱国主义教育中,灌输式的教育方法违背现代教育的理念和学生身心发展的规律,认为爱国就是让学生听话,这是爱国主义教育的误区。我们要积极引导学生构建民主、平等、自由的现代公民观念,当政策偏离正确轨道时,能采用合情合理合法的手段参与听证、提出意见。在集体、个人违反正义原则时,能据理力争,坚持真理。林则徐置个人的祸福荣辱于度外,"苟利国家生死以,岂因祸福避趋之"的赤诚爱国之心为世人所敬仰;马丁·路德·金为了追求人类的平等,为了国家的利益,不惜牺牲生命等案例,是爱国主义教育的最好范例。在教学方法上要形象化。例如,"以热爱祖国为荣"对中小学生来说相对比较抽象,教师可以通过庄严的升国旗仪式,培养中小学生对祖国的热爱;通过讲述英烈人物的爱国故事,在中小学生心田种植热爱祖国的种子;通过观看相关影视、动漫作品,激发中小学生热爱祖国的热情。在一节爱国主义教育课上教师讲到长征时,说他们没有东西吃,就只好吃皮带、草根。一个学生反问:"难道他们不能喝牛奶、吃面包吗?"可见学生对革命历史缺乏了解。要用大量丰富具体的事实,充实小学生抽象的爱国主义观念,要让每个学生走向社会,积极参加各类教育活动的全过程,让他们在活动中受到教育,不断增加感性认识与切身体验。要用革命志士、民族英雄、海外赤子、人民群众对祖国的浓厚情感激发学生爱国之情,用优秀的民族文化感染学生并及时分析当前社会中的各种矛盾和问题,澄清学生的思想,坚定其爱国信念。激发学生对祖国强烈的爱国情感,使学生从小就做到忠于职守,敬业奉献,培育"为中华之崛起而读书"的爱国热情。爱国主义教育不应停留在认知上,要积极进行爱国实践教育。当韩国经历金融危机时,每个中小学生都把自己的零花钱捐给国家,并且勤俭节约,甚至不看外国电影,为国家节省外汇。在美国几乎所有的博物馆、历史馆都免费供中小学生参观,这是美国爱国主义教育的重要内容。一定要注意进行活动前的讲解与活动后的总结,否则活动的爱国意义效果会大打折扣。请一些爱国模范进行演讲也是一个不错的选择。显性教育强调学校的爱国主义教育活动要有组织、有计划、有目的地进行;隐性教育主要是通过校园文化的影响、良好的集体环境和教师的为人师表、榜样的启迪激励作用等来体现,两者的有机结合是爱国主义教育的最佳选择。

第三,中小学生爱国主义教育要持久化。

对中小学生的社会主义荣辱观教育,不可能一蹴而就,唯有坚持不懈的努力,才能取得良好的效果。过去的爱国主义教育工作的一大弊端就是概念化、脸谱化的东西太多,忽视了道德的主体本质,造成德育主体性缺失。事实上,道德是关注人的主体精神的"自由自觉的活动"。道德作用的发挥乃至其存在的价值无一不以主体性的发挥、以人的自由自觉为前提。因此,学生的道德学习必须是自觉、自愿而非强迫的,道德教育方法的选择也应有助于学生自觉性的培养和道德自律的形成。爱国主义教育是在"润物细无声"中进行,是在教师和学生平等的心灵沟通中进行。爱国主义教育也要"淡化教育痕迹"。过去的角色分工太明确,认为教师是教育者,学生是受教育者。其实,在知识方面,教师也许会比学生丰富一些,但从道德的角度而言,教师和学生在道德方面应该是平等的,甚至有些学生的品行可能会超过教师。在爱国主义教育过程中,教师必须和学生有一种平等的沟通,一种平等的探讨,从而一起在教育教学中培养爱国主义品质。

教师应当树立长期努力、坚持不懈的意识,把这一教育活动贯穿于教学活动的全过程,使之经常化、持久化。各科教学都是爱国主义教育的阵地。历史课教师通过介绍我国悠久的历史和灿烂的文化鼓励学生热爱祖国;思想品德课老师通过介绍英雄事迹来激励学生爱国;数学、自然课老师通过传授科学文化知识进行爱国教育等。教师一定要有主动进行爱国主义教育的意识,这样才能积极挖掘教材资源,推动爱国主义教育。社会也要对学校的爱国主义教育产生积极影响,各级政府要加强对整个社会环境的综合治理,让学生、家长对社会主义祖国充满信心。学校需建立教师与家长、社区工作者密切沟通的渠道,努力形成学校教育、家庭教育、社会教育"三结合"的教育网络。学校教育如果没有家庭教育、社会教育的密切配合是苍白无力的,只有三者有机结合、相互影响、相互作用,才能收到良好的教育效果。

总之,"八荣八耻"作为社会主导价值体系,是中小学生澄清思想认识、加强道德修养、提高道德判断能力和道德选择能力的指南。在爱国主义教育实践中,学校应加强正面教育,正面教育的形式多了、灵活真实了,就能对学生耳濡目染,促使其从心中升起对时代英雄的敬仰之情、自豪之感,引导他们形成正确的人生价值观、荣辱观。教师应帮助中小学生分清荣辱、做到心中有祖国、心中有集体、心中有他人,在学习和生活中以正确的价值取向约束自己,在奉献国家和服务人民中实现个人的价值。在建设和谐社会的大背景下,教师要积极引导学生树立与他人和谐相处,与自然和谐相处,与社会和谐相处的人生价值观,建立全方位的育人网络,不断优化育人环境,形成学校、家庭、社会的育人合力,努力改善学校教育在全球化背景下的"小气候",构建健康、和谐的舆论氛围。当代中小学生是国家、民族的希望,他们的爱国观将是主宰21世纪中国发展的荣辱观,中国未来一代对祖国的热爱是我们祖国繁荣昌盛的动力源泉。

第 三 章

服务人民篇

为人民服务,以最广大人民的根本利益为宗旨,自古以来便为人们所重视。虽然中国民间"人为财死,鸟为食亡"的小农经济思想从未绝迹,但"先天下之忧而忧,后天下之乐而乐"的理念在中国传统文化中始终是仁人志士所追求的境界。然而,自我国进入经济转型期以来,由于受错误的思想观念、生活方式和价值取向的影响,出现了工作作风不正、生活作风糜烂、享乐思想成风、个人主义盛行等现象。这些现象侵蚀着校园,对青少年的健康成长极为有害。所以,在当今中小学生中树立服务人民为荣的思想,就成为荣辱观教育的重要内容之一。

第一节　研究背景与理论分析

为人民服务,就是一切言行从人民的根本利益出发,时刻把人民与社会的利益放在第一位,个人利益服从人民利益,局部利益服从全局利益,眼前利益服从长远利益;就是要努力为人民与社会办实事、做好事,心里装着人民与社会,凡事想着人民与社会,一切为了人民与社会。

早在先秦时期,就有了关于服务人民的提法。老子提出了关注人民利益的主张,"欲上民,必以言下之;欲先民,必以身后之"①,意思就是说:以语言统治人民,必先对人民表示谦;要引导人民,必然把自身利益摆在之后。战国时墨子也提出"视人之家,若视其家;视人之身,若视其身"②,就是说:把别的国、家、身当做自己的国、家、身看待,全社会互帮互助、诚实守信、人民平等友爱、融洽相处。

《现代汉语词典》对"服务"的解释是"为集体(或别人的)利益或为某种事业而工作"。有专家认为:服务就是满足别人期望和需求的行动、过程及结果。前者的解释着重"服务"的两个关键点:一是指明了服务对象;二是说清了服务本身是一种工作,需要动手动脑去做。后者的解释则强调服务的本质内涵。服务意识必须存在于我们每个人的思想认识中,只有大家提高了对服务的认识、增强了服务的意识、激起人们在服务过程中的主观能动性,搞好服务才有思想基础。

从认识的程度来看,服务意识有强烈与淡漠之分,有主动与被动之分。认识深刻就会有强烈的服务意识;有了强烈展现个人才华、体现人生价值的观念,就会有强烈的服务意识;有了以集体为家、热爱集体、无私奉献的精神,就会有强烈的服务意识。服务意识隶属于公民意识,而公民意识是指公民个人对自己在国家中地位的自我认识,也就是公民自觉地以宪法和法律规定的基本权利和义务为核心内容,以自己在国家政治生活和社会生活中的主体地位为思想来源,把国家主人的责任感、使命感和权利义务观融为一体的自我认识。它围绕公民的权利与义务关系,反映公民对待个人与国家、个人与社会、个人与他人之间的道德观念、价值取向、行为规范等等。它强调人在社会生活中的责任意识、公德意识、民主意识等基本道德意识。

"人民"这个概念自古以来就被赋予政治化的内涵,"人民"往往相对于"敌人"而言。历史上毛泽东曾有过"为人民利益而死,就比泰山还重;为帝国主义和封建走狗而死,就比鸿毛还轻"的说法。今天,在建设和谐

---

① 《老子·六十六章》。
② 《墨子·兼爱》。

社会的社会主义现代化实践中理解"为人民服务"问题时,应当超越既有政治化理解立场,在社会学意义上理解"人民"概念,将"人民"理解为社会、他人。"为人民服务"就是为社会服务,为他人服务;"服务人民"就是服务社会,服务他人。

人是社会性存在,社会是人的有机统一体。对于一个人来说,社会是他生存的环境。个人的存在与发展,个人价值的实现,都离不开社会。"在个人之外,只存在一种精神实体,一种经验上可以观察到的、能够把我们的意志与之连结起来的道德存在,这就是社会。"①

个人的社会化理论是服务人民、服务社会的一个强大理论支撑。迪尔凯姆指出:我们研究的起点,就是要考察个人人格与社会团结的关系问题。"为什么个人越变得自主,他就会越来越依赖社会? 为什么在个人不断膨胀的同时,他与社会的联系却越加紧密? 尽管这两者看似矛盾,但它们亦步亦趋地活动却是不容反驳的事实。"②社会化理论表明了个人的自主性与他对社会的依赖是同步发展的。同时,一些著名社会学家也从微观社会学视角——日常生活中的社会互动对社会化理论作出了独特的研究。韦伯阐述了社会行动的意义,提出了"移情法"、"移情式理解";库利对个人的早期社会化以及初级群体的特殊作用作出了奠基性的研究;米德认为社会互动是一种"自我投射",人的行为是有意义的,这些所有的意义是可以被人们共享的。

爱弥尔·涂尔干从道德教育的视角对个体服务社会群体作出了阐述。在他的《道德教育》中,他将"对社会群体的依恋"看做是道德的三要素(纪律精神、对社会群体的依恋和自主或自决)之一,并对其进行了深入而细致的阐述。他认为,社会拥有一种与其成员的特征不同的特征,社会作为拥有自己的思维方式、感觉方式和行动方式的精神存在,不同于构成社会的个人所具有的思维方式、感觉方式和行动方式。社会超越了个人,它是文明的全部财富的生产者和储存者,没有社会,人就会降至动物

---

① 爱米尔·涂尔干:《道德教育》,陈光金等译,人民出版社 2006 年版,第 51 页。
② 爱米尔·涂尔干:《社会分工论》,渠东译,三联书店 2000 年版,第 11 页。

的水平。社会具有一种与个人本性不同的独特本性,能够满足作为道德行为目标而起作用的第一个必要条件,同样又能够重返个人,社会为我们重返个人植入了根深蒂固的根基。在涂尔干看来,社会在某种意义上说构成了我们身上最好的东西,而以自我为中心的人即利己主义者的生活,因违背了人的本性而具有很多的不确定性。企图消除社会本性的纯粹利己主义者,就像企图摆脱自己的影子一样,这是不可能的,这将会导致我们与本性的距离越来越远,使生活变得痛苦不堪。所以说,"一个并不独自生活,并不为了自己而生活的人,一个奉献自己的人,一个与周围世界交融在一起并允许世界渗透入其自身的人,他的生活,肯定比那些离群索居的利己主义者的生活更丰富、更有活力。"①

中小学的"服务人民"教育须遵循中小学生道德品质形成发展的规律,以特定的内容为依托,以适宜的方法为保障。中小学生服务人民教育旨在养成中小学生服务他人与社会的品德的教育,是指学校根据社会对中小学生关心他人、服务他人的品质的要求,遵循中小学生的认识规律,有目的、有计划、有组织地对中小学生施加影响,加深其对服务人民的认识,培养其服务人民的道德情感,坚定其服务人民的意志,养成其服务人民的行为习惯。在教育方式上,家长、学校和社会应该根据中小学生的身心发展特点,在家庭生活、学校生活和社会生活中,将深奥的道德规范转化为其可以理解的内容,并以适宜的方式呈现出来,使中小学生了解服务的基本内涵,懂得服务他人是人的基本素质,进而培养学生关心他人、服务于人、乐于助人的品质。

中小学生服务人民的教育不是一般的知识性教育,它有着较强的主体实践性。它需要主体通过实践体验,内化为自我的一种需要、信念和行动。促进中小学生服务意识的养成,重点应该放在实践教育上,通过对学生的学习和日常生活开展服务精神和奉献精神的评价,促进学生服务行动的开展。服务教育的最终目的是通过各种途径和手段让服务真正成为内心的信念,用以指导自己的言行。中小学生具有很强的可塑性,为此,

---

① 爱米尔·涂尔干:《道德教育》,陈光金等译,上海人民出版社2006年版,第56页。

我们要努力创建具有服务和奉献精神的学校环境和社会环境,以此使服务理念悄无声息地渗透到中小学生的思想中,达到润物细无声的效果。

第二节　数据呈现与问题讨论

当今社会处在转型中,经济体制转变、社会变革、中外文化激荡,中小学生的人生观、价值观也随着社会的变迁而发生变化。在此种背景之下,中小学生的服务意识表现出了不同的特征。本次调查以问卷调查的方式进行,辅以课堂讨论。研究者根据中小学生成长特点,结合服务人民的思想,共设计了小学部分 5 个题目,中学部分 5 个题目,收回问卷 2707 份(其中小学生 1473 份,中学生样本分为农村中学 628 份,城市中学 606份,共为 1234 份),使用 SPSS11.5 对数据进行分析。

一、小学部分

小学阶段的思想成长对于个体的发展是极其关键的时期,他们思想的单纯给教育者提供了有利的教育契机,但是他们思想的活跃性也给广大教师提出了新的挑战。

(一)调查过程

1. 调查背景与目的

人非生而知之者。俗话说"万丈高楼平地起",小学教育是未来教育的基石,不仅关系到学生的命运,而且关系到民族的兴衰。我们很多的品行都是在小学时养成的,所以在小学阶段重视对学生进行服务意识的教育显得尤为重要。当前社会中,由于个人主义和功利主义不断盛行、教育制度教育模式不完善、教师素质不高等一系列因素的影响,小学生的是非观念和行为方式受到很大冲击,所以对小学生进行服务意识的教育就显得尤为必要了。鉴于此,本研究对小学生服务意识状况进行详细而科学的问卷调查,掌握了大量的一手数据资料。在科学分析调查数据的基础上,全面了解小学生服务人民的教育状况,发现存在的问题,并提出相应的解决策略。

2. 调查方式及内容

本次调查以问卷调查的方式进行,并根据不同年级的特点辅以课堂讨论等方式。对小学生的调查问卷共有1473份,所选择的年级分别为小学的一年级、二年级、三年级、四年级、五年级和六年级,分别有173人、224人、312人、277人、221人、266人。问卷的题目主要涉及对待一些普通且辛苦的工作的态度、对待援助他人的想法、参加志愿者活动以及对待服务人民重要性的理解等5个方面,并分别从年龄层次、性别等角度分析小学生对为人民服务的态度。

(二)小学生服务人民的总体分析

根据"以服务人民为荣、以背离人民为耻"为主题而设计的5个题目的调查数据,我们得出以下结论:

①对于处于劣势地位的工作,小学生们基本上还是很尊重的,很少有歧视的看法。在认知层面上,大部分小学生还是认为像清洁工这样的工作是必要的、不是丢人的职业。

②对于是否愿意帮助需要帮助的人,多数孩子的表现很积极,很愿意向他人伸出援助之手。然而,也有一小部分的同学表示没有想过或不会,这是不容忽视的。

③对于是否会主动让座这一常见的现象,九成以上的小学生都是表示愿意"主动让座"。当然,那些没有想法和不愿意让座的人更是教育所必须关注的。

④对于参加志愿者活动这一项,近一半的同学没有参加过,相当比例的学生也只是有时参加,经常参加的学生则很少。而这一活动的开展需要学校、家庭和社会的全面配合。

⑤对于是否要为人民服务这一项知情意行的问题的调查,答案比预

想的要好,很大一部分学生表示愿意或决定这样去做。

(三)小学生服务人民态度的描述性统计

第一,小学生对待环卫工人的工作表示认同和尊重。

像清洁工、家庭保姆等处于非优势地位的工作,虽然是一项普通的职业,但在许多人心里常常是不起眼的工作,甚至认为是下等的、让人瞧不起的工作。然而,调查的结果让我们很欣慰地看到孩子们对这项工作基本上是持有尊重和肯定的态度。

对于"环卫工人的工作你怎么看待",我们设置了 3 个答案,A 为尊重、B 为无所谓、C 为瞧不起。由表 3-1 可知,选择答案 A 的人数 1340人,占总人数的 91.0%,选择了"无所谓"和"瞧不起"的人数分别为 112人和 21 人,占总数的 7.6% 和 1.4%。这说明大部分学生对待那些辛苦而收入又低的工作并没有看不起的想法。在访谈中,孩子们的回答,如"如果没有清洁工作,整个城市会很脏、很乱的,这种工作应该是很高尚的职业"、"清洁工人可辛苦了,我们不应该顺手丢垃圾"、"清洁工人很善良"等等,都显示了他们对这种工作的认可。

表 3-1　小学生在对环卫工人态度上的回答情况

选项	频数	百分比
A.尊重	1340	91.0
B.无所谓	112	7.6
C.瞧不起	21	1.4
总计	1473	100.0

虽然学生们表示"无所谓"和"瞧不起"的比例合起来只有 9%,但是这不到一成的学生或许正是我们教育应该特别关注的,是教育者应该开展教育的主要对象。在和小学生们的交谈中我们也发现,大部分孩子虽然不歧视环卫工人这种职业,但是当问及他们"长大后是否愿意从事这种工作"时,几乎没有同学会给出绝对肯定的答复。这在一定程度上可以看出

小学生们的认知和行为存在着一定的脱节,他们虽然尊重环卫工人这一职业,但是对这类工作的理解还是不够深刻,心中依然有着传统的职业等级观念,这是世俗社会风气的产物,也是中国不良传统思想的延伸。造成这种现象的原因可能是多方面的:从学生自身来说,他们对这种工作重要性的认知不够深刻、完整,在他们看来,只有生活在社会底层的、没有知识和文化的人才要从事这种职业,因而鄙视环卫工作者;很多家长对环卫工人的不屑态度潜移默化地影响孩子对这种职业的看法,他们会要求孩子远离环卫工人,甚至会指使孩子对环卫工人采取偏激的行为;学校教育更多地关注学生的学习,忽视其品质的培养,缺乏切实可行的教育实践;随手乱丢垃圾已成风气,从众心理迫使周围居民乃至中小学生不得已而为之。

第二,在助人为乐方面大部分孩子表现得比较积极。

助人为乐一直是中华民族的传统美德,小学生更应该从我做起、从身边的小事做起,把这一宝贵精神传承下去,这也是我们研究所期待看到和渴望解决的。第二题"如果灾区有小朋友需要援助,你会不会捐出零花钱",答案选项为三项,A 为会、B 为没有想过、C 为不。回答"会"的学生数是 1335 人,所占总体比率的 90.6%,这一数据说明在服务他人方面,占有绝对数量的孩子们还是很积极地想去帮助他人的;在 679 份问卷中选择"没有想过"和"不会"的人数分别是 109 人和 29 人,所占比例分别为 7.4%和 2.0%,合计为 9.4%。对于"没有想到"这个答案,可能是因为有些孩子没有遇到过这种情况,所以没有机会去思考这个问题,见表 3-2 所示。

表 3-2　小学生在向灾区捐款上的回答情况

选项	频数	百分比
A. 会	1335	90.6
B. 没有想过	109	7.4
C. 不会	29	2.0
总计	1473	100.0

从表 3-2 中我们可以很明显地看出学生对于援助他人的想法。如

今,"害怕让别人的麻烦事来麻烦自己"、"事不关己,高高挂起"的观念确实支配着一部分人的思想。这也使得很多人不愿意去主动帮助他人,孩子们在家长的影响下或多或少地也会出现这种思想。但在个别访谈中,我们也得出了一些其他有价值的资料。很多孩子很自豪地讲述他们都曾经做过的帮助他人的事情以及他们应该做的事情,如"谁都应该帮助有生理缺陷的人"、"谁没有铅笔我借给他们"、"我帮同学削铅笔"、"我给长辈让座位"、"谁有困难我支援"等等,这些都是令我们很感动的真诚回答。

第三,对于让座这一常见的公德行为大部分的小学生认为是必要的。

关心、尊重老人是中华民族的传统美德,"老吾老以及人之老,幼吾幼以及人之幼",这不仅能够彰显个人的内在素质和涵养,更能构建文明、和谐的人际关系,共建美好家园。第三题"公共汽车上,看见一位老人站着,你会怎样做",答案选项为三项,A 为主动让座、B 为没想过、C 为假装没看见。由表3-3可知,大多数小学生会主动让座,这是值得我们提倡和肯定的。小学生让座的原因很是不同,有的是出于"让座是美德"的认知,而且很多学生随家长外出坐车时,父母的榜样作用给了他们很大的启示;有的小学生让座是因为别人让座,所以自己也要让座;有的小学生让座是基于周围人的压力,不让座会受到指责、脸面挂不住,让座是一种被动行为。

表3-3 小学生在公交车让座上的回答情况

选项	频数	百分比
A.主动让座	1376	93.4
B.没想过	86	5.8
C.假装没看见	11	0.7
总计	1473	100.0

公交车让座是很普遍的问题,表示"没有想过"的回答显然是对这个问题的回避。这部分小学生在实际生活中可能让座,也可能不让座,即使让座也是被动让座,因为他们没有主动让座的意识。

"假装没有看到"这种"诚实"的回答,很让人震撼。看似诚实的回答背后却深藏着孩子虚伪的动机,这种孩子不仅缺乏爱心而且很不诚恳。

这个数字虽然很小,但是依旧需要引起我们的注意。从某一层面上体现了教育与社会的脱节,传统正规的教育受到了混乱的社会世俗文化的压制和影响,这使得一部分学生出现行为价值判断的错乱,没有正确的行为动机。总体上说,这也涉及整个社会教育这一大问题,而不单单局限于学校教育和家庭教育。

让座话题虽小,但跟道德联系在一起,就并非简单的让座问题了,在某种程度上也体现了人们的道德素养。经济学有个基本术语,叫做"边际效益",如人吃饼,吃第一张饼的边际效益就比第二张大,因为最解饿。而让座,就是率先满足车里最需要坐着的人。如果追求某一时一车人的边际效益最大化,能成为不同时间的恒定规则,就相当于每人用壮年时的站乘,去交换自己老年时的坐乘,谁都会接受这样的交换。

第四,对于小学生是否参加过志愿者的活动,所调查的结果并不乐观。

第四题为"你参加过志愿服务么",答案选项也为三项,A 为经常参加,B 为有时参加,C 为没参加过。在调查的 1473 个小学生中,只有 162 人回答经常参加,占所统计比例的 11.0%;而表示有时参加的有 641 名学生,占了 43.5%;而有近一半的小学生没有参加过志愿者活动。从表 3-4 可知,参加志愿活动的小学生只占很小一部分,绝大部分小学生没有真正参与到志愿服务活动中去,甚至相当一部分小学生从未参与志愿服务活动,这一结果是不容乐观的。

表 3-4　小学生在参加志愿活动的回答情况

选项	频数	百分比
A.经常参加	162	11.0
B.有时参加	641	43.5
C.没参加过	670	45.5
总计	1473	100.0

志愿者活动是一种服务他人的、关心集体的有价值的活动,小学生经常性地参加志愿者活动,一方面可以增强他们的服务意识,另一方面也能

培养他们的集体意识,使其认识到只有大家一起合作努力才会让彼此都健康、幸福地生活。在访谈中我们也了解到大部分孩子还是很喜欢参加志愿者活动,但由于各种原因使得他们没有机会参加这些活动。虽然参加志愿服务活动是自愿的个人行为,但是实际上它会受到各方面的影响。从小学生自身来看,有的小学生嫌脏怕累,不愿意参加志愿活动,他们还不能完全认识到参加志愿活动的重要性;从家庭来看,家长为提高各方面素质,在孩子的课余时间安排了各式各样的培训和辅导,从客观上使得孩子没有时间和精力参加志愿服务活动,还有的家长对志愿服务活动的理解存在偏差,怕孩子受苦受累而不愿让孩子参加服务活动;从学校来看,学校组织不力,对学生参加服务活动的推动力不大,为避免危险事故的发生,有些学校甚至不提倡学生参加志愿活动;从社会来看,小学生参加社会志愿活动的渠道太少,小学生年纪小、自我保护能力有限,很多社会志愿活动不适合小学生参与。所以说,学校和社会需要做出更多的努力来增加学生们参加志愿者活动的机会。

第五,对于服务人民的知、情、意的调查显示,逾八成的学生表示愿意和决定这样去做。

第五题为"我们要服务人民",答案有三项,A 为我知道这很重要、B 为我愿意这样做、C 为我决定这样做。本问题的设计目的主要是考察学生对"服务人民"的理解以及学生的思想与行动的关系。从表 3 - 5 调查的数据中可以看出,小学生们对"服务人民"的重要性的认知很充分,从总体上来看,多数小学生具有为人民服务的热情,从道德情感上而言,都是很积极地想去行动。

表 3 - 5　小学生在"我们要服务人民"的回答情况

选项	频数	百分比
A. 我知道这很重要	304	20.6
B. 我愿意这样做	697	47.3
C. 我决定这样做	472	32.0
总计	1473	100.0

"我决定这样做"的回答显示了小学生很高的素养,体现了其知、情、意、行的统一;"我愿意这样做"的回答所占比例将近一半,作出这个选择的小学生在情感上对"服务人民"有支持,但是比起行为上决定去做的人来有明显的被动性。仅仅停留在认知层面的回答,让我们感受到了教育与生活的脱节,"为人民服务"这一口号是在学校由老师向学生发出的,在课本上也是很常见的,不少学生仅仅作为知识记在脑子中,却未曾想过去实践,这不能不说是应试教育的悲哀。社会风气也对当代小学生产生了潜移默化的影响,"人不为己,天诛地灭"等个人主义、利己主义思想泛滥,并与学校教育相冲突,这使得小学生思想产生了混乱。"为人民服务"不能仅仅成为一种知识,更应该转化为一种情感,成为一种实践行为。

(四)小学生服务人民态度的差异

本研究中主要使用卡方检验,针对不同性别、不同年级的小学生进行了各题目回答情况的差异性检验。

1. 不同性别小学生在服务意识上的差异

在考察性别在服务意识上的差异时,我们对 679 份问卷(男生 340 名,女生 339 名)进行更为客观、准确的分析。在分析中我们分别对所涉及的每一个选项进行客观、细致地分析,以求研究出真正的问题所在。下表 3－6 中所显示的是不同性别小学生在服务各题目上的卡方检验结果。

表 3－6　小学生不同性别在服务意识各题目上的卡方检验结果

题目	人数	卡方值	df	p
1. 对环卫工人的态度	679	4.610	2	.100
2. 向灾区捐款	679	15.169	2	.001
3. 公交车上让座	679	1.511	2	.470
4. 是否参加过志愿活动	679	2.762	2	.251
5. 我们要服务人民	679	1.390	2	.499

①对待环卫工人的态度。从表3-7中我们可以清楚地看到,不同性别的小学生在"环卫工人的工作你怎么看待"上的回答差异不大。在被试的340名男生中有307人选择A项,占男生总数的49.1%;在被试的339名女生中有318人选择此项,占女生总数的50.9%,性别差异性不是很大。对于B选项"无所谓",男生中有25人选择此观点,占男生总数的7.4%;女生中有19人选择此观点,占女生总数的5.6%。对于第三个选项"瞧不起"的观点,340名男生中有8人表示了赞同,占男生总人数的2.4%;339名女生中有2人选择了此观点,占总人数的0.6%。从表3-7中我们也看到,不同性别在该问题上的反应差异不显著。

表3-7 不同性别小学生在对待环卫工人的态度上的回答情况

性别	1. 你怎么看待环卫工人的工作?			总计 人数(百分比)
	A. 尊重 人数(百分比)	B.无所谓 人数(百分比)	C.瞧不起 人数(百分比)	
男	307(90.3)	25(7.4)	8(2.4)	340(100.0)
女	318(93.8)	19(5.6)	2(0.6)	339(100.0)

②对援助灾区小朋友的态度。从表3-8中,我们可以看出不同性别小学生在该题目上的反应差异显著。选择A选项"会"的男生中有298人,占男生总数的87.6%;女生有325人,占女生总人数的95.9%。对选项B"没有想过"的选择中性别的差异也是较大的,占10.6%(36名)男生选择了此项,而只有占3.5%(12名)女生选择此项。选项C"不会"的选择中,男生有6名,占人数的1.8%表示不愿意援助;女生有2名,占0.6%。从表3-8中我们可以看到不同性别的小学生在援助灾区上的反应存在显著性差异,女生更为感性,她们的同情心和爱心表现得更为明显。从以上的分析中我们可以很清楚地了解到,在对于援助他人方面,小学生们存在着明显的性别差异,女生表现得更为主动、积极,而男生相对显得被动。

表 3‒8　不同性别小学生在对援助灾区小朋友的态度上的回答情况

| 性别 | 2. 如果灾区有小朋友需要援助,你会不会捐出零花钱? | | | 总计 人数(百分比) |
	A. 会 人数(百分比)	B. 没有想过 人数(百分比)	C. 不会 人数(百分比)	
男	298(87.6)	36(10.6)	6(1.8)	340(100.0)
女	325(95.9)	12(3.5)	2(0.6)	339(100.0)

③对于让座的态度。让座是很普通很常见的一种公德行为,小学男女生在这一题目上的回答差异不显著,如表 3‒9 中所示。表示"会"的,男生有 314 人,占男生总人数的 92.4%;女生有 319 人,占女生总人数的 94.1%。表示"没有想过"的,男生 25 人,占 7.4%;女生 18 人,占 5.3%。表示"假装没有看见"的,男生 1 人,占 0.3%;女生 2 人,占 0.6%。

表 3‒9　不同性别小学生在对于让座的态度上的回答情况

| 性别 | 3. 公共汽车上,看见一位老人站着,你会 | | | 总计 人数(百分比) |
	A. 主动让座 人数(百分比)	B. 没有想过 人数(百分比)	C. 假装没看见 人数(百分比)	
男	314(92.4)	25(7.4)	1(0.3)	340(100.0)
女	319(94.1)	18(5.3)	2(0.6)	339(100.0)

在绝大部分孩子心中,让座是一种美德。尽管对于是否会让座没有显著的性别差异性,但是男生让座更为经常一些。社会上"女士优先的绅士风度"的提倡,也在或多或少地影响着孩子的成长。

④对于参加志愿者的态度。如今,很多学校和社会团体都在组织志愿者活动。在这一项的调查数据中,性别的差异不显著,如表 3‒10 所示。回答"经常参加"的人数中,男生有 29 人,占 8.5%;女生有 26 人,占 7.7%。回答"有时参加"的,男生 135 人,占 39.7%;女生 156 人,占 46.0%。回答"没有参加"的,男生 176 人,占 51.8%;女生 157 人,占 56.3%。

表 3-10 不同性别小学生在对于参加志愿者的态度上的回答情况

性别	4. 你参加过志愿服务么?			总计 人数(百分比)
	A.经常参加 人数(百分比)	B.有时参加 人数(百分比)	C.没有参加 人数(百分比)	
男	29(8.5)	135(39.7)	176(51.8)	340(100.0)
女	26(7.7)	156(46.0)	157(46.3)	339(100.0)

对于参加志愿者活动,小学生们往往要显得被动,因为只有在学校和有关团体组织时学生才有机会参加。访谈中我们也了解到很多孩子是很愿意参加志愿者活动,但经常会因为家庭或学校等各种原因,很难更多地参加这项活动。同时,性别对这方面的影响不是很大。

⑤对于为人民服务的态度。在对为人民服务的情感态度中,小学生的性别差异也不显著,如表 3-11 所示。对于 A 选项"我知道这很重要"的选择,男、女生的人数分别是 69 和 64,分别占各自比例的 20.3% 和 18.9%;对于 B 选项"我愿意这样做"的选择,男、女生人数分别是 169 和 159,占各自比例的 49.7% 和 46.9%;对于选项 C"我决定这样做"的选择,男、女生人数分别是 102 和 116,占各自的比例分别是 30.0% 和 34.2%。对于服务人民的情感与意志,在小学男女生中没有显著差异。

表 3-11 不同性别小学生在对于为人民服务的态度上的回答情况

性别	5. 我们要服务人民			总计 人数(百分比)
	A.我知道这很重要 人数(百分比)	B.我愿意这样做 人数(百分比)	C.我决定这样做 人数(百分比)	
男	69(20.3)	169(49.7)	102(30.0)	340(100.0)
女	64(18.9)	159(46.9)	116(34.2)	339(100.0)

2. 不同年级小学生在服务意识上的差异检验

不同的年级对于服务意识的认识和理解是有一定差异的,以下对 1473 份问卷进行分析,其中一年级(173 人)、二年级(224 人)、三年级

(312 人)、四年级(277 人)、五年级(221 人)和六年级(266 人),见表 3 - 12 所示。

表 3 - 12 年级与服务意识的卡方检验结果

题目	人数	卡方值	df	p
1. 对环卫工人的态度	1473	49.383	10	.000
2. 向灾区捐款	1473	42.947	10	.000
3. 公交车上让座	1473	20.636	10	.028
4. 是否参加过志愿活动	1473	66.661	10	.000
5. 我们要服务人民	1473	122.669	10	.000

①对待环卫工人的态度。从表 3 - 13 中我们可以看出一年级到六年级选择 A 项"尊重"的比例分别是 90.8%、93.3%、93.9%、92.4%、84.6% 和 89.5%;选择 B 项"无所谓"的比例分别是 4.0%、4.5%、5.1%、7.2%、14.5%、10.2%;选择 C 项"瞧不起"的比例分别是 5.2%、2.2%、1.0%、0.4%、0.9% 和 0.4%。由此可以看出,在百分比上,对待第一项不同年级之间没有太大的差异,而在第二和第三项上则因年级的不同存在了一定的差异。在表 3 - 12 中我们从其卡方检验的结果中可以看出,各年级的差异已经达到显著性水平。

表 3 - 13 小学各年级学生在对待环卫工人的态度上的反应差异

年级	1. 环卫工人的工作你怎么看待呢?			总计 人数(百分比)
	A. 尊重 人数(百分比)	B. 无所谓 人数(百分比)	C. 瞧不起 人数(百分比)	
一年级	157(90.8)	7(4.0)	9(0.2)	173(100.0)
二年级	209(93.3)	10(4.5)	5(2.2)	224(100.0)
三年级	293(93.9)	16(5.1)	3(1.0)	312(100.0)
四年级	256(92.4)	20(7.2)	1(0.4)	277(100.0)
五年级	187(84.6)	32(14.5)	2(0.9)	221(100.0)
六年级	238(89.5)	27(10.2)	1(0.4)	266(100.0)
总计	1340(91.0)	112(7.6)	21(1.4)	1473(100.0)

从表 3-13 中我们可以看出因为年级的不同,学生对各个选项的选择也不尽相同,有的差异较为显著。从各个年级对三个选项的选择我们可以看出:绝大多数小学生对待那些做脏、累的工作的人是尊重的,随着年级的增长选择"无所谓"的学生略有增长,而持有"瞧不起"态度的人则随着年级的增长呈递减趋势。

②对援助灾区小朋友的态度。对于帮助他人行动的认识,不同的年级段有着不同的理解,各年级在各选项上的反应存在一定差异。如表 3-14 所示,一年级到六年级选择"会"的比例分别是 85.5%、90.2%、89.4%、93.5%、90.5% 和 92.9%,对第二选项"没有想过"的选择分别占了 6.9%、6.7%、9.9%、6.5%、8.1% 和 5.6%,第三项"不会"的选择分别是 7.5%、3.1%、0.6%、0.1%、1.4% 和 1.5%。

表 3-14　小学各年级学生在对援助灾区小朋友的态度上的反应差异

年级	2. 如果灾区有小朋友需要援助,你会不会捐出零花钱?			总计 人数(百分比)
	A. 会 人数(百分比)	B. 没有想过 人数(百分比)	C. 不会 人数(百分比)	
一年级	148(85.5)	12(6.9)	13(7.5)	173(100.0)
二年级	202(90.2)	15(6.7)	7(3.1)	224(100.0)
三年级	279(89.4)	31(9.9)	2(0.6)	312(100.0)
四年级	258(93.4)	18(6.5)	1(0.1)	277(100.0)
五年级	200(90.5)	18(8.1)	3(1.4)	221(100.0)
六年级	247(92.9)	15(5.6)	4(1.5)	266(100.0)
总计	1334(90.6)	109(7.4)	30(2.0)	1473(100.0)

由此可见,随着小学生不断接受教育,服务意识和个人素质的不断提高,在其他小朋友遇到灾难时,绝大部分小学生还是会选择慷慨解囊、积极帮助,同时随着年级的增长,一至四年级表示"不会"的孩子显然越来越少,呈递减趋势;这跟孩子的服务意识的提高有很大关系;而五至六年级,表示"不会"的学生人数却呈递增趋势,这或许与学生接触社会的机会越来越多,受社会不良观念的影响越来越严重有关。随着年级的增长,

一至三年级的学生选择"没有想过"的人数,呈递增趋势。

③对于让座的态度。让座现象在一定意义上折射出社会的文明程度。不同年级小学生的回答存在一定差异。从一年级到六年级均有90%以上的学生会主动让座,表示"没想过(让座)"的人数随年级增高呈现上升的趋势,见表3-15所示。

表3-15 小学各年级学生在对于让座的态度上的反应情况

年级	3. 公共汽车上,看见一位老人站着,你会			总计 人数(百分比)
	A. 主动让座 人数(百分比)	B. 没想过 人数(百分比)	C. 假装没看见 人数(百分比)	
一年级	168(97.1)	2(1.2)	3(1.7)	173(100.0)
二年级	215(96.0)	8(3.6)	1(0.4)	224(100.0)
三年级	291(93.5)	20(6.4)	1(0.1)	312(100.0)
四年级	259(93.5)	16(5.8)	2(0.7)	277(100.0)
五年级	199(90.0)	20(9.0)	2(0.9)	221(100.0)
六年级	243(91.4)	20(7.5)	3(1.1)	266(100.0)
总计	1375(93.4)	86(5.8)	12(.7)	1473(100.0)

④对于参加志愿者的态度。对于是否经常参加志愿者活动,不同年级小学生的反应有着较大的差异。在调查的一年级到六年级中,回答"经常参加"的分别有22.5%、9.8%、8.7%、14.4%、7.2%和6.8%;回答"有时参加"的分别是31.2%、33.5%、42.3%、50.2%、46.2%和52.3%;回答"没有参加过"的分别是46.2%、56.7%、49.0%、35.4%、46.6%和41.0%,见表3-16所示。总体上看,中高年级的小学生参加的机会比低年级的学生要多,而且随着年级的增长经常参加志愿者活动的人数呈递减趋势。

表 3 - 16　小学各年级学生在对于志愿者的态度上的反应情况

年级	4. 你参加过志愿服务么？			总计 人数（百分比）
	A. 经常参加 人数（百分比）	B. 有时参加 人数（百分比）	C. 没有参加 人数（百分比）	
一年级	39(22.5)	54(31.2)	80(46.2)	173(100.0)
二年级	22(9.8)	75(33.5)	127(56.7)	224(100.0)
三年级	27(8.7)	132(42.3)	153(49.0)	312(100.0)
四年级	40(14.4)	139(50.2)	98(35.4)	277(100.0)
五年级	16(7.2)	102(46.2)	103(46.6)	221(100.0)
六年级	18(6.8)	139(52.3)	109(41.0)	266(100.0)
总计	162(11.0)	641(43.5)	670(45.5)	1473(100.0)

在各个年级中，小学生们在三年级以前没有参加过的人数相对要多些，而到了四年级以后有时参加的人数在逐渐超过其他选项，但随着年级的增长参加的次数越来越少，这一点可能与学生的学业负担加重没有时间参加有很大关系。

⑤对于为人民服务的态度。年龄和年级的差别也使得学生对"服务人民"的认知、情感和意志存在着一定的影响。由表 3 - 17 可以看出，认识到"这很重要"的一年级到六年级的人数百分比分别是 13.3%、27.7%、19.2%、17.3%、17.2% 和 27.4%；在情感上"愿意这样做"的比例分别占 23.7%、38.4%、47.8%、57.0%、56.1% 和 52.3%，在意志上"决定这样做"的分别占 63.0%、33.9%、33.0%、25.6%、26.7% 和 20.3%。从数据可以看出，小学生对服务的认识、情感随着年级的增长呈递增趋势，而在意志上却随着年级的增长而递减。调查的数据显示在每个选项中都因年级的不同有着一定的差别。

表 3-17　小学各年级学生在对于为人们服务的态度上的反应情况

年级	5. 我们要服务人民			总计人数 （百分比）
	A. 我知道这很重要 人数（百分比）	B. 我愿意这样做 人数（百分比）	C. 我决定这样做 人数（百分比）	
一年级	23（13.3）	41（23.7）	109（63.0）	173（100.0）
二年级	62（27.7）	86（38.4）	76（33.9）	224（100.0）
三年级	60（19.2）	149（47.8）	103（33.0）	312（100.0）
四年级	48（17.3）	158（57.0）	71（25.6）	277（100.0）
五年级	38（17.2）	124（56.1）	59（26.7）	221（100.0）
六年级	73（27.4）	139（52.3）	54（20.3）	266（100.0）
总计	304（20.6）	697（47.3）	472（32.0）	1473（100.0）

一年级的学生选择"决定这样做"人数的比例较大，其他的各年级的学生表示"愿意这样做"的比例都是最高的。年级越高似乎更难在行动中将服务人民落实到自己的行动中，这是很值得我们教育者深思的。

二、中学部分

中学时期对学生的发展来说是个关键期，他们成长更容易受到各种因素的干扰，较之小学生显得更加复杂，也增加了调研难度，我们不能仅仅对呆板的数据盲目地分析，需要更多地对中学生进行深入了解，这对于教育工作者而言也面临更多的挑战。

（一）调查过程

1. 调查背景和目的

本研究旨在调查中学生对"以服务人民为荣、以背离人民为耻"这一理论的理解与实践状况，从中找出中学生荣辱观教育存在的问题及原因，从德育方面提出加强"服务人民"这一荣辱观教育的相关建议。

2. 调查内容及被试

调查内容主要涉及对待一些普通并辛苦的工作的态度、对待援助他人的想法、公交车上的让座行为、参加志愿者活动、对待服务人民重要性的理解 5 个方面。

此次调查的被试共 1234 人,(农村中学 628 人,城市中学 606 人),范围涉及初中的七年级、八年级、九年级和高中的高一、高二、高三,通过 SPSS11.5 对数据处理进行的处理。

（二）总体分析

针对"以服务人民为荣、以背离人民为耻"为主题,我们在中学生问卷中也设计了 5 个类似小学生问卷的题目,但由于中学阶段的学生正处于人生观和价值观形成的重要时期,更容易受到外界的影响,所以在问卷的设计中我们增加了更多的背景分析。从调查的结果我们可以概括性地得出以下结论。

第一,对待环卫工人这一职业,中学生基本上都表示尊重。从数据的显示可以明显看出,相对而言,农村学生对这一职业的认可度更强一点,而城市中学的学生中仍有一定比例的人很瞧不起此职业。

第二,对于援助他人的行为,农村的中学生表现的比城市的学生更有同情心和爱心。在是否愿意捐钱问题的调查中,农村中学生与城市中学生比例相差一半。

第三,对于让座行为,中学生们表现得都比较积极,没有明显的差异。

第四,在参加志愿者活动方面,无论是农村学生还是城市学生参加的都比较少。农村学生参加的次数相对城市中学生而言相对较少,近半成来自农村的学生都没有参加过志愿者活动。这与农村的教学环境和条件相对落后是不无关系的。

第五,对于为人民服务的态度,中学生们虽然能够认识到它的重要性,但在情感、意志上的表现相对薄弱了许多。有相当一部分同学仍处于模糊认识的状态中,甚至一些同学认为不应该为人民服务。

（三）中学生服务人民态度的描述性统计

1. 对待环卫工人的态度

我们可以从表3-18中看出,无论是农村中学还是城市中学的学生,大部分都是持尊重的态度。然而,因区域的差异,中学生对此项的认识程度存在明显不同。在选项"尊重"、"无所谓"和"瞧不起"的选择中,农村中学学生对这三项的选择分别是596人、29人、3人,所占的比例分别是94.9%、4.6%和0.5%,城市中学学生选择情况分别是498人、101人、7人,所占总人数的比例分别是82.2%、16.7%和1.2%。无论农村还是城市,大多数中学生对待环卫工人的态度是尊重的,但农村中学生与城市中学生的态度又有很大不同,城乡中学生在"瞧不起"这个观点中相差了2.4倍。农村中学的学生对那些很脏很累的工作的态度要优于城市中学的学生,城市的学生对环卫工人存在一定的歧视。这也许与农村的学生更深入接触到的从事此类工作的人较多有着一定关系,他们经常会与环卫工人等体力劳动者接触,对环卫工人的认识和理解也就更多些、更深刻些,也就不会有太多的歧视。另外,农村的孩子从小能吃苦,他们深知生活的不易,身边人的奔波劳苦使他们对之产生了同情、感动和尊重。在访谈中我们也了解到,随着农民工进城现象的普遍发生,有些农村学生的家长或亲戚就是在城市中做清洁工人以维持生计,这也是农村孩子对清洁工人这一职业予以尊重的原因之一。居住在城市的学生虽然更经常性地看到清洁工人,但对他们的了解是很少的,故与农村中学生相比认识上会存在一定的差别。

表3-18 中学生在对待环卫工人态度上的回答情况

选项	频数		百分比	
	农村	城市	农村	城市
A.尊重	596	498	94.9	82.2
B.无所谓	29	101	4.6	16.7
C.瞧不起	3	7	0.5	1.2
总计	628	606	100.0	100.0

2.对于援助他人的态度

总体上来说,作为中学生他们很愿意去帮助他人。在调查的628个农村学生中,对各选项的选择分别有 567 人、46 人、15 人,分别占被调查人数的 90.3%、7.3%、2.4%;606 个城市中学的中学生对 3 个选项的选择分别有 479 人、98 人、29 人,分别占 79.0%、16.2%、4.8%,如表 3－19 所示,回答"会"的农村学生和城市学生虽然都占各自人数的绝大多数,然而地域的差别也是存在的,农村中学的学生要比城市中学生更乐于帮助别人。在"不会"和"没有想过"这两个选项上,城市的学生要比农村的学生高出一倍多,城乡的差异是很明显的。这其中文化应该是造成这一差别的不可忽视的因素,农村文化在一定程度上说是一种合作的文化,农村生活中,很多活动需要他人的帮助,比如盖房子、农忙等等,人与人之间是一种不计报酬的付出,只要有人需要,其他的人就会主动帮忙,人与人之间的帮助是一种文化的彰显。而城市孩子从小就生活在封闭的环境中,他们与周围人的接触甚少,缺乏交流,很多孩子都是由玩具、电脑、电视等没有情感的东西陪伴长大的。很多家长和教师害怕孩子上当受骗,甚至教孩子不与陌生人说话,对待对他人的援助上更是嗤之以鼻甚至抱怨,这对学生的态度有很大的影响。另外,社会上虽然有一些不良现象,比如某某领导私吞社会的捐款等,但媒体对负面新闻的夸张报道以及周围人的不断抱怨,使得中学生对自己的付出产生了质疑。同时,持模糊态度的也同样存在着明显的地域差别。一直以来,人们都认为农村的孩子比较质朴一些,这个数据或许也说明了这一点。此外,近些年来,社会对农村的扶持也日渐明显,很多学生都曾接受过来自他人的援助,这一点也影响着他们对他人的援助思想。

表 3－19 中学生在对灾区援助上的回答情况

选项	频数		百分比	
	农村	城市	农村	城市
A. 不会	15	29	2.4	4.8
B. 没想过	46	98	7.3	16.2
C. 会	567	479	90.3	79.0
总计	628	606	100.0	100.0

3. 对待让座行为的态度

从表 3 - 20 可以看出,九成以上的中学生都很愿意主动去让座。在给出的三个选项中,农村中学的学生分别有 590 人、24 人、14 人,分别占被调查人数的 93.9%、3.8%、2.2%;城市中学的学生分别有 565 人、30 人、11 人,分别占总人数的 93.2%、5.0%、1.8%。给需要的人让座是一种美德,这一点从小学到中学的学生对此都有着深刻的认识,在中学问卷的结论也无明显的地域差异。

表 3 - 20 中学生在公交车让座行为上的回答情况

选项	频数		百分比	
	农村	城市	农村	城市
A. 主动让座	590	565	93.9	93.2
B. 没想过	24	30	3.8	5.0
C. 假装看不见	14	11	2.2	1.8
总计	628	606	100.0	100.0

4. 参加志愿服务的行为

总体上看,无论是农村还是城市的中学生参加志愿者服务的比例都是比较少的。对三个选项的选择,农村学生分别有 65 人、273 人、290 人,分别占总人数的 10.4%、43.5%、46.2%,城市学生分别有 67 人、412 人、127 人,分别占总人数的 12.1%、68.0%、21.0%,如表 3 - 21 所示。总体来说,两者经常参加志愿者活动都相对较少,中学阶段的学习任务相对更重,尤其是进入高中以后,很多学生几乎没有什么休息的时间,何况是参加志愿服务呢?对于在农村中学的学生来说,参加志愿服务的机会和次数更少,这与农村的教学实习条件有限、农村学校实施素质教育不力有不可分割的原因,比如敬老院、孤儿院等一般都远离农村,这给农村中学生参加志愿服务活动造成了交通、时间和组织上的不便利。

表 3－21　中学生在"你参加过志愿服务么？"的回答情况

选项	频数		百分比	
	农村	城市	农村	城市
A. 经常	65	67	10.4	11.1
B. 有时	273	412	43.5	68.0
C. 没有	290	127	46.2	21.0
总计	628	606	100.0	100.0

5. 关于为人民服务的态度

虽然大部分学生都表示"服务人民很重要"是"对"的,但还有一定数量的学生认为是"不对"的。对三个选项的选择,农村学生分别有 544人、723 人、12 人,分别占总人数的 86.6%、11.5%、1.9%,城市学生分别有 444 人、154 人、8 人,分别占总人数的 73.3%、25.4%、1.3%。如表 3－22 所示,同时调查数据显示对这一问题的看法存在地域差异,总体来说,农村中学学生的服务态度要优于城市中学的学生,具体表现在"对"的选项中,农村的学生与城市的学生选择的比例相差了 13.3%。对于"说不清"这一模糊的回答,城市学生选择的更多些,这与他们的知识面广、接触到的各类形形色色的事物比较多有很大关系,特别是一些反面的东西也在或多或少地影响着他们的认识。在访谈中,我们也了解到很多城里的学生认为有时候做了好事不一定会有好的回报,甚至很多人以怨报德,这在很大程度上影响了学生服务态度的形成。

表 3－22　中学生在"服务人民很重要"上的回答情况

选项	频数		百分比	
	农村	城市	农村	城市
A. 对	544	444	86.6	73.3
B. 说不清	72	154	11.5	25.4
C. 不对	12	8	1.9	1.3
总计	628	606	100.0	100.0

(四)中学生服务人民态度的差异分析

由表 3-23 可以看出,不同年级中学生在服务意识上存在着一定的差异,但是在公交车让座的态度上,各年级的差异并不显著。由表 3-24 可以看出,中学的男女生对服务意识的看法也存在显著的差异。

年级和性别对中学生服务人民的态度有很大的影响。年级的差异同样也伴随着知识积累和阅历的差异,这些差异导致对服务的认识有所差异,这就要求教育者在教育过程中要针对不同阶段的学生因材施教。

性别的差异所带来的思想境界不同,更多的是因为社会所赋予他们的角色不同,而男生的服务意识略显薄弱,但在平时与中学生的交流中我们也感觉到男生对自己的责任还是很强调。

表 3-23　中学生服务意识在年级上的卡方检验结果

题目	人数	卡方值	df	p
1. 对环卫工人的态度	1234	28. 297	10	.002
2. 对援助灾区的态度	1234	39. 137	10	.000
3. 公交车让座	1234	12. 845	10	.232
4. 参加志愿活动	1234	44. 321	10	.000
5. 服务人民很重要	1234	21. 799	10	.016

表 3-24　中学生服务意识在性别上的卡方检验结果

题目	人数	卡方值	df	p
1. 对环卫工人的态度	1234	4. 649	2	.098
2. 对援助灾区的态度	1234	10. 575	2	.005
3. 公交车让座	1234	16. 479	2	.000
4. 参加志愿活动	1234	27. 089	2	.000
5. 服务人民很重要	1234	7. 959	2	.019

可以说"八荣八耻"的荣辱观,涵盖了社会公德、公民素养、职业道德以及家庭美德等多方面内容,具有很强的综合性和针对性,其内容强调了

人的价值观、人生观和世界观。其中这八个方面的内容是中国传统美德和时代精神的完美结合,各个内容相辅相成,彼此之间有着本质的联系,而且很强调"修身",这与《大学》里讲的"修身、齐家、治国、平天下"异曲同工。把修身与齐家、治国、平天下结合起来,强调修身是本,是有道理的。从道德治化方面来看,人若不重德性,其身不修,德才不备,何以齐家、治国、平天下? 我们要服务人民,更要从热爱劳动,团结他人,遵纪守法等方面做起。忽视"八荣"的任何一方面都很难在自我修养方面达到最佳的境界。

第三节　研究结论与教育对策

一、研究结论

从以上的分析可以明显地看出,在新时期,中小学生对待服务这一问题的观念上,既有我们可以直接感觉到的价值取向,也有出乎意料的价值判断。作为教育者,我们应该认真审视这一现状,以期让新时期的学生更健康地成长。以上的数据显示,大部分中小学生在服务人民上都显示了很高的素质,我们可以初步地得出以下几个方面的结论。

(一)在对待环卫工人的态度上,绝大部分的学生都有着强烈的同情心

同情心,首先是指对某事(如另一人的感情)的觉察与同情感,同时也指这种感情的表露。这是同情心的基本含义和初级层面,人人都应该具有不同程度的同情心。但同情心又是一种才能,往往指培养成的能与他人感情产生共鸣的一种才能,而这种感情不必一定是悲伤。这是同情心的引申含义和高级层面。对他人的同情与尊重不仅是一个人良心和善性的重要表达方式,也是一个人的基本素养之一。作为个人,既要尊重自

己,也要尊重他人,只有尊重他人,才能尊重自己,也只有尊重自己,才能尊重他人。正因为要尊重个人,所以任何人绝不能损害他人的利益。"个人观念",是一个神圣的、伟大的哲学观念。"个人观念"是同专制主义作斗争的伟大武器,所以为专制主义所不容。同时,"个人观念"也是道德的源泉。所以,提倡个人观念的国家,反而道德状况比提倡集体主义的国家更好些。因为"个人观念"告诉人们,自己有个人利益、合法权益,要理直气壮地保护这种利益,不容别人侵犯;同样,别人和自己一样,也有他们的合法权益。所以,任何时候,绝不损害他人的合法权益。于是,"保护自己,不损害他人"就形成了社会的力量,成了社会的道德基础。当前的中小学生所表达的对他人职业的尊重是值得肯定的,在调查中也不免存在着一定比例的学生轻视像环卫这样的职业,这是值得深思的。

(二)在援助他人的行为和参加志愿活动的认知上,中小学生存在着地区差异

帮助他人是个体表现出来的一种道德意识,是一种自我品德修养的表现。然而,很多的学生在具体的行为中却表现出了易受他人和周围因素影响的"从众心理"。如此一来,他们在做很多事情,尤其是公益事情的时候,也要看自己的行为是否与众人的行动一致,如果不一致就选择退缩,甚至自己明明知道是应该做的事情,但由于当时没有人或没有众多的人采取积极的行动,他们也就选择了逃避。在调查中,关于汶川地震的捐款活动问题中,就有相当一部分的大学生选择了"别人捐,我也捐"。而在访谈中,我们了解到几乎所有的学生都表示应该捐助。之所以在具体的行动中表现出来的看周围人的行动来决定自己的行为,仅仅是因为怕被他人嘲笑,说自己哗众取宠,即使做那些自己认为应该做的事情。虽说大众的意识代表着主流思想与观念,但在一些特定的事件中所表现出来的从众心理是不负责任的、不可取的。在公交车上,看到小偷的不法行为,因为看到别人漠视,自己也逃避;在公共场合看到一人被多人围攻、殴打,而自己也作为看客之一等等,这些不正是从众心理导致的个体不能在特定场合采取机智的方法履行所应承担责任的表现吗?!

　　（三）在对公交车上让座行为的问题上，表示"不会"的回答在年龄上存在显著性差异

　　让座是一个人起码的道德素质，是衡量一个人人格是否健全的重要标志之一。公共汽车上有一位老人站着，大多数中小学生会主动让座，这是值得我们肯定的。当然，中小学生让座的原因不同，不论是出于"让座是美德"的认知，周围人的榜样作用或是周围人的压力，让座行为的发生始终是值得赞扬的。综观中小学生的回答，表示"会的"比例波动性很小，年龄差异甚微。而表示"假装没有看到"的回答，随着年龄的增高确有上升的趋势，不得不令人深思。这一系列的数据告诉我们，世俗的社会、虚伪的处事方式正在吞噬着孩子幼小的心灵，严重冲击着传统的教育。所以，教育工作者要不断改善自身的教育方式和行为方式，努力帮助学生树立正确的价值观、人生观，实现育人的目的。

　　（四）在参加志愿活动的行为上，城乡中小学生普遍不够主动

　　志愿者是指志愿贡献个人的时间及精力，在不为任何物质报酬的情况下，为改善社会服务，促进社会进步而提供服务的人。志愿工作具有志愿性、无偿性、公益性、组织性四大特征。有些人片面地认为从事志愿工作是慈善为怀、乐善好施的表现，把志愿工作看成一种单方面的施予；也有的人把志愿者当做"廉价劳动力"，认为只有那些不愁衣食及有大量空余时间的人，才有资格或才会参加志愿工作。其实，每个人都有参与社会事务的权利和促进社会进步的义务，同样，每个人都有促进社会繁荣进步的义务及责任。参与志愿工作是表达这种"权利"及"义务"的积极和有效的形式。在服务他人、服务社会的同时，自身也得到了提高、完善和发展，精神和心灵也得到了满足。因此，参与志愿工作既是"助人"，亦是"自助"；既是"乐人"，同时也"乐己"。参与志愿工作，既是在帮助他人、服务社会，同时也是在传递爱心和传播文明。志愿服务个人化、人性化的特征，可以有效地拉近人与人之间的心灵距离，减少疏远感，对缓解社会矛盾、促进社会稳定有一定的积极作用。然而，由于一系列客观或主观条件的制约，无论是农村学生还是城市学生参加志愿者的机会都是比较少

的,很多农村或硬件条件较差的城市中小学的学生就更少有机会或根本没有机会参加志愿者活动。农村学生参加志愿者活动的次数相对城市中学生而言显然更少,近半数来自农村的学生都没有参加过志愿者活动。这与农村的教学环境和条件相对落后和教育者对志愿者活动的认识是不无关系的。我们一直提倡教育公平,对此现象是教育所不应忽视的内容之一。

（五）在为人们服务的意识和重要性上,不同阶段的学生存在着明显的差异

邓小平同志进一步发展了毛泽东同志的"为人民服务"的思想,指出:不论是在理论和实践上,都极其重视"为人民服务"。对于中小学生,在教育中我们也应该对此予以一定的重视。从调查结果可以看出,在小学生中,对是否要为人民服务这一知情意行的问题的调查,答案比预想的要好,很大一部分学生表示愿意或决定这样去做。而在中学生中,对于为人民服务的态度,中学生们虽然能够认识到它的重要性,但在情感、意志上表现的相对薄弱了许多。有相当一部分同学仍处于模糊认识的状态,甚至一些同学认为不应该为人民服务。这就要求我们必须加强对中小学生的服务意识的教育,促成其知、情、意、行的真正结合。

二、教育对策

如何为处于社会转型期的中小学生营造更好的社会环境,学校教育又将发挥怎样的角色？这是不容忽视的问题,学校教育要紧跟时代潮流,要适应学生思想的变化与需要。

（一）营造良好的文化氛围

人的道德品质不是先天固有的,而是后天环境的影响和教育慢慢形成的。学校环境的好坏,直接关系中小学生思想行为的发展。总的来说,学校环境由精神环境和物质环境两大部分构成。精神环境主要指学生所

处的直接影响其思想行为发展的精神文化条件。主要有教育思想和理念、教风、学风和校风等。我国中学生目前面临的是多元、多变的文化生态环境,由家庭、社会、学校三方面组合并形成一个结构系统。如何营造和优化学生成长的社会环境,这是一个系统工程,需要社会、学校、家庭三方面有系统、不间断的配合。学校应该自觉地承担起他们的责任,起到中心枢纽的作用,成为整合三方教育资源的主体或第一责任者,并通过现代学校文化建设来实现服务文化氛围的优化。

首先,学校的教师尤其是班主任,应当成为学生的表率。处在中小学阶段的学生,学习能力尤其是模仿能力很强,教师的一言一行都起着耳濡目染、潜移默化的作用,所以教师要为其成长树立榜样作用。为人师表,就是指教师用自己的言行作出榜样,成为学生学习、效仿的楷模和表率。由于班主任是学生的直接管理者,班主任的人格力量是巨大的,是任何教科书、任何道德箴言、任何惩罚和奖励制度都不能代替的一种教育力量。这就要求班主任有较高的人格修养,要以身作则,要求学生做到的自己首先要做到,要求学生不做的自己首先不做,成为学生的表率。同时,教师要运用各种方式向广大未成年人宣传介绍古今中外的杰出人物、道德楷模和先进典型,激励他们崇尚先进,学习先进。通过评选三好学生、优秀团员和少先队员、先进集体等活动,为未成年人树立可亲、可信、可敬、可学的榜样,让他们从榜样的感人事迹和优秀品质中受到鼓舞,汲取力量。

其次,家长要做好中小学生的榜样作用,并注意培养学生的服务意识。每一个人的社会化,离不开家庭的哺育,更需要家庭的教养,家长乃至家庭成员的一言一行都将对孩子的成长、性格的养成和人生观、价值观的确立产生潜移默化的影响。家庭是学生生长的第一环境,父母是学生的第一任教师,父母的言谈举止及教养态度、教养方法对学生品质的形成起着重要的影响作用。所以家长要在实际生活中注意养成孩子的关心他人的品质,通过生活中的小事,如,给老弱病残者让座、给受灾的小朋友捐物品等等,来养成孩子同情、关心他人的习惯。

再次,社会环境对中小学学生行为的养成起着不可忽视的影响。大的社会环境是我们共同生活的基础,社会环境对人的影响是不可估量的。

"近朱者赤,近墨者黑",如果中小学生都沐浴在温馨和以为他人服务为乐的和谐的环境下,那么其品质自然会得到提高。所以说,要营造良好的服务人民的氛围,需要学校、家庭和社会的积极配合。

(二)运用恰当的方式,整合利用一切可以利用的资源

传统道德是基础,它经过世代积累,其中相当一部分是社会公共生活准则。优良的传统文化、传统道德是现代化建设的重要力量。自古以来,勤劳勇敢、艰苦奋斗、不屈不挠、谦虚正直、助人为乐、尊长爱幼,孝敬父母、服务他人……都是中华民族的传统美德。随着现代社会的不断发展和改革开放的不断深入,这些传统美德有逐步淡化的倾向。挖掘、利用优秀的传统的道德资源更有利于促进中小学生道德素质的养成。同时,学校图书室、阅览室的资料要严格审查,去伪存真,去其糟粕、存其精华。学校组织的娱乐活动,也应积极健康,使人向上的。有选择地播放教育片,组织健康的读书比赛、校园文化活动等,以优秀的作品鼓舞人。同时教师应推荐有利于学生道德品质形成的书籍,在讲授课程时要注意对道德知识的讲授,也可以采用道德两难法,使学生在参与讨论中加深对问题的认识,促进其道德情感的提升和道德意志的培养。不同年龄段的中小学生身心发展特点的不同,对服务概念的理解,以及将课堂中生活中学习到的服务知识转化为自己的服务行为的能力不同,因此,我们要选择与各个年龄阶段相对应的教育方法,如说服法、情感陶冶法、榜样示范法、道德两难法等等。只有我们选择正确的教育方法、采用正确的教育手段,才能真正实现服务教育的目的。

(三)奉行发展性原则,促进学生道德判断力的提高

根据科尔伯格的道德判断发展阶段可以分为由低到高不断发展的三水平六阶段,前习俗水平(阶段一,以惩罚和服从为定向;阶段二,以工具性的相对主义为定向);习俗水平(阶段三,以人与人之间和谐一致或"好男孩—好女孩"为定向;阶段四,以法律和秩序为定向);后习俗水平(阶段五,以法定的社会契约为定向;阶段六,以普遍的伦理原则为定向)。

当然,服务作为一种基本的道德素质,服务人民的道德判断也必然有上述几个阶段。认知性道德发展模式强调,道德教育的首要目的在于促进学生的道德判断不断向更高水平不断发展,进而促进学生道德判断与行为的一致性。科尔伯格及其同事的研究表明:儿童的道德判断普遍存在与其行为不一致的现象,但是,个体道德判断力的发展水平和阶段越高,道德判断与行为的一致性程度越高。从发展的眼光看,个体道德判断的成熟并非一蹴而就,而是循序渐进的结果。所以,认知性道德发展模式提出,应当根据儿童已有的发展水平确定教育内容,创造机会让学生接触和思考高于他们一个阶段的道德理由和道德推理方式,造成学生认知失衡,引导学生在寻求新的认知平衡中,不断地提高自身道德判断的发展水平。认知性发展模式实施的德育主要方法和策略包括:第一,了解学生当前的道德判断发展水平;第二,运用道德难题引起学生的意见分歧和认知失衡;第三,向学生揭示比他们高一阶段的道德推理方式;第四,引导学生在比较中自动接受比自己原有的道德推理方式更为合理的推理方式;第五,鼓励学生把自己的道德判断付诸行动。[①]

(四)注重实践,重视学生行为习惯的养成

道德行为是指其亲近社会的行为,即一切符合社会行为规范、对社会交往或人际关系有积极作用的行为。包括分享、同情、遵守规则、帮助他人、合作、协商、友爱等内容。当今社会正处在转型时期,激烈的竞争,传播媒介的影响,再加上各种客观因素,新时期青少年的心理健康状况堪忧。我们应重视青少年道德情感规律,重视道德情感的培育,要为中小学生创造关心他人的机会,养成其关心他人、服务他人的良好习惯。一个具备良好道德习惯的人,必定也有着良好的行为习惯。我们要重视开展丰富多彩的服务实践活动,要突出教育主体的实践性,充分发挥中学生的积极性、主动性,做到活动铸爱。在实践活动中,要注意从点滴小事做起,不放过任何一次服务教育的机会,比如去敬老院看望爷爷奶奶、帮助盲人过

[①]　参见黄向阳:《德育原理》,华东师范大学出版社2000年版,第153页。

马路、为灾区小朋友捐学习用品、开展服务他人的文娱活动等等。根据道德发展理论的第二个结论是要促进学生的道德观念与行为的一致性。世上没有一种品行是能在一朝一夕之间形成的,因而养成教育更是一项任重而道远的教育,教育者要在具体的情境中引导学生把所学的道德知识应用到实践中去,养成良好的行为习惯。

思想道德建设是教育与实践相结合的过程。要按照实践育人的要求,以体验教育为基本途径,区分不同层次未成年人的特点,精心设计和组织开展内容鲜活、形式新颖、吸引力强的道德实践活动。各种道德实践活动都要突出思想内涵,强化道德要求,并与丰富多彩的兴趣活动和文体活动结合起来,注意寓教于乐,满足兴趣爱好,使未成年人在自觉参与中思想感情得到熏陶,精神生活得到充实,道德境界得到升华。各种法定节日,传统节日,革命领袖、民族英雄、杰出名人等历史人物的诞辰和逝世纪念日,建党纪念日、红军长征、辛亥革命等重大历史事件纪念日,"九一八"、"南京大屠杀遇难同胞纪念日"等国耻纪念日,以及未成年人的入学、入队、入团、成人宣誓等有特殊意义的重要日子,都蕴藏着宝贵的思想道德教育资源。要抓住时机,整合资源,集中开展思想道德主题宣传教育活动。要组织丰富多彩的主题班会、队会、团会,举行各种庆祝、纪念活动和必要的仪式,引导未成年人弘扬民族精神,增进爱国情感,提高道德素养。每年的"公民道德宣传日",在面向社会公众开展道德教育的同时,要注意组织好面向未成年人的宣传教育活动。要丰富未成年人节假日参观、旅游活动的思想道德内涵,精心组织夏令营、冬令营、革命圣地游、红色旅游、绿色旅游以及各种参观、瞻仰和考察等活动,把深刻的教育内容融入到生动有趣的课外活动之中,用祖国大好风光、民族悠久历史、优良革命传统和现代化建设成就教育未成年人。①

---

① 　参见 2004 年 3 月《中共中央国务院关于进一步加强和改进未成年人思想道德建设的若干意见》。

（五）改革评价内容与方式、完善评价制度

在以往的评价机制中,教育评价活动的主体主要是学校管理人员或教育行政主管部门,是一种单一性的他人评价。而作为评价对象的主体学生则完全处于被动地位,没有任何主动选择的余地。随着学生主体意识的增强,使评价主体多元化成为现实,即评价主体由单纯的教育行政部门转变为学校管理者、学生本人、教师以及主管部门、社团组织都可以对学生进行评价。对于中小学生的评价要多样化、多元化,不能仅仅停留在成绩这一方面。只有内容丰富的评价机制才有利于学生不断地对自己的思想和行为进行反思,对自己的行为进行自我调控,自我完善、自我修正,提高自身的素质。学校要制定学生日常行为守则或规范,使学生有规可循;制定学生服务状况评估条例,定期对学生的服务他人的状况进行评估;同时,应该制定诚信赏罚制度,将评估结果与赏罚机制相联系,且与评优评奖相挂钩。对学生的服务行为服务意识的评价不能局限于通过考试,而应看实际行动。争取通过评价机制的完善,促使中小学生知、情、意、行的真正统一。

第 四 章

崇尚科学篇

人类文明进化的历史,说到底就是一部反对愚昧、崇尚科学的历史。对中小学生卓有成效地进行以热爱科学追求真理为荣、以愚昧为耻的荣辱观教育,意义深远。

第一节　研究背景与理论分析

科学是人类智慧和文明的产物。它是人类意识对客观自然的正确认识,它来源于人类认识自然和改造自然的活动;它在实践中经受检验、得到完善和发展的同时,指导人类实践向正确的方向前进。

"科学"一词,英文为 science,其源于拉丁文的 scio,本意是"知识"、"学问",science 的本来含义是系统知识。在中文里,"科学"一词最初译为"格致",即格物致知,以格物而得的知识就是科学。一直到近代,通过科学传播活动,"科学"一词才取代了"格致"。中国的《辞海》对科学给予了这样的解释:"科学是关于自然、社会和思维的知识体系。"英国科学史家凡尔纳认为:科学是人类智慧的最高贵的成果。爱因斯坦则认为:对于科学,就我们的目的而论,不妨把它定义为寻求我们感觉经验之间规律性关系的有条理的思想。日本的《世界大百科辞典》则将科学定义为:

"科学是认识的一种形态……是指人们在漫长的人类社会生活中所获得的和积累起来的、现在还在继续积累的认识成果……知识的总体和持续不断的认识活动本身。所谓科学,是具备客观性和真理性的既具体又普遍的有体系的学术上的认识,即科学是学问达到最高程度的部类。"归纳一下,我们可以将对科学的认识作如下表述:首先,科学是人类特定的社会活动的成果,它表现为发展着的知识体系,这种知识体系在本质上是一种精神产品;其次,科学是人类特有的活动方式,是从事知识生产的人类的实践领域,它离不开独特的物质手段,但在本质上是一种精神生产;再次,科学及其活动组成一种社会体制,是构成整个社会体制的一个重要组成部分。此外,科学是人类特有的文化方式和精神尺度,是科学方法、科学思想、科学意识和科学精神的有机统一。

荣辱观教育中的崇尚科学,当然包括掌握科学知识,提高科学文化水平,以科学破除愚昧,但崇尚科学的核心要义在于要崇尚科学精神,即有敢于追求真理、反对谬误、发展真理的精神和勇气,有独立思考的批判意识。

崇尚科学的科学精神是最具革命性的精神武器。它的核心是怀疑批判、求真务实、开拓创新。科学精神是在难能可贵的科学创造中凝聚成的思想情感精华,也是人类文明宝库中的璀璨明珠。科学精神首先表现为一种科学的理性精神。理性精神是科学精神的灵魂,理性植根于人性之中。巴伯指出:"在人类社会中,科学的幼芽扎根于人类那根深蒂固的、永不停息的尝试之中,试图靠运用理性的思考和活动来和支配他生活在其中的这个世界。"①探索求知的理性精神是科学赖以产生的精神基础,它为人们追求科学知识和进行科学研究提供了一个参考体系和价值坐标。科学的理性精神不仅体现在科学知识层面上,而且还投射到了科学研究的规范上。默顿概括了科学研究必须遵守的四条规范:"其一,普遍主义。必须以客观的科学实践为基础,凭借科学事实理论并以科学实验与实践作为检验真理的唯一标准,而不能以社会属性、宗教信仰、政治态

---

① ［美］巴伯著:《科学与社会秩序》,顾昕译,上海三联书店1996年版,第391页。

度作为评价科学成就的依据,更不能以权威、领导的意志和观点来论是非。其二,公有主义。即科学技术的研究成果应该成为全人类的共同资源与财富。其三,无私利性。即不能以从事科学技术公证作为牟取私利的手段和本钱,不能以科技成果来换取名誉、地位和权力,更不能为名利而弄虚作假。其四,有条理的怀疑主义。即无论对自己或他人的研究成果,都必须经过科学实验的检验,允许别人批评、指正,而当发现与实践不符时,都应该勇敢地改善、修正,甚至抛弃之".① 爱因斯坦认为科学的出发点是怀疑,但是怀疑并非一切不信。科学研究既从怀疑出发,同时也是有所信的,否则,一切不信,科学探索追求什么? 爱因斯坦认为在我们的思维和语言表达中所出现的各种概念,都是思维的自由创造。辩证的怀疑批判意识是科学精神的内在因素。怀疑意识在未知面前表现的并不是迷惘,也绝不等于无知,而是可以摆脱迷惑的清醒剂,是理性最可靠的保护神。有了怀疑精神,人类才能独立地判断和思考,排除轻信和盲从,接近科学理性。

科学精神一面是怀疑的意识和批判的理性,另一面则是研究者在探索未知和未来时所具有的谦恭的心态。"他们是一只手的手心和手背,是一个天平的两端,科学鼓励怀疑和批判,欢迎探讨和争论,这是科学不断进步的重要条件;但缺乏谦恭的心态,就有可能走向独断和唯科学主义,使科学探索背离其人文基础。在科学精神的天平上,我们不能偏向任何一边,而要努力在两个极端之间保持平衡和必要的张力。"②

求真求实的怀疑精神、批判精神、宽容精神,实质上是一种寻求智慧的自由精神。在中、小学进行崇高科学的教育,不仅是科学知识的教育,更重要的是科学精神的培育。

---

① 何亚平、张钢:《文化的基频——科技文化史论稿》,东方出版社 1996 年版,第 224 页。
② 王荣栓:《科学是一种精神》(丛书总序;陈建坤),济南出版社 2000 年版,第 3 页。

第二节　数据呈现与问题讨论

一、小学生"崇尚科学、反对愚昧"数据分析

小学生和中学生相比,有其独特的身心发展特点,其对科学的认知态度有一个由弱到强、由低到高、由模糊到清晰的认识发展过程。

(一)小学生"崇尚科学"荣辱观的描述性分析

其一,关于星座的图书和网页铺天盖地,冲击着小学生的眼球,研究星座的个性、星运、人生观等已经成为一种娱乐方式并在部分小学里流行,被一些小学生笃信。本题旨在调查星座说法在小学生中的接受程度和理性认识程度。当问及"你觉得关于星座的说法科学吗"时,选择"科学"的学生人数是 478 人,占 32.5%;选择"说不清"的学生人数是 498 人,占 33.8%;选择"不科学"的学生人数是 497 人,占 33.7%。表 4-1 显示,三项选项的百分比基本持平。

表 4-1　小学荣辱观问卷"你觉得关于星座的说法科学吗"的回答情况

选项	频数	百分比
A. 科学	478	32.5
B. 说不清	498	33.8
C. 不科学	497	33.7
总计	1473	100.0

这说明只有 1/3 的小学生能理性、科学地看待"星座学",清醒地认识自己,积极地对待生活。另有 1/3 的小学生深受"星座学"的危害,错误地把它等同于科学,在访谈中我们还了解到,少数小学生甚至以此指导

自己的生活,把自己的未来和人生交给了星座。剩下的1/3学生对"星座学"持半信半疑的态度,不能正确地认识到其伪科学性。

调查结果为小学德育敲响了警钟,对"星座学"的相关教育和引导刻不容缓。如何看待"星座学"? 如何让"星座学"只停留在娱乐的层面上? 如何纠正过于迷信"星座学"的学生的观点? 如何帮助学生把注意力从"星座学"转向真正的科技学习? 这一系列问题有待教育学专家和教育工作者们共同努力,在了解学生真实想法和实际状况的前提下,实施相应的教育策略,扭转星座风靡校园的不正常局面。

其二,很多家长信仰宗教,却对宗教的精神知之甚少,对孩子产生一些不良的影响。本题旨在调查这种现象对学生的影响程度和学生对此所持的态度和观点。当问及"有人到庙里烧香拜佛求神保佑,你认为这样对么"时,选择"对"的学生人数是428人,占29.1%;选择"说不清"的学生人数是427人,占29%;选择"错"的学生人数是618人,占42%(见表4-2)。前两项选项的百分比基本持平。

表4-2 小学荣辱观问卷"有人到庙里烧香拜佛求神保佑,
你认为这样对么?"的回答情况

选项	频数	百分比
A. 对	428	29.1
B. 说不清	427	29.0
C. 错	618	42.0
总计	1473	100.0

表4-2显示,对迷信神灵现象持理性态度的小学生占四成多,在课堂讨论中他们也发表了自己的观点:"烧香拜佛不科学,因为根本就没有神仙,什么都要靠自己。""烧香拜佛是岁数大的人才做的事,因为他们没有办法改变现状,我们能够通过好好学习创造自己的未来。"但是还有一半以上的小学生没有深刻认识到这种现象的心理、社会、文化因素,对"神灵"还抱着一定的幻想,这可能与家庭教育、生活境遇、社会风尚等因

素有关,也可能是正面的科学教育的引导力不足的原因。

调查结果提醒教育工作者对此应引起足够的重视,学校要加强与社区、家庭的配合教育,帮助学生挖掘和分析拜神现象存在的深层原因,辨析科学与反科学行为,积极引导学生主动参与健康的社会活动,在日常的社会生活中养成科学精神。

其三,热爱科学不但要认识到位,而且要富有浓厚的情感,并落实到行动上,学生们通过教育大多认识到了科学的重要性,但有没有热情和决心去追求科学,那么小学生们有多大的热情和决心去追求科学呢?本题旨在调查小学生知、情、行统一的程度。当问及"我们要崇尚科学"时,选择"我知道这很重要"的学生人数是371人,占25.2%;选择"我愿意这样做"的学生人数是527人,占35.8%;选择"我决定这样做"的学生人数是575人,占39%(见表4-3)。选择后两项的人数高于第一项。

表4-3 小学荣辱观问卷"我们要崇尚科学"的回答情况

选项	频数	百分比
A. 知道很重要	371	25.2
B. 愿意这样做	527	35.8
C. 决定这样做	575	39.0
总计	1473	100.0

表4-3显示,大多数学生很愿意参与到热爱科学的学习和活动中去,四成的学生能在行动上体现崇尚科学的理念,但仍有1/4的小学生只是认识到科学的重要性,却缺乏参与科学活动的热情和相应的行动。

调查结果显示小学生的科学教育不能只停留在大道理上,教育工作者应运用多种方法激发学生对科学试验、科普知识的兴趣,并更多地开展科学活动,特别要创设条件,吸引近八成的"愿意和决定这样做"的学生参与到科学活动中来,从知、情、意、行四个方面培养学生热爱科学、崇尚科学。

其四,当代的小学生生活在一个充斥电影、电视、网络、书刊的时代,文艺作品中经常渲染"鬼",学生们对此有何看法？是否相信世上有鬼？是否被"鬼神说"等伪科学所迷惑？本题旨在了解小学生对"鬼"的看法和态度。当问及"有人跟你说他遇到鬼了，你相信他说的话吗"时，选择"不相信"的学生人数是1369人，占92.9%，其人数占绝大多数，这表明学生在这个问题上具有较高的认知水平，具体分布见表4-4所示。

表4-4 小学荣辱观问卷"相信有人遇到鬼了吗"的回答情况

选项	频数	百分比
A.相信	32	2.2
B.说不清	72	4.9
C.不相信	1369	92.9
总计	1473	100.0

表4-4显示，大多数小学生能够理性地认识到"鬼"的故事不科学，不相信世界上真的有鬼，但也有极少数学生因为家庭、环境等缘故相信有鬼，害怕鬼。教育工作者应从两个方面着手，加强教育引导。一方面是利用绝大多数学生对鬼神的不相信，进行广泛的科学教育活动，营造科学的学习和生活氛围；另一方面则是要及时了解少数相信或怀疑有鬼的学生的成长经历、生长环境，摸清楚他们为什么会这样，然后对症下药，纠正他们不科学的观念。

其五，抵制反科学、伪科学的最好武器是学习科学知识，小学生应掌握生活中必要的科学知识，了解一些基本的科学常识。本题旨在调查小学生是否了解生活中简单的科学知识，是否会把不知道的现象归类于神灵的作用。当问及"某风景点，敲击塔上的石块就会产生蛙鸣的声音，你认为这是什么原因"时，绝大多数的同学都选择了第一个选项，即认为这是一种"自然现象"，这一比例达到74.9%，见表4-5所示。

表4－5 小学荣辱观问卷"敲石块发出蛙鸣声,什么原因"的回答情况

选项	频数	百分比
A. 自然现象	1104	74.9
B. 不知道	321	21.8
C. 神灵的作用	48	3.3
总计	1473	100.0

表4－5 显示,七成多的学生能了解基本的科学常识,并自觉以科学来解释生活中出现的一些奇异现象,而二成多的学生虽然不清楚各种自然现象产生的真正原因,但是也能实事求是地承认自己知识上的不足,调查显示只有极少数的小学生会以迷信的眼光去解释这些奇异的自然现象。

（二）不同年级在"崇尚科学"各题目上的差异性检验

不同的年级由于年龄层次、认知水平的差异,对于崇尚科学的认识和理解也是有一定差异的,以下对1473 份问卷进行分析讨论,其中一年级173 人、二年级224 人、三年级312 人、四年级277 人、五年级221 人和六年级266 人(见表4－6 所示)。

表4－6 小学各年级在"崇尚科学"各题目上的卡方检验结果

题目	人数	卡方值	df	p
1. 星座是否科学	1473	405.268	10	.000
2. 烧香拜佛对吗	1473	258.873	10	.000
3. 我们要崇尚科学	1473	35.365	10	.000
4. 是否相信鬼神	1473	20.729	10	.023
5. 敲石蛙鸣的原因	1473	170.480	10	.000

由表4－6 可知,不同年级的学生在问卷关于"崇尚科学"的各题目上的反应存在着显著的差异。具体表现为:

其一,表4-7显示,当问及"你觉得关于星座的说法科学吗"时,选择"科学"的学生人数百分比,按年级排列分别是一年级68.8%、二年级50.9%、三年级43.6%、四年级7.2%、五年级13.1%、六年级22.6%,低年级明显高于高年级。选择"不科学"的学生人数百分比,按年级排列分别是一年级6.4%、二年级15.6%、三年级17.3%、四年级67.9%、五年级44.3%、六年级41.7%,低年级明显低于高年级。这说明随着年龄的增加和知识水平的提高,小学生对星座学有着越来越清晰、理性、科学的认识,这也从一个侧面说明,随着年级的变化,科学教育的效果有了很明显的体现。

表4-7 小学各年级对"崇尚科学"第1题的回答情况

年级	1. 你觉得关于星座的说法科学吗?			总计人数(百分比)
	A. 科学人数(百分比)	B. 说不清人数(百分比)	C. 不科学人数(百分比)	
一年级	119(68.8)	43(24.9)	11(6.4)	173(100.0)
二年级	114(50.9)	75(33.5)	35(15.6)	224(100.0)
三年级	136(43.6)	122(39.1)	54(17.3)	312(100.0)
四年级	20(7.2)	69(24.9)	188(67.9)	277(100.0)
五年级	29(13.1)	94(42.5)	98(44.3)	221(100.0)
六年级	60(22.6)	95(35.7)	111(41.7)	266(100.0)

其二,表4-8显示,当问及"有人到庙里烧香拜佛求神保佑,你认为这样对么"时,选择"对"的学生人数百分比,按年级排列分别是一年级66.5%、二年级46.4%、三年级34.9%、四年级12.6%、五年级14.5%、六年级12.4%,一至三年级呈递减趋势,四至六年级基本持平,而且低年级明显高于高年级。选择"错"的学生人数百分比,按年级排列分别是一年级17.3%、二年级30.8%、三年级36.5%、四年级57.8%、五年级51.6%、六年级49.2%,一至三年级呈递增趋势,四至六年级明显高于低年级。这说明低年级学生对烧香拜佛现象接受率较高,缺乏必要的科学认识,随着年龄的增加和对周围环境敏感性的提高,他们开始渐渐理性地

认识到烧香拜佛的消极影响。选择"说不清"的学生人数百分比,按年级排列分别是一年级 16.2%、二年级 22.8%、三年级 28.5%、四年级 29.6%、五年级 33.9%、六年级 38.3%,按年级呈递增趋势。这说明随着年级的提高,学生自主思维、综合分析的能力也随之加强,他们对烧香拜佛的文化和宗教根源有了一定的认识,并能宽容、辩证地对待一些社会现象。这就需要我们的教育工作者能够因势利导,加强正面的科学教育,引导学生树立科学精神,丰富科学知识,从而增强辨别和判断能力。

表4-8　小学各年级对"崇尚科学"第2题的回答情况

年级	2. 有人到庙里烧香拜佛求神保佑,你认为这样对么?			总计 人数(百分比)
	A. 对 人数(百分比)	B. 说不清 人数(百分比)	C. 不对 人数(百分比)	
一年级	115(66.5)	28(16.2)	30(17.3)	173(100.0)
二年级	104(46.4)	51(22.8)	69(30.8)	224(100.0)
三年级	109(34.9)	89(28.5)	114(36.5)	312(100.0)
四年级	35(12.6)	82(29.6)	160(57.8)	277(100.0)
五年级	32(14.5)	75(33.9)	114(51.6)	221(100.0)
六年级	33(12.4)	102(38.3)	131(49.2)	266(100.0)

　　其三,表4-9显示,当问及"我们要崇尚科学"时,选择"我知道这很重要"的学生人数百分比,按年级排列分别是一年级 17.9%、二年级 28.1%、三年级 27.6%、四年级 24.5%、五年级 22.2%、六年级 27.8%,从一年级到二年级增长幅度最大,从三年级到五年级呈递减趋势,六年级出现较明显的增长。选择"我愿意这样做"的学生人数百分比,按年级排列分别是一年级 24.3%、二年级 33.5%、三年级 39.1%、四年级 36.8%、五年级 38.0%、六年级 38.3%,总体呈上升趋势,从一年级到二年级增长幅度最大。选择"我决定这样做"的学生人数百分比,按年级排列分别是一年级 57.8%、二年级 38.4%、三年级 33.3%、四年级 38.6%、五年级 39.8%、六年级 33.8%,同样是一年级与其他年级区别明显。通过进一步的观察和访谈,我们发现一年级学生对科学的概念及包含的内容知之

甚少,存在着盲目的热情现象,但二年级以后基本上能够理性、真实地看待这一问题。

表4-9 小学各年级对"崇尚科学"第3题的回答情况

年级	3. 我们要崇尚科学			总计 人数(百分比)
	A. 知道重要 人数(百分比)	B. 愿意做 人数(百分比)	C. 决定做 人数(百分比)	
一年级	31(17.9)	42(24.3)	100(57.8)	173(100.0)
二年级	63(28.1)	75(33.5)	86(38.4)	224(100.0)
三年级	86(27.6)	122(39.1)	104(33.3)	312(100.0)
四年级	68(24.5)	102(36.8)	107(38.6)	277(100.0)
五年级	49(22.2)	84(38.0)	88(39.8)	221(100.0)
六年级	74(27.8)	102(38.3)	90(33.8)	266(100.0)

其四,表4-10显示,当问及"有人跟你说他遇到鬼了,你相信他说的话吗"时,选择"相信"的学生人数百分比,按年级排列分别是一年级3.5%、二年级2.2%、三年级.6%、四年级1.8%、五年级1.4%、六年级4.1%,一至六年级百分比都很低。选择"说不清"的学生人数百分比,按年级排列分别是一年级5.8%、二年级2.2%、三年级4.5%、四年级3.6%、五年级8.1%、六年级5.6%,一至六年级的变化不大,而且百分比都很低。选择"不相信"的学生人数百分比,按年级排列分别是一年级90.8%、二年级95.5%、三年级94.9%、四年级94.6%、五年级90.5%、六年级90.2%,一至六年级的变化不大,而且百分比都很高。这说明绝大多数小学生都具有一定的抵制封建迷信的认识和能力,对鬼神之说能够做到科学的评价,但仍有不到一成的学生受家庭教育、影视作品的不良影响,对鬼神抱有"将信将疑"和"敬畏"、"害怕"等不科学的态度。

表 4－10　小学各年级对"崇尚科学"第 4 题答案的回答情况

年级	4. 有人跟你说遇到鬼了,你相信他吗?			总计 人数(百分比)
	A. 相信 人数(百分比)	B. 说不清 人数(百分比)	C. 不相信 人数(百分比)	
一年级	6(3.5)	10(5.8)	157(90.8)	173(100.0)
二年级	5(2.2)	5(2.2)	214(95.5)	224(100.0)
三年级	2(0.6)	14(4.5)	296(94.9)	312(100.0)
四年级	5(1.8)	10(3.6)	262(94.6)	277(100.0)
五年级	3(1.4)	18(8.1)	200(90.5)	221(100.0)
六年级	11(4.1)	15(5.6)	240(90.2)	266(100.0)

其五,表 4－11 显示,当问及"某风景点,敲击塔上的石块就会产生蛙鸣的声音,你认为这是什么原因"时,选择"自然现象"的学生人数百分比,按年级排列分别是一年级 49.1%、二年级 61.2%、三年级 68.9%、四年级 81.9%、五年级 88.7%、六年级 91.7%,随年级的提高呈递增趋势,递增的幅度也较大。选择"不知道"的学生人数百分比,按年级排列分别是一年级 41%、二年级 33.5%、三年级 28.8%、四年级 16.6%、五年级 9.5%、六年级 6.8%,随年级的提高呈递减趋势,递减的幅度也较大。选择"神灵的作用"的学生人数百分比,按年级排列分别是一年级 9.8%、二年级 5.4%、三年级 2.2%、四年级 1.4%、五年级 1.8%、六年级 1.5%,一至四年级呈递减趋势,四至六年级基本持平。这说明低年级学生对科学知识的了解还比较贫乏,随着年级的提高,他们通过相关学习,能越来越自觉地运用科学知识解释周围世界,对迷信思想的抵制力也越来越强。选择"不知道"的总体人数比率也远远大于选择"神灵的作用"的总体人数比率,这说明绝大多数小学生能够远离迷信思想的腐蚀,以实事求是的科学态度对待未知的事物。

表4－11　小学各年级对"崇尚科学"第5题的回答情况

年级	5. 敲石块发出的蛙鸣声是什么原因？			总计 人数（百分比）
	A. 自然现象 人数（百分比）	B. 不知道 人数（百分比）	C. 神灵的作用 人数（百分比）	
一年级	85(49.1)	71(41.0)	17(9.8)	173(100.0)
二年级	137(61.2)	75(33.5)	12(5.4)	224(100.0)
三年级	215(68.9)	90(28.8)	7(2.2)	312(100.0)
四年级	227(81.9)	46(16.6)	4(1.4)	277(100.0)
五年级	196(88.7)	21(9.5)	4(1.8)	221(100.0)
六年级	244(91.7)	18(6.8)	4(1.5)	266(100.0)

二、中学生"崇尚科学、反对愚昧"数据分析

（一）中学生"崇尚科学"荣辱观的描述性分析

升入中学后，随着社会接触范围的扩大、自主意识的增强和娱乐方式的增加，中学生了解了更多的关于星座的说法，研究星座的个性、星运、人生观等不但已成为一种娱乐方式，而且某种程度上是一种知识范围的体现。本题旨在调查星座说法在中学生中的接受程度和理性认识程度。

（1）城市中学

表4－12显示，当问及"你觉得关于星座的说法科学吗？"时，选择"科学"的学生人数是77人，占12.7%；选择"说不清"的学生人数是328人，占54.1%；选择"不科学"的学生人数是201人，占33.2%。由此可见，选择"说不清"的人数最多，其次是"不科学"，选择"科学"的人数最少。

表4-12　城乡中学生对"星座的说法科学吗"的回答情况

选项	频数		百分比	
	农村	城市	农村	城市
A. 科学	85	77	13.5	12.7
B. 说不清	304	328	48.4	54.1
C. 不科学	239	201	38.1	33.2
总计	628	606	100.0	100.0

　　这说明只有1/3的城市中学生能理性、科学地看待"星座学",清醒地认识自己,积极地对待生活。另有一半以上的城市中学生持半信半疑的态度,不能正确地认识到其伪科学性,对相关的学说有兴趣,紧跟流行,又说不清楚这种说法到底对不对,值不值得相信。此外还有一成以上的中学生迷信"星座学",错误地把它等同于科学。在访谈中我们还了解到,少数城市中学生甚至在生活中的方方面面,如运气、交友、成败等,都受"星座学"的不良影响,不能积极地克服忧郁、自私、自卑等心理障碍,而是一味地依赖星座学说,消极地对待生活、学习中的挫折。

　　(2)农村中学

　　表4-12显示,当问及"你觉得关于星座的说法科学吗"时,选择"科学"的学生人数是85人,占13.5%;选择"说不清"的学生人数是304人,占48.4%;选择"不科学"的学生人数是239人,占38.1%。选择"说不清"的人数最多,选择"不科学"的人数稍少,选择"科学"的人数最少。

　　和城市中学进行比较,农村中学对星座学说持有科学观的人数比城市中学多五个百分点,持怀疑态度的人数比城市中学少六个百分点,迷信星座学说的人数百分比城乡差异很小。这也许与城乡学生的生长环境有关,农村学生有更多的机会接触大自然,做家务劳动,和家人、邻居、同龄人交往,而城市学生放学后,更多的是独处。另一方面,在访谈中我们发现很多农村学生很少有机会、有时间研究星座的学说,对其也缺乏了解的兴趣,而城市学生通过上网等多种途径了解更多的相关信息,受其影响更深。

　　调查结果显示,虽然中学生有三成左右都能很科学地对待星座问题,但是有五成左右的中学生对此抱以"说不清"的态度,这是值得教育工作者高度关注的问题,因为他们的发展具有不确定性,可能会相信科学、崇尚科学,也有可能反向发展,所以加强正面的引导和对反面现象的剖析非常必要。特别是在一些关键的年级,如各个阶段的毕业年级,或是在各个阶段的转型年级,受到学业压力,人际交往困惑等因素的影响,这部分不确定的学生会更容易转向相信星座学,以寻求心灵的慰藉。另外无论在城市中学还是农村中学,都有相当部分的中学生迷信或迷惑于星座学说,对他们的个别和针对性教育是非常必要的。因此,对中学生进行长久和深入的"星座学"观念的引导已经迫在眉睫,教育工作者不仅应致力于培养学生对星座学说的理性认识,而且应创造机会让学生参与更加有意义、有趣味和丰富多彩的娱乐活动,并做好学生的生活指导工作,引导学生用科学的态度处理日常生活中的友情、亲情、爱情、学业、个性等诸多问题。

其二,中学生已经开始接触到关于宗教和信仰的相关文艺作品,他们对宗教的精神了解多少?是只停留在不切实际的幻想层面,还是思考宗教与文化、精神的联系?对现实生活中的烧香拜佛现象持什么态度?是否在悲观失望时能保持自信、自立?本题旨在调查中学生对宗教的了解和烧香拜佛现象所持的态度和观点。

(1)城市中学

表4-13显示,当问及"有人到庙里烧香拜佛求神保佑,你认为这样对吗"时,选择"对"的学生人数是79人,占13%;选择"说不清"的学生人数是320人,占52.8%;选择"不对"的学生人数是207人,占34.2%。可见选择"说不清"的人数最多,认为"对"的人数最少。

表4-13 城乡中学生对"烧香拜佛对吗"的回答情况

选项	频数		百分比	
	农村	城市	农村	城市
A. 对	59	79	13.5	9.4
B. 说不清	258	320	48.4	41.1
C. 不对	311	207	38.1	49.5
总计	628	606	100.0	100.0

此表说明半数以上的城市中学生对烧香拜佛现象背后的宗教、文化因素开始有所思考,很多学生表示:"这是一种信仰,是有些人的一种精神寄托。只要不盲目迷信神灵,用这种方式表达自己对宗教的崇拜也可以理解。"还有很多学生提到老人们借此寻找自己最终的归宿,这对他们来说也是一种精神安慰。一成以上的城市中学生认可这种烧香拜佛现象,这与他们的社区环境、家庭信仰以及接触的文艺作品等有关。

(2)农村中学

表4-13显示,当问及"有人到庙里烧香拜佛求神保佑,你认为这样对么"时,选择"对"的学生人数是59人,占9.4%;选择"说不清"的学生人数是258人,占41.1%;选择"不对"的学生人数是311人,占49.5%。选择"不对"的人数最多,认为"对"的人数最少。

我们可以清晰地从表上发现城乡差异。农村中学对烧香拜佛现象持否定态度的人数最多,而城市中学对烧香拜佛现象持理解、宽容态度的人数最多。这也许与城乡学生的知识范围、娱乐方式有关,城市学生接触到更多的宗教知识和更复杂多样的电影、电视等文艺作品。但城乡在第一选项上百分比相当,说明中学生们从纯科学角度,普遍认为信奉神灵是不科学的。

调查结果显示,无论在城市中学还是农村中学,大部分的中学生已经能思考拜神现象的深层原因,能够用自己的眼光和头脑去辨析反科学与宗教文化的异同。教育工作者们应摒弃一味宣扬灌输的教育方式,而应提供相应的资料观点,鼓励学生自己寻找科学的观点。

其三,当代中学生与电子媒介亲密接触,同时由于中学生处于特殊的年龄,好奇心特别重,想象能力也很强,但也很容易盲信,辨别是非能力尚待提高。那么在现代信息技术快速发展和信息社会的时代背景下,多元的信息与传媒是否会对中学生的科学观产生影响呢?本课题旨在了解中学生对文艺作品中经常渲染的"鬼"的看法和态度。

(1)城市中学

表4-14显示,当问及"有人跟你说他遇到鬼了,你相信他说的话吗"时,选择"不相信"的城市中学生人数是371人,占61.2%;选择"说不

清"的城市中学生人数是 152 人,占 25.1% ;选择"相信"的城市中学生人数是 83 人,占 13.7% 。选择"不相信"的占大多数。

表 4-14 城乡中学生对"有人说遇到鬼了,你相信吗"的回答情况

选项	频数		百分比	
	农村	城市	农村	城市
A. 相信	32	83	5.1	13.7
B. 说不清	109	152	17.4	25.1
C. 不相信	487	371	77.5	61.2
总计	628	606	100.0	100.0

(2)农村中学

表 4-14 显示,当问及"有人跟你说他遇到鬼了,你相信他说的话吗"时,选择"不相信"的农村中学生人数是 487 人,占 77.5% ;选择"说不清"的农村中学生人数是 109 人,占 17.4% ;选择"相信"的农村中学生人数是 32 人,占 5.1% 。选择"不相信"的人数明显占多数,而选择"相信"的人数最少,只有五个百分点。

和城市中学进行比较,农村中学对"鬼"的说法持科学态度的人数比城市中学多 16% ,持迷信态度的人数比城市中学少八个百分点。从传统观点来看,农村的社会经济发展水平要明显低于城市,所以城市学生应该具有相对较高的科学精神,但是我们的调查却发现,在整体上,农村中学生比城市中学生更能理性地对待"鬼"的说法。这是为什么呢? 在访谈中,很多城市学生聊到中外经典的"鬼"片,受其影响程度好像比农村孩子更深,这也许与城市学生孤独的生长环境有关,从另一个侧面说明,相对而言,城市学生受到传媒的影响更要大一些。

调查结果显示大多数中学生能够理性地认识到"鬼"的故事不科学,但仍有两三成学生因为种种原因相信或怀疑有鬼。教育工作者应帮助少数学生克服对"鬼"盲目的迷信和害怕情绪,给予他们关心和指导,消除他们的畏惧感,纠正他们不科学的观念。

其四,抵制反科学、伪科学的最好武器是学习和运用科学知识,中学生已经掌握了一定量的生活中必要的科学知识,但对这些科学知识的兴趣和运用却因人而异。本题旨在调查中学生是否了解生活中简单的科学知识,是否会运用科学知识解释生活中出现的各种现象。

(1)城市中学

表4-15显示,当问及"某风景点,敲击塔上的石块就会产生蛙鸣的声音,你认为这是什么原因"时,选择"自然现象"的学生人数是544人,占89.8%;选择"不知道"的学生人数是51人,占8.4%;选择"神灵的作用"的学生人数是11人,占1.8%。选择"自然现象"的人数占九成,而选择"神灵作用"的学生人数只有一个多百分点。

表4-15　城市农村中学生对"敲石块发出蛙鸣声,
你认为这是什么原因"的回答情况

选项	频数		百分比	
	农村	城市	农村	城市
A.神灵作用	9	11	1.4	1.8
B.不知道	67	51	10.7	8.4
C.自然现象	552	544	87.9	89.8
总计	628	606	100.0	100.0

(2)农村中学

表4-15显示,当问及"某风景点,敲击塔上的石块就会产生蛙鸣的声音,你认为这是什么原因"时,选择"自然现象"的学生人数是552人,占87.9%;选择"不知道"的学生人数是67人,占10.7%;选择"神灵的作用"的学生人数是9人,占1.4%。选择"自然现象"的人数近九成,而选择"神灵作用"的学生人数只有一个多百分点。

从表4-15可以看出,在此题中城乡差异并不大,农村中学对科学知识的掌握略差于城市中学。绝大多数中学生都能够了解基本的科学常识,并自觉用科学的眼光观察和解释生活中出现的奇怪现象,而只有极少数的中学生会以迷信的眼光去解释这些自然现象。

其五,爱科学需要知情意行的统一,才会效果显著。中学生们对科学的重要性具有多少感性和理性的认识? 能否从内心认可科学的重要地位? 是否真的热爱科学? 本课题旨在调查中学生对科学重要性的认识。

(1)城市中学

表4－16显示,当问及"我认为科学很重要"时,选择"是"的学生人数是569人,占93.9%;选择"说不清"的学生人数是32人,占5.3%;选择"不是"的学生人数是5人,占0.8%。选择"是"的人数明显占绝大多数。

表4－16 城市农村中学生对"科学很重要"的回答情况

选项	频数		百分比	
	农村	城市	农村	城市
A. 不是	6	5	1.0	0.8
B. 说不清	18	32	2.9	5.3
C. 是	604	569	96.2	93.9
总计	628	606	100.0	100.0

表4－16说明,绝大多数的中学生认识到科学对于现代社会和未来生活的重要性,在访谈中有相当一部分中学生谈到高科技在日常生活中的运用,给人们创造的便利以及带来的经济利润。选择"不清楚"的学生更多地谈到了科学被滥用的例子,表达了对科学在人类社会的发展中所起作用的质疑和迷惑。

(2)农村中学

表4－16显示,当问及"我认为科学很重要"时,选择"是"的学生人数是604人,占96.2%;选择"说不清"的学生人数是18人,占2.9%;选择"不是"的学生人数是6人,占1%。选择"是"的人数明显占绝大多数。

和城市中学相比,农村中学有更多的学生相信科学很重要,对科学和科学家的崇拜心理更加浓厚。但无论农村还是城市,中学生都能把科学放在重要的位置,并认为科学在生活中的作用非常大。

（二）各年级在中学生"崇尚科学"各题目上的卡方检验

不同的年级由于年龄层次、认知水平的差异,对于崇尚科学的认识和理解也是有一定差异的,我们通过对城市中学生 606 份问卷、农村中学生 628 份问卷(分初一年级、初二年级、初三年级、高一年级、高二年级和高三年级)的调查统计,得出城乡各年级中学生在"崇尚科学"各题目上的卡方检验结果。

由表 4－17 可以看出,中学各年级学生在"崇尚科学"的第一、三题上的反应差异显著,在对"烧香拜佛"、"敲石蛙鸣"、"科学很重要"三个题目上的反应差异不显著。

表 4－17 中学各年级学生在"崇尚科学"荣辱观上的卡方检验结果

题目	人数	卡方值	df	p
1. 星座的说法科学吗	1234	35.138	10	.000
2. 对烧香拜佛的态度	1234	14.175	10	.165
3. 是否相信有鬼	1234	39.631	10	.000
4. 敲石蛙鸣的原因	1234	14.512	10	.151
5. 科学很重要	1234	16.105	10	.097

对城乡中学生各年级在"崇尚科学"各题目上的回答进行了描述性统计。城乡中学生共 1234 份问卷,其中城市中学 606 分,六个年级的问卷数分别为 95 份、85 份、89 份、120 份、110 份和 105 份,农村中学 628 份,六个年级的问卷数分别为 110 份、109 份、102 份、109 份、99 份和 99 份。

其一,表 4－18 显示,当问及"你觉得关于星座的说法科学吗"时,选择"科学"的学生人数百分比,按年级排列分别是初一年级 23.4%、初二年级 15.2%、初三年级 12.7%、高一年级 8.3%、高二年级 8.6%、高三年级 11.3%,低年级明显低于高年级,从初一到高二按年级呈递减趋势。

选择"不科学"的学生人数百分比,按年级排列分别是初一年级31.2%、初二年级33.3%、初三年级31.7%、高一年级35.4%、高二年级39.2%、高三年级42.6%,随年级增长呈递增趋势。这说明随着年龄的增加和知识水平的提高,中学生对星座学能够认识得更加理性、科学,不再一味迷信、随大流或不加思考地接受相关的星座说法了。

表4-18　中学生各年级在"崇尚科学"第1题的回答情况

年级	1. 星座的说法科学吗			总计 人数(百分比)
	A. 科学 人数(百分比)	B. 说不清 人数(百分比)	C. 不科学 人数(百分比)	
初一	48(23.4)	93(45.4)	64(31.2)	205(100.0)
初二	30(15.2)	102(51.5)	66(33.3)	198(100.0)
初三	24(12.7)	105(55.6)	60(31.7)	189(100.0)
高一	19(8.3)	129(56.3)	81(35.4)	229(100.0)
高二	18(8.6)	109(52.2)	82(39.2)	209(100.0)
高三	23(11.3)	94(46.1)	87(42.6)	204(100.0)
总计	162(13.1)	632(51.2)	440(35.7)	1234(100.0)

其二,表4-19显示,当问及"有人到庙里烧香拜佛求神保佑,你认为这样对么"时,选择"对"的学生人数百分比,按年级排列分别是初一年级13.7%、初二年级10.1%、初三年级9.5%、高一年级6.1%、高二年级13.9%、高三年级14.2%,从低年级到高年级呈先降后升的趋势,总体上变化不大。选择"不对"的学生人数百分比,按年级排列分别是初一年级42.9%、初二年级42.9%、初三年级43.4%、高一年级45.0%、高二年级35.9%、高三年级41.7%,年级差异不大,但有一定的波动。这说明,中学生对烧香拜佛正从更加社会化、人文化的角度去重新认识、再认识,而不是一味盲目、一竿子打死地对待这种现象。

表 4-19　中学生各年级在"崇尚科学"第 2 题的回答情况

年级	2. 烧香拜佛对吗？			总计 人数（百分比）
	A. 对 人数（百分比）	B. 说不清 人数（百分比）	C. 不对 人数（百分比）	
初一	28（13.7）	89（43.4）	88（42.9）	205（100.0）
初二	20（10.1）	93（47.0）	85（42.9）	198（100.0）
初三	18（9.5）	89（47.1）	82（43.4）	189（100.0）
高一	14（6.1）	112（48.9）	103（45.0）	229（100.0）
高二	29（13.9）	105（50.2）	75（35.9）	209（100.0）
高三	29（14.2）	90（44.1）	85（41.7）	204（100.0）
总计	138（11.8）	578（46.8）	518（42.0）	1234（100.0）

　　其三,表 4-20 显示,当问及"有人跟你说他遇到鬼了,你相信他说的话吗"时,选择"相信"的学生人数百分比,按年级排列分别是初一年级 7.8%、初二年级 3.0%、初三年级 7.9%、高一年级 9.6%、高二年级 12.0%、高三年级 15.2%,除初二年级外基本上呈递减趋势。选择"不相信"的学生人数百分比,按年级排列分别是初一年级 73.7%、初二年级 84.3%、初三年级 67.2%、高一年级 67.7%、高二年级 62.2%、高三年级 62.7%,除初二年级以外,基本上呈递减趋势。这说明随着年级的增加,中学生对鬼怪说法却更加能够接受,更加相信了。这是一个很奇怪的现象,也是应引起教育工作者足够重视,如何减少社会、媒体、文艺作品对青少年的不良影响? 如何让青少年喜欢更加健康、积极的文艺作品? 如何提高中学生抵制反科学的能力和勇气? 这些都是教育界亟须解决的问题。

表4-20　中学生各年级在"崇尚科学"第3题的回答情况

年级	3. 有人说遇到鬼,你相信吗?			总计 人数(百分比)
	A. 相信 人数(百分比)	B. 说不清 人数(百分比)	C. 不相信 人数(百分比)	
初一	16(7.8)	38(18.5)	151(73.7)	205(100.0)
初二	6(3.0)	25(12.6)	167(84.3)	198(100.0)
初三	15(7.9)	47(24.9)	127(67.2)	189(100.0)
高一	22(9.6)	52(22.7)	155(67.7)	229(100.0)
高二	25(12.0)	54(25.8)	130(62.2)	209(100.0)
高三	31(15.2)	45(22.1)	128(62.7)	204(100.0)
总计	115(9.3)	261(21.2)	858(69.5)	1234(100.0)

　　其四,表4-21显示,当问及"某风景点,敲击塔上的石块就会产生蛙鸣的声音,你认为这是什么原因"时,选择"神灵的作用"的学生人数百分比,按年级排列分别是初一年级1.0%、初二年级1.0%、初三年级2.1%、高一年级1.7%、高二年级0.5%、高三年级3.4%,总体上变化不大,所占比例很小。选择"自然现象"的学生人数百分比,按年级排列分别是初一年级88.3%、初二年级91.4%、初三年级85.2%、高一年级86.9%、高二年级93.3%、高三年级87.7%,年级差异不大,但有一定的波动,特别是在初三、高三阶段有较明显的下降趋势。这反映出中学生认识自然现象的能力较高,具有较丰富的科学知识,但学业的紧张和升学的压力对中学生的选择有一定的影响。

表4-21　中学生各年级在"崇尚科学"第4题的回答情况

年级	4. 敲石块发出蛙鸣声,什么原因?			总计 人数(百分比)
	A. 神灵的作用 人数(百分比)	B. 不知道 人数(百分比)	C. 自然现象 人数(百分比)	
初一	2(1.0)	22(10.7)	181(88.3)	205(100.0)
初二	2(1.0)	15(7.6)	181(91.4)	198(100.0)
初三	4(2.1)	24(12.7)	161(85.2)	189(100.0)

年级	4. 敲石块发出蛙鸣声,什么原因?			总计 人数(百分比)
	A.神灵的作用 人数(百分比)	B.不知道 人数(百分比)	C.自然现象 人数(百分比)	
高一	4(1.7)	26(11.4)	199(86.9)	229(100.0)
高二	1(0.5)	13(6.2)	195(93.3)	209(100.0)
高三	7(3.4)	18(8.8)	179(87.7)	204(100.0)
总计	20(1.6)	118(9.6)	1096(88.8)	1234(100.0)

其五,表4-22显示,当问及"我认为科学很重要"时,选择"不是"的学生人数百分比,按年级排列分别是初一年级1.0%、初二年级0.5%、初三年级0.1%、高一年级1.3%、高二年级0.5%、高三年级2.0%,年级差异不大,所占比例都极小。选择"是"的学生人数百分比,按年级排列分别是初一年级96.1%、初二年级98.0%、初三年级94.2%、高一年级94.3%、高二年级96.7%、高三年级91.2%,年级差异不大,但有一点小波动,尤其是高三年级。这表明中学生对科学的态度已较为成熟,受年级的影响不大。

表4-22 中学生各年级在"崇尚科学"第5题的回答情况

年级	5. 科学很重要			总计 人数(百分比)
	A.不是 人数(百分比)	B.说不清 人数(百分比)	C.是 人数(百分比)	
初一	2(1.0%)	6(2.9%)	197(96.1%)	205(100.0%)
初二	1(0.5%)	3(1.5%)	194(98.0%)	198(100.0%)
初三	1(0.1%)	10(5.8%)	178(94.2%)	189(100.0%)
高一	3(1.3%)	10(4.4%)	216(94.3%)	229(100.0%)
高二	1(0.5%)	6(2.9%)	202(96.7%)	209(100.0%)
高三	4(2.0%)	14(6.9%)	186(91.2%)	204(100.0%)
总计	12(.9%)	49(4.1%)	1173(95.1%)	1234(100.0%)

第三节　研究结论与教育对策

当代中国绝大多数中小学生都明白"崇尚科学光荣,相信迷信可耻"的道理,但对于什么才是迷信,怎样做才科学之类的具体问题是否也很明白? 行动上是否与认识统一? 是否可以明辨生活中的反科学现象? 是否具有坚定的科学观和科学意识? 是否可以运用正确的科学观自觉抵制传统迷信观念的影响? 家庭对学生科学观有哪些影响? 种种问题需要从中小学生的实际出发,通过了解获得解答。本章旨在调查中小学生对"崇尚科学是光荣的,愚昧无知是可耻的"这一理论的理解与现实状况,从中找出中小学生荣辱观教育存在的问题及原因,并提出相应的教育建议。

一、研究结论

(一)调查方式

本次调查以发放问卷的方式进行,辅以访谈讨论、小组辩论、绘画写作等形式。从 2007 年底至 2008 年初,研究者根据中小学生成长特点,结合荣辱观教育的实际共设计了 10 个关于"科学"的选择题,其中小学部分 5 个题目,中学部分 5 个题目。共收集了样本 3785 人,其中包括小学生样本为 1473 人,中学生样本为 1234 人,家长样本为 1078 人,通过 SPSS (11.5)的数据处理后进行分析与总结。

(二)调查结果

1. 小学生"热爱科学"荣辱观的调查结果分析

通过围绕"以崇尚科学为荣、以愚昧无知为耻"为主题而设计的五个题目的调查分析,我们可以从总体上得出以下结论:

(1)1/3 的小学生能够科学地认识星座说法,1/3 的学生迷信星座说法,另有 1/3 的小学生对星座说法抱着将信将疑的态度。这说明对自然科学的教育很有必要,很迫切。

(2)四成的小学生对烧香拜佛现象持科学的态度,三成小学生受此迷惑,盲信神灵。这需要教育工作者的进一步引导和教育。

(3)四成的小学生崇尚科学不仅体现在认识上,还具有相应的热情和决心,1/3 的小学生有热情参与科学活动,但主动精神不足,另有 1/4 的小学生只停留在认识上,而缺乏应有的热情和决心。

(4)绝大多数小学生不相信世上有鬼,对相关的言论能明辨是非,自觉抵制不科学的说法。

(5)对待生活中出现的一些奇怪的现象,3/4 的小学生能够通过科学知识的学习有所了解,即使不太了解,也能以科学的态度实事求是地表示"不知道",只有极少数小学生会产生反科学的推测和联想。

2. 中学生"热爱科学"荣辱观的调查结果分析

本次对中学生的调查问卷共有 1234 份,其中样本分为农村中学 628 份,城市中学 606 份,所选择的年级分别为初中的七年级、八年级和九年级,高中的高一、高二和高三,通过 SPSS(11.5)的数据处理后进行分析与总结。问卷涉及"崇尚科学"的题目与小学差不多,同样分为五题,在问卷分析中分别从中学生的年龄层次,性别等角度以及家庭背景等方面进行相关分析。

(1)对星座是否科学的问题,只有 1/3 的学生能够理性看待,四成多的中学生抱着说不清的态度,这理应引起教育工作者的足够重视,分析其中隐藏的各种原因,并制定相应的干预措施。

(2)对烧香拜佛现象的看法,城乡存在明显的差异,城市中学生有一半以上抱着宽容的态度,1/3 认为不对,而农村中学有更多的中学生认为这种做法不对。

(3)对"相不相信鬼"的问题,大多数的中学生能够以科学的眼光看待,但仍有三四成的中学生抱着迷信或将信将疑的态度。本课题的选择有城乡差异,农村的中学生更多地选择科学的态度。

(4)对"敲击石块发出蛙鸣声"的问题,绝大多数中学生都认为是自然现象,即使不知道也很少有学生从迷信的角度去猜测。

(5)对"崇尚科学很重要"的问题,绝大多数的中学生都很赞同,说明中学生在认识上都很重视科学。

二、教育对策

从中小学生"热爱科学"荣辱观的调查结果分析中可以看出,我国中小学生的科学素养不容乐观,与发达国家比较起来,我们的科学教育还相差甚远。科学教育的根本目标在于促进人的科学化,我们国家也明确规定,在基础教育阶段,培养学生的科学素养是科学教育的最重要的目标。因此,要真正践行"以热爱科学为荣,以愚昧无知为耻"的社会主义荣辱观教育,就必须重视和加强中小学生科学素养的培养和提高。我们以为,要想切实加强中小学生的科学素养,需从以下几个方面入手。

(一)面向学生的生活世界

上面所做的有关中小学生对星座的沉迷程度的调查不能不引起我们的担忧并作出深刻的反思。正如有关学者指出的:"我们的科学教育以往片面强调为提高生产力、为经济建设服务,导致科学教育的主要内容是那些有助于我们改造世界的知识、对付自然的方法,却忘记了科学文化中蕴涵着丰富的可供我们改造自身精神世界的宝贵财富,以致浪费了科学文化的课程资源。"[1]为什么中小学生对星座如此痴迷而且深信不疑?为什么我们苦口婆心的科学知识灌输却抵不住杂志、网站上的不够科学和负责任的星座解析?我们的科学教育到底出了什么问题?又应该采取什么样的应对之策?

这里,我们很有必要反思一下我们进行科学教育的目的。虽然我们的科学教育负有宣传和普及科学知识之重任,但是在中小学阶段,我们的任务毕竟不是把每个学生都培养成为科学家。我们认为中小学的科学教

---

① 于海波:《科学课程发展的文化学研究》,东北师范大学出版社 2007 年版,第 80 页。

育重任:一是激发学生学科学、爱科学的强烈兴趣;二是要在科学的情感、态度、价值观方面做好引导,使学生能够对自身、对世界有一个科学的认识,而不至于陷入伪科学或宗教迷信中不能自拔。透过中小学生对星座的沉迷这种现象我们应该探寻到背后隐藏的深层次的原因,即科学教育对学生生活世界的冷漠和疏离。现在的中小学生从电视、杂志、广播、网络中过早地接触到了各种各样良莠不齐的信息,以至于过早地迈入成人世界,普遍比我们想象的要更加早熟。小学生就开始谈恋爱已不鲜见,八九岁就考虑生死问题也让我们吃惊于他们的深刻。一方面是自我意识的萌醒与青春期的提前导致的许多生理和心理的困惑和不解,另一方面却是教育对这些问题有意无意的回避和遮掩。正像学者们所纷纷感叹的,我们的教育什么都有,就是目中无人。我们总是以学生未来的发展为由不断消解学生当下存在的意义。学者刘德华认为,科学教育的产生是出于人的生活的需要,它先天性的与人的生活有着不解之缘,要割裂科学教育与生活世界的联系的纽带是不可能也是不应该的。另一方面,科学教育的发展犹如离开地面的风筝,如果它不能超越生活,它就没有独立存在的价值。科学教育如果不能超越生活世界而相对独立,它就只能像风筝那样贴着地面与生活世界同为一体,永远也飞翔不起来。因此,科学世界是科学教育的动力源泉,科学教育应面向人的生活世界,但同时,科学教育也应超越生活。[①] 然而在实际的科学教育活动中,不少学生在学习科学时却觉得没有价值,提不起兴趣,这种现象值得我们深深地反思:为什么科学教育会给学生留下一种与生活无关的印象呢? 我想,最重要的原因恐怕在于我们的科学教育离学生的现实生活太远,以至于使他们觉得所学的东西与自己无关。正是由于我们的科学教育与学生现实生活世界的疏离与漠视,才导致处于青春期的少男少女们把自己迷茫却关注的问题抛给了"星座"、"命相"、"血型"、"解梦"等各种版本街头杂志与报刊网络,在对其不断的追逐与投向中,试图找寻到自己的命运和将来。因

---

① 参见刘德华:《"点击"学校课程——走在十字路口的科学教育》,福建教育出版社2001 年版,第 248 页。

而,我们的科学教育就不可避免地出现了这样一种尴尬的局面:学生拒绝我们想要授之的真正的科学却转而去寻求我们一直斥之为迷信与愚昧的伪科学,反科学。假如我们的科学教育能够更多地替学生着想,更多地观照学生真实的生活世界,能够用科学的武器解决现实生活中学生所面临的最迫切、最困惑或最感兴趣的问题,也许学生们就用不着去伪科学中寻求答案了。这就要求我们教育工作者应着眼于学生的现在和未来,通过对学生的科学精神、科学态度的养成来使他们的创造能力得以释放和发挥,要求我们尊重学生在科学教育中应有的地位,把学生看做是有能动性和创造性的主体,还他们以沉思遐想的自由和科学探究的空间,允许他们有好奇心驱使的奇怪想法,宽容他们的一时错误和误听误信,鼓励他们的求异思维。这样的科学教育才是符合科学自身要求的教育,才会最大限度地发挥科学的正面作用,抵制社会上一些不良的影响,为学生的未来生活指引科学的坚定的方向。

(二)培养学生的科学精神

美国科学社会学家默顿在《民主秩序中的科学和技术》中指出:"科学的精神气质是指约束科学家的有情感色调的价值和规范综合体。"他还提出了构成科学精神的4种规范:普遍性、公有性、无偏见性和有条理的怀疑性。周光召院士把科学精神概括为:客观、求实精神,这是科学精神的首要要求;不断求知精神,追求真理,不盲从潮流、不迷信权威的科学怀疑精神;创新精神;继承的精神;团队精神、民主作风、百家争鸣等。尽管对科学精神的内涵尚无统一认识,总的说来,科学精神是人类在长期的科学探索和获取科学成就的过程中积淀而成的精神气质的集中表征,包括科学情感、态度、价值观等。"科学教育作为一种影响人的文化活动,本质上就是一种人文活动。科学教育影响的直接对象主要不是物质世界,而是受教育者的精神世界。科学教育的目的是影响和提升学生的精神品格。"①对照我们的科学教育,我们不无遗憾地发现,我们的教育者并

---

① 刘德华:《科学教育的人文价值》,四川教育出版社2003年版,第241—242页。

未能从深层次考虑学生科学品格的养成,我们从不缺知识的传授,但我们太欠缺精神气质的培养。在上面所做的调查分析中,我们不难看到对于烧香拜佛的问题,尽管许多学生认识到这是反科学的,也有不少学生能用自己的眼光和大脑来辨析反科学和宗教文化的异同。但实际上问题并非如此简单。我们从城乡学生的答案中会看到一个有趣的现象,就是表面上看农村的学生似乎比城市的学生在烧香拜佛的问题上看法更科学,但深究起来,情况也许恰恰相反。如果说对愚昧的迷信是一种迷信,我们是否也可以说,对科学的迷信同样是一种迷信呢? 农村学生之所以坚定地认为烧香拜佛是迷信并非来源于对这个问题的深入思考,而仅仅是我们科学灌输形成的一种思维定势。相比较而言,城市学生的宽容或许更能说明一种相对而言的科学的态度,他们能够认识到,对于烧香拜佛不能一概以迷信斥之,很多时候它都是源于人的一种心理慰藉的需要或宗教文化的需要。作为本质上而言的一种人文活动,我们的科学教育也必须以人为出发点和目的,考虑到人的需要。因此,我们建议我们的科学教育不妨从以下几方面来培养学生的科学精神和气质。

第一,关注学生自身及周围社会文化环境的问题,注重培养学生对问题的科学的思考方式。科学本身就来源于好奇和思考。然而长期以来,我们的科学教育都过分关注与外部的自然世界,以为科学精神就是对自然环境的不懈的探索和追求,因此,相当长的一段时间里,忽视了对社会文化现象的科学认知和探索。比如上面提到的宗教信仰的问题,由于教育对此问题的有意遮蔽,现实中这个问题对许多学生来说都是迷迷糊糊,说不清道不明的,因此,要么盲目排斥,要么盲目跟从,然而这都和真正的科学精神背道而驰,都不是一种科学的态度。鉴于此问题对学生终生的重要影响和重大意义,我们的科学课程应该有所涉及。我们的科学教育不能总是滞后于学生的身心发展需要,最起码教育者应启发学生对这些问题的深入思考和积极探讨,引导学生对文化、宗教、信仰等问题进行一些基本的了解,形成一种科学的认识态度。

第二,通过科学探究活动培养学生的科学精神。建构主义认为科学知识是学生主动建构的,因此它强调以学生为中心的科学教学,认为学生能否理解和运用某一科学概念或原理,关键在于要在问题情境中促进学生积极主动地思考。建构主义认为学习科学是一种创造性活动。要培养学生的创新能力,首先需要培养学生的理解力。[①] 长期以来,在我们的中小学教育中,科学教育事实上只是科学知识教育,由于过度强调科学知识的传授,原本属于科学教育一部分的科学精神、科学方法以及科学探究能力的培养就统统遭到了冷落和忽视。教育工作者应把更多的注意力放在学生对科学知识、科学观念和科学探究方法的了解和运用上,引导学生开展积极主动和延伸性的科学探究,帮助学生学会科学地分析问题和处理问题的方法,客观理性的分析问题。自新课程标准实施后,由于在课程标准中对科学探究下了操作性定义,使得广大科学教师在科学知识的教学上有章可循,比较容易操作和实施。相比之下,对科学探究过程中的科学精神的培养既没有硬性规定,也不容易操作,在很大程度上受到轻视和忽视,成了科学教育的"盲区"。而假如我们能放眼自然世界,就会发现,日出日落,斗转星移,花开花落,冬去春来,这绚烂多彩、气象万千的大自然是如此神秘莫测,激起人们无数的猜测和梦想。人们说儿童是天生的科学家,因为他们对于大自然有无穷无尽的好奇心及强烈的探寻自然奥秘的欲望。那么,为什么我们要把学生束缚在狭小的课堂之中,为什么我们不把眼光伸及窗外,让学生到户外去研究、去调查,让他们去理解和欣赏科学探索过程的神奇和壮丽,抑或是艰辛和曲折呢? 我们应该让学生感受到,探索自然界的奥秘不只是科学家才能做的事,他们同样能像科学家那样通过探索去认识自然,体验科学认识的整个过程。

第三,借助课程改革,通过校本课程、地方课程的建设,为学生的科学精神培养创设条件。可以在小学增设"科学史话"、"历史上的科学家",在中学开设"科学发展简史"和"科学精神漫谈"等课程,也可以结合地方和学校的实际,开设一些实践性的科学课程,以帮助学生认识、把握科学发展的历程,通过课程学习和实践体验,逐步养成学生科学的思维方法和

---

① 参见李双玲、孙铭钟:《中国近现代科学教育的改革历程及思考》,《杭州师范学院学报》2005 年第 1 期。

科学探索精神。

（三）形成良好的科学氛围

正如著名学者方舟子所说：科学是一种方法，是战胜愚昧无知的最有力的武器。翻开我们的报刊杂志，打开我们的网络电视，处处是"周公解梦"，满眼是"星座预言"，它们无不是披着"现代科技"的外衣，实质上却是违背了科学常识，公开宣扬新的有神论，借着科学的旗号，歪曲科学的成果，或者利用科学手段为其不良目的服务。另外，一些文艺和影视作品隐含着宣传超物质、超自然意念能力的不良渗透，对处于身心发展尚未完善的中学生产生了一些潜移默化的影响。由于我们科学水平不发达，缺乏系统的公民科普计划和社会参与，造成了学生们在铺天盖地的伪科学与反科学面前难辨真伪，无法抵挡。根据目前的实际情况，对科学的普及与宣传是一项艰巨复杂的长期性工作，需要媒体、教育机构与社会之间形成合力，共同协作，提高青少年的科学素养和辨别是非的能力。

首先，从政府的角度说，政府要下大力气抓好科学的宣传和普及工作。要把科普工作作为实施科教兴国战略的重要任务和社会主义精神文明建设的重要内容，切实加强起来，在全社会大力弘扬科学精神、宣传科学思想、传播科学方法，使中小学生的科学文化素质不断提高起来。各地政府可以利用各类图书馆、文化馆、博物馆、科技馆等科普阵地，让青少年在形式多样的参观、访问等活动中，身临其境地领略到现代科技的魅力，从而坚定其崇尚科学的信仰和决心。

其次，从大众媒体的角度说，要求我们的各种媒体要树立责任意识，将弘扬科学，反对迷信作为自己责无旁贷的义务。媒体的功能是传播，如果大众传媒不积极营造崇尚科学、相信科学、依靠科学的舆论氛围，不在商业利益和传承科学的博弈中站稳立场，迟早会让消极萎靡、哀叹命运的悲观、迷信情绪对当代的青少年产生不可低估的消极影响。

再次，家庭也应在提高子女的科学素养上尽到一定的责任。教育专家认为，父母在培养孩子学科学的兴趣时起着重要作用。因此，如果家长的科学素养偏低，很少跟孩子交流科学类话题，那又如何能让孩子保持对科学的兴趣？作为家长,要鼓励孩子自己发现问题、解决问题,保护他们的好奇心,发展他们的想象力,帮助学生在想象和科学、艺术和现实之间寻找平衡点,而不是彼此混为一谈,让艺术想象创造影响日常生活和理性思维判断。

最后,学校在普及科学教育方面承担着重要的责任。培养学生的科学素质除了改革课程设置、充分发挥课堂教学主渠道的作用外,还必须重视科学教育的校园文化环境建设。中小学校必须注意营造科学教育的校园文化环境。一是营造科学教育的物质环境,如可以把科学家的图像、名言等张贴在校园、班级的墙面或板报上,购买一些必要的科普书籍供学生阅读,定期组织学生观看一些有关科技方面的电影、电视及录像,使同学们在潜移默化中受到热爱科学、献身科学的教育。二是开展各种课外科技活动,营造科学教育的氛围。如组织各种类型的科普知识竞赛,激发学生学习科学知识的热情和动机,在科技兴趣活动中,教师应注意指导学生把他们所学的科技知识用于实践,使其亲身体验到科学创造的艰辛与快乐,以激发他们学科学的热情和兴趣,培养他们的科学意识和科学探索精神。[1]

(四)提高教师自身的科学素养

从世界各国科学教育改革的经验来看,科学教育改革的最大阻力不是来自社会,也不是来自学生,而是来自教师,特别是第一线的教师。教师应该是科学活动在学校中的代表者,他们在科学探究方面,理应对学生的探究学习起到表率和示范作用。科学教师应是科学界在在学校中的代表,他们在科学探究方面,理应"为人师表",起表率和模范作用,但实际情况却大相径庭。在我国的中小学科学教育领域,科学教师很少具有科学研究的本领。在我们的科学教学中,科学知识仍然是教学的中心或唯一的任务,钻研教材是教师备课阶段的最大要求和最重要任务,上课则是

---

[1] 参见韩冰清:《试论我国中小学科学教育改革的基本对策》,《教育实践与研究》2002 年第 8 期。

执行教案的过程。学者刘德华评价我们的科学教育和科学教师时曾这样说道："我国现在的科学教育仿佛是把科学知识作为一朵娇美的鲜花从科学之树上摘下来,插到一个花瓶里。但这个花瓶里却没有水,没有养料,科学知识之花失去了继续生长的条件,他的生命活力不再存在。科学教师的任务是完成知识的转移,从书本转移到黑板,好的教师能把知识转移到学生的记忆中。但学生的心灵世界却因为没有精神养料而无法让科学之花长存,科学教育不能结出真正的果实。"①可见以传授知识为主要任务的教学观强调以教师为中心,从教师的教出发提供了较明确的操作程序,易被教师接受和认同。教师只要有教材和参考书,就能进入规范,依样操作。但传统教学观念使探索性教学难以施行,这就要求教师必须首先提升自己的科学素养。

首先,一名优秀的科学教师必须具有跨学科融合的知识结构。认知结构的重建过程,不仅是要学习相关学科的思维知识,还要在几门学科之间建立有意义的关联。一名合格的科学教师最终要形成打破学科界限的知识网络,整个知识体系应由三条主线编织而成。第一条主线是要明确三大科学领域:生命科学;物质科学;地球、宇宙和空间科学。第二条主线就是科学素养的四个方面:科学探究过程、方法与能力;科学知识与技能;情感、态度与价值观;科学、技术与社会。第三条主线就是以科学主题组织的内容体系。

其次,要求教师要有正确的科学态度、情感和价值观。一名优秀的教师首先应对科学具备浓厚的兴趣和饱满的热情。只有这样,才能在教学中以自己的激情感染学生,激发学生的探究欲望。教师与学生在共同探索和相互交流中的兴奋与投入,对未知事物的好奇与向往,探究成功后的欣慰与慨叹,将会深深地感染每一位师生。

最后,教师还要有较为全面的科学技能。它主要包括各学科的实验技能、实践能力和信息处理技能。科学课程注重学生动手能力的培养,这

①　刘德华:《"点击"学校课程——走在十字路口的科学教育》,福建教育出版社 2001年版,第 37 页。

需要教师首先具备较强的实际动手能力、组织能力和个人交往能力。新课程对教师的另一个要求是变原来教师作为课程的单纯执行者为课程的共同创造者,这对教师的信息收集、选择和处理能力提出了更高的要求。

中小学的科学教育之所以很重要,是因为它对于学生的个体成长和教育发展、国家的科技进步乃至整个社会的进步都有重要的意义。科学教育不仅是培养科学家和工程师的活动,还是一种面对大众的文化建设活动,而全民族科学文化素养的提高,高层次创新人才的培养和造就,必须从基础抓起,需要从中小学起就对广大的青少年进行科学精神、科学素养的养成教育。王荣栓的一段话发人深省:"历史证明,科学精神是一个民族的灵魂。一个民族要革命、要创新,靠的是科学精神;一个民族要发展、要进步,靠的也是科学精神;一个民族要富强、要自立,靠的更是科学精神。对于一个民族来说,没有科学精神的培育,就没有民族的未来和希望;没有科学精神的确立,就失去了民族的生存权利。"①事实也是如此,一个愚昧的民族,一个全民科学文化素质低下的民族是无法立足于世界民族之林的,高素质的国民是国家兴旺发达的基础。只有实现全民族整体科学文化素质的提高,才能实现我国综合国力的进一步提升,才能形成中国持续发展的根本动力,才能最终铸造 21 世纪中华民族伟大复兴的灿烂辉煌。

---

① 王荣栓:《科学是一种精神》,济南出版社 2000 年版,第 178 页。

第 五 章

热爱劳动篇

　　劳动是具有一定生产经验和劳动技能的劳动者使用劳动工具所进行的有目的的生产活动,是生产的最基本要素。劳动专属于人和人类社会的范畴,是人类对自然界的积极改造,其根本标志在于制造工具。劳动是人类生活的第一个基本条件,它既是人类社会从自然界独立出来的基础,又是人类社会区别于自然界的标志。劳动创造文明,创造财富,促使人类发展,推动历史前进。在马克思主义理论中,劳动被置于基础、本源乃至中心的地位。马克思在劳动发展史中找到了理解社会的钥匙,他把劳动称为社会围绕旋转的"太阳"。高尔基说:"我们世界上最美好的东西,都是由劳动、由人的聪明的手创造出来的。"李大钊认为人生求乐的方法,最好莫过于尊重劳动,一切乐境,都可由劳动得来,一切苦境,都可由劳动解脱。

第一节　研究背景与理论分析

　　劳动既是人的本质规定,亦让我们从幻想走向真实。"人主要不是在其他各种有限意义域中生活,而主要是在劳作所构成的日常世界这一终极实在中生活。"①"生活需要'思',但生活更需要'过',或者说生活需要'劳作'。"②劳动是我们生活的一部分,人类通过劳动创造美好的生活。"没有劳作,人与环境无法发生连接,无法改变外在世界,也无法满足自己的需要。没有与外在世界的连接,没有与环境的相互作用,人也就如无法成为人……人正是在与环境的相互作用中,在满足自己的需要的同时,使自己从环境中分离出来,不断生成自我,成就自我。"③

马克思指出:劳动首先是人和自然之间的过程,是人以自身的活动来引起、调整和控制人和自然之间的物质变换过程。《辞海》把"劳动"定义为人们改变劳动对象使之适合自己需要的有目的的活动,是人类社会存在和发展的最基本条件之一。人类的发展史其实就是一部劳动史,是劳动创造了历史,是劳动改变了世界。

劳动在不同的时代有不同的内涵和范畴。我们这里所说的劳动是指人有目的地用自己的体力和智力改变自然物,使之成为满足人类生活所需要的物品的实践活动。劳动是有目的地为生产物品和提供劳务而付出的一切脑力和体力的耗费。传统劳动观认为,只有物质生产领域的劳动才能创造价值,而非物质生产领域的劳动不能创造价值。把现代社会许多创造价值的经济活动都排斥在生产劳动之外,这既不符合经典作家的原意,也与当今社会的实际情况相悖。劳动的内涵应根据时代要求不断拓展,科学和管理劳动已成为劳动的核心内涵。

劳动教育在人的品德形成上起着不可低估的作用。马克思认为,体力劳动是防止一切社会病毒的伟大的消毒剂。卢梭说:在人的生活中最主要的是劳动训练,没有劳动就不可能有正常人的生活。孩子从小受到热爱劳动的教育,参加一些力所能及的劳动,就能使他们懂得他人劳动的艰辛,懂得尊敬劳动者、珍惜劳动成果,还可使他们形成勤劳勇敢、艰苦奋斗的品格,培养他们团结协作的精神。劳动教育也能促进儿童智力的发

---

① 高德胜:《生活德育论》,人民出版社 2005 年版,第 2 页。
② 高德胜:《生活德育论》,人民出版社 2005 年版,第 3 页。
③ 高德胜:《生活德育论》,人民出版社 2005 年版,第 3 页。

展,劳动促使学生左右脑的协调发展,为学生智能的发展提供了广阔、充实的基础,促使知识主观能动地向智能发展。① 教育科学和心理科学早已指明,个体的智力开发与个体的动手实践是密切相关的。个体的大脑皮层的不同部位与各个手指之间存在着密切的神经联系,动手劳动,不管什么劳动,必使各个手指发生神经兴奋,这种神经兴奋又必然传导到大脑皮层的相应部位,促使大脑皮层产生兴奋与抑制、分析与综合的交替活动,这才使大脑皮层的功能得到发展和加强。这就是说,个体认识世界是从手作用于外部世界开始的,人的聪明才智的发展是从动手开始的。即使劳动有时看来并没有产生什么直接结果,但他能够活跃人的各种思维,增强人们的组织纪律性,使人们在劳动中养成相互沟通、学习、合作的习惯。马卡连柯说:"努力劳动不只可以培养人的工作能力,而且可以培养同志的关系,即培养一个人对其他的人应有的正确态度,这就是一种道德修养。"②

在《爱弥尔》中卢梭既重视手工劳动教育,使爱弥尔掌握职业技术,同时,还认为直接经验比语言、书籍,更能发展儿童的智慧,使儿童学会更多生动的知识。对于涉世不深的儿童来说,通过自我劳动获得的直接经验是他们知识结构中的重要组成部分,对以书本为主的间接经验的学习也有很大的促进作用。另外,开展劳动教育,使学生把学和做联系起来,可以培养他们的创造能力和动手能力。劳动教育还可促进人的身体发展。受教育者亲自参加一些劳动,能增强体魄,强健身体。要想防止儿童变成若不禁风的温室花朵,就要让他们在劳动中得到锻炼,促进孩子审美能力的发展。热爱劳动是人最基本的美德。人类的审美感受产生于劳动,是劳动创造了美。人类的劳动是一种创造性的活动。劳动不仅创造物质财富,劳动还给人们带来精神上的满足,当人们克服各种艰难困苦,看到自己的劳动成果时,就会感受到劳动的喜悦。让孩子从小参加创造

---

① 美国哈佛大学的学者们在进行了长达二十多年的跟踪研究后,得出一个惊人的结论:爱干家务的孩子与不爱干家务的孩子相比,失业率为 1∶15,犯罪率为 1∶10,离婚率与心理患病率也有显著差别。

② 吴式颖等编:《马卡连柯教育文集》,人民教育出版社 1986 年版,第 181 页。

美的劳动,体验到美的享受,受到美的教育,对他未来人格的形成具有重要作用。

杜威认为,儿童生来就有一个自然愿望,即渴望工作、渴望做事,对作业和活动具有强烈的兴趣。此时对孩子进行劳动教育,提供劳动的机会,符合孩子的成长天性。孩子在劳动实践中将体会到参与劳动的乐趣,享受到创造劳动成果的荣誉感和自豪感。孩子在正确的导向下,养成热爱劳动的好习惯,而这种习惯将是终生受用的。优良品质的培养不能一蹴而就,需要一个漫长的过程。对孩子进行各种形式的劳动教育,让他们参与真正意义上的劳动,在劳动中他们会感受到体力消耗后的疲倦,劳动付出后的饥渴,同样他们也会享受到体力恢复的畅快和食物的精美,这些感觉都是那些不参加劳动的孩子无法体会的。在此过程中,孩子会明白"吃苦"并不可怕,他们会愿意"吃苦",将更容易养成吃苦耐劳的品质。

马卡连柯认为:"劳动教育,即人的劳动品质的培养,不仅是未来好的公民或不好的公民的教育,而且是公民将来生活水平及其幸福的教育。"[1]劳动起源于生活需要,在人类历史上,劳动多半是带有强制和艰苦性质的活动,这样的活动是为了让人免于饥饿,维持生命。

新中国一直将热爱劳动作为公民的基本美德之一。1949 年的《中国人民政治协商会议共同纲领》就明确规定"提倡爱祖国、爱人民、爱劳动、爱科学、爱护公共财物为中华人民共和国全体公民的公德"。1982 年的《中华人民共和国宪法》总纲第二十四条规定"国家提倡爱祖国、爱人民、爱劳动、爱科学、爱社会主义的公德。"1986 年《关于社会主义精神文明建设指导方针的决议》中又进一步提出:"社会主义道德建设的基本要求,是爱祖国、爱人民、爱劳动、爱科学、爱社会主义。"把"五爱"从国民公德提到了社会主义道德建设的基本要求这一新的高度。2001 年《公民道德建设实施纲要》将公民基本道德规范概括为"爱国守法、明礼诚信、团结友善、勤俭自强、敬业奉献"。"勤俭自强"就是要爱劳动,艰苦创业,节俭以自强。2004 年 5 月 10 日胡锦涛总书记在全国加强和改进未成年人思

---

① 吴式颖等编:《马卡连柯教育文集》,人民教育出版社 1986 年版,第 180 页。

想道德建设工作会议上强调指出,青少年要弘扬和培育勤劳勇敢的伟大民族精神,努力培育劳动意识。2006 年 3 月,胡锦涛总书记提出"八荣八耻"社会主义荣辱观,其中"以辛勤劳动为荣,以好逸恶劳为耻"是对社会主义劳动观的高度概括。"八荣八耻"社会主义劳动观至少包括三层含义:一是尊重劳动,热爱劳动和热爱劳动者,反对轻视劳动和鄙视劳动者;二是珍惜劳动成果和创造更多的劳动成果,反对占有他人劳动成果和浪费劳动成果;三是鼓励创新性劳动,特别是脑力劳动,以加快现代化建设。

第二节　数据呈现与问题讨论

一、小学部分

《九年义务教育全日制小学劳动课教学大纲试用》中安排的劳动课的教学内容主要包括自我服务劳动、家务劳动、简单生产劳动和公益劳动四个方面。随着社会的发展,人们的生活条件越来越优越而劳动观念却越来越淡薄。研究者期望通过问卷调查来了解当前我国小学生的劳动意识。

（一）调研的基本情况

研究对象是小学一年级到六年级的学生,采取问卷调查和访谈法。每个年级随机抽取了两个班,六个年级 12 个班,总共 1473 份问卷。对学生进行问卷调查之后与被试以及班主任、任课教师分别进行了深度访谈。问卷的回收情况见表 5 - 1 所示:

表5－1　各年级问卷分布情况

年级	频数	百分数（%）
一年级	173	11.7
二年级	224	15.2
三年级	312	21.2
四年级	277	18.8
五年级	221	15.0
六年级	266	18.1
总计	1473	100.0

（二）调查结果与分析

1. 小学生劳动观念的状况

劳动观的调查问卷共设计了5个问题，表5－2反映了第一道题目的回答状况，这个题目目的在于考察学生家庭劳动的情况。

表5－2　小学各年级学生在"你在家做家务吗？"上的回答情况

年级	1. 你在家做家务吗？				总计人数（百分比）
	A. 主动 人数（百分比）	B. 做，但不主动 人数（百分比）	C. 叫做也不做 人数（百分比）	D. 家长不让做 人数（百分比）	
一年级	125（72.3）	23（13.3）	2（1.2）	23（13.3）	173（100.0）
二年级	158（70.5）	42（18.8）	2（0.9）	22（9.8）	224（100.0）
三年级	213（68.3）	71（22.8）	4（1.3）	24（7.7）	312（100.0）
四年级	183（66.1）	73（26.4）	9（3.2）	12（4.3）	277（100.0）
五年级	124（56.1）	85（38.5）	2（0.9）	10（4.5）	221（100.0）
六年级	148（55.6）	99（37.2）	3（1.1）	16（6.0）	266（100.0）
总计	951（64.6）	393（26.7）	22（1.5）	107（7.3）	1473（100.0）

从表5－2可以看出，无论是哪一个年级的学生，选第三个答案的占很少一部分，只有总人数的1.5%；第四个答案的被选率仅次于第三个答案，占7.3%；选择第一个答案的占64.6%，也就是说十个人中，大约就会

有六到七个会主动做家务。可据笔者与学生和老师的访谈和平时的观察得知,真正不需要家长的吩咐或者家长的强制就主动做家务的学生占不到2/5,尤其是处在三年级这个阶段的学生。上表还显示"主动做家务"的学生,随着年龄的增长人数在下降,"做,但不会主动做"的学生人数随着年龄的增长在上升,"叫做也不做"的学生总体上分布都很小,"家长不让做"的学生人数在年级分布上有很大的波动,一年级至三年级可能由于各方面的原因,占的比例比较大,不低于7.7%,四、五年级人数在下降,到了六年级人数又在上升。根据观察和访谈得知,大多数家长都不愿让六年级的学生把时间浪费在家务劳动上。

表5-3 小学各年级学生在"班级组织的劳动你的态度是怎样的"上的回答情况

年级	2. 班级组织的劳动你的态度是怎样的?			总计 人数(百分比)
	A. 不愿意 人数(百分比)	B. 无所谓 人数(百分比)	C. 乐意参加 人数(百分比)	
一年级	6(3.5)	12(6.9)	155(89.6)	173(100.0)
二年级	3(1.3)	7(3.1)	214(95.5)	224(100.0)
三年级	7(2.2)	34(10.9)	271(86.9)	312(100.0)
四年级	7(2.5)	25(9.0)	245(88.4)	277(100.0)
五年级	4(1.8)	17(7.7)	200(90.5)	221(100.0)
六年级	13(4.9)	26(9.8)	227(85.3)	266(100.0)
总计	40(2.7)	121(8.2)	1312(89.1)	1473(100.0)

从表5-3可以看出,选择了第二和第三个答案的学生的百分比相加达到了总人数的97.3%,只有2.7%的人承认自己不愿意参加学校里组织的劳动,愿意做的人和认为无所谓的人,不管出于什么原因和目的,他们大多能够意识到这个问题。第二题和第一题相比较,可见学生在学校的劳动意愿要大于在家里劳动的意愿。从上表可以看出,不愿意参加学校劳动的,一年级和六年级所占的比例高于其他各年级;持无所谓态度的人数呈逐渐上升趋势。有10%左右的小学生对于班级劳动的态度不够明确。

下面的题是"有人买了彩票中了大奖,你会怎么看"? 这个题考察同学们对金钱来源的观念,对于获得金钱,应该通过什么样的渠道。结果如表5-4所示:

表5-4 小学各年级学生在"有人买彩票中了大奖,你怎么看"上的回答情况

年级	3. 有人买彩票中了大奖,你怎么看?			总计 人数(百分比)
	A. 希望我是他 人数(百分比)	B. 无所谓 人数(百分比)	C. 需要自己努力 人数(百分比)	
一年级	14(8.1)	14(8.1)	145(83.8)	173(100.0)
二年级	23(10.3)	8(3.6)	193(86.2)	224(100.0)
三年级	22(7.1)	35(11.2)	255(81.7)	312(100.0)
四年级	25(9.0)	44(15.9)	208(75.1)	277(100.0)
五年级	37(16.7)	38(17.2)	146(66.1)	221(100.0)
六年级	43(16.2)	40(15.0)	183(68.8)	266(100.0)
总计	164(11.1)	179(12.2)	1130(76.7)	1473(100.0)

选择第一个答案的人占11.1%,说明通过投机的方式获得金钱这种想法仍然在小学生里面存在。从年级的分布来看,随着年级的增加,人数比例在逐渐提高,其中五六年级选择此项的学生比例相对较大。表明年龄较小的孩子没有把金钱看得很重。同时也可以看出,12.2%的学生会选择第二个答案"无所谓",他们对于获得金钱的渠道,没有明确的认识,76.7%的小学生能够认识到获得金钱是需要自己努力的,有着正确的观念。

第四个问题是"农民整天赚很少钱,没出息。你认为这种观点对吗"? 如表5-5所示,它考察小学生对农民劳动价值的看法。

表5-5　小学各年级学生在"农民劳动多赚钱少没出息你怎么看"上的回答情况

年级	4. 对农民赚钱少的看法			总计 人数(百分比)
	A. 对 人数(百分比)	B. 不确定 人数(百分比)	C. 不对 人数(百分比)	
一年级	60(34.7)	30(17.3)	83(48.0)	173(100.0)
二年级	36(16.1)	14(6.2)	174(77.7)	224(100.0)
三年级	17(5.4)	13(4.2)	282(90.4)	312(100.0)
四年级	9(3.2)	15(5.4)	253(91.3)	277(100.0)
五年级	1(0.5)	14(6.3)	206(93.2)	221(100.0)
六年级	3(1.1)	18(6.8)	245(92.1)	266(100.0)
总计	126(8.6)	104(7.1)	1243(84.4)	1473(100.0)

答案 A 为对;答案 B 为不确定;答案 C 为不对。只有8.6%的学生选择第一个答案,但是通过访谈发现,有更多的农村学生持这种观点,而且这种观点在他们头脑中根深蒂固。选择第二个答案的学生占7.1%,比例不大,通过这些数据可以看出来,他们部分人是完全不知道,部分是处于矛盾状态:一方面自己的认知告诉自己,这种观点是错误的;另一方面家长或其他人,不断告诉自己,农民没出息,赚钱赚得少,吃不好喝不好,这两种观点让他们处于一种认知冲突的状态。他们分不清哪种观点是对的。能明确肯定观点错误的学生占到了84.4%,这是一个令人乐观的数据。认为该观点"对"的学生人数随着学生年级的升高而不断下降。这说明随着孩子年龄的升高,心智也不断提高,对客观生活的认识也不断提高。选择"不确定"的人数比例不是很大,只占很少一部分。认为"不对"的人数随年龄的增加人数在上升。

第五个问题是"我们要辛勤劳动",它考察学生劳动意愿的程度,见表5-6所示。

表 5-6　小学各年级学生在"我们要辛勤劳动"上的回答情况

年级	5. 我们要辛勤劳动			总计 人数(百分比)
	A. 知道这很重要 人数(百分比)	B. 愿意这样做 人数(百分比)	C. 我决定这样做 人数(百分比)	
一年级	22(12.7)	56(32.4)	95(54.9)	173(100.0)
二年级	55(24.6)	88(39.3)	81(36.2)	224(100.0)
三年级	72(23.1)	128(41.0)	112(35.9)	312(100.0)
四年级	56(20.2)	119(43.0)	102(36.8)	277(100.0)
五年级	41(18.6)	101(45.7)	79(35.7)	221(100.0)
六年级	67(25.2)	117(44.0)	82(30.8)	266(100.0)
总计	313(21.2)	609(41.3)	551(37.4)	1473(100.0)

可以看出,3 个选择的频数差别不是很大。"知道这很重要"的人数在年级上的比例没有太大变化,"愿意这样做的"人数差别也不大。但是"决定这样做"的人数,却在随着年龄的增加而慢慢减少,这说明随着年龄的增加,学生在劳动问题上的言行一致性出现了更多的分离,这就需要我们的教育工作者关注高年级学生的劳动实践教育,创设更多的参与机会和平台,引导学生在具体的劳动实践中增强劳动观念。

2. 访谈

在调查的小学中,学校对任课教师及劳动课的检查指导几乎是空白,劳动所需的器材及劳动基地问题比较严重。小学劳动课的实施较简单,无论是兼课教师还是专职教师对备课普遍不重视,很多老师不备课,对教材内容不了解,传授知识只是照本宣科,理论与实际的结合更无从谈起,使劳动课枯燥无味,教师不愿教,学生不愿学。绝大多数学校从不关心学生对劳动知识技能的掌握情况,不进行任何形式的考查考试。学校对劳动教师的考核更是无从谈起,使得这些教师工作积极性不高,"例行公事",得过且过。因此不爱劳动,不爱惜劳动成果,劳动技能和习惯差的现象在当前城乡小学生中普遍存在。

3. 差异分析

　　根据小学生心理发展的特点和阶段的不同,本研究考察了小学生在劳动认知、劳动态度以及劳动意愿上的性别和年级的差异。

　　(1)不同性别在辛勤劳动各题目上的卡方检验结果:在关于是否有主动劳动的意识上,性别差异达到了显著性水平。也就是说,在劳动的主动性上,男生与女生之间存在很大差别,主动承担家务的男生只占总人数的28.7%,而女生占38.6%;"做但不主动"的男生占15.6%,而女生只有8.7%,几乎是男生的一半;"叫做也不做"的男生几乎是女生的两倍,男生占1.9%,女生只有0.1%。对辛勤劳动的认知和意愿进行差异检验发现,性别差异均未达到显著水平,说明男女生在劳动认知和劳动意愿上的差异不大,见表5-7所示。

表5-7　不同性别小学生在劳动维度上的卡方检验结果

题目	人数	卡方值	df	p
1. 你在家做家务吗?	679	30.946	2	.000
2. 班级组织的劳动	679	6.954	2	.031
3. 中彩票的看法	679	7.647	2	.022
4. 对农民赚钱少的看法	679	.549	2	.760
5. 我们要辛勤劳动	679	1.530	2	.465

　　(2)对六个年级在劳动维度各题目上的数据进行卡方检验发现,不同年级在各个维度上的反应差异均达到了显著水平,见表5-8所示。

表5-8　不同年级小学生在劳动维度上的卡方检验结果

题目	人数	卡方值	df	p
1. 你在家做家务吗?	1473	62.012	10	.000
2. 班级组织的劳动	1473	20.433	10	.025
3. 对中彩票的看法	1473	55.724	10	.000
4. 对农民赚钱少的看法	1473	265.874	10	.000
5. 我们要辛勤劳动	1473	33.376	10	.000

从表5-8发现,各年级在劳动维度各题目上的回答存在显著差异。结合表5-2、表5-3、表5-4、表5-5、表5-6、表5-7中的数据可以发现,三四年级的反应与其他年级存在一定的差异,表明三四年级是一个过渡阶段。这个阶段的儿童能否养成正确的劳动观念对他们未来的发展至关重要,教师应该多关注这个年龄阶段的学生。

在访谈中,我们还注意到小学生的劳动荣辱观和其他荣辱观存在一定的相关性,也就是说小学生是否爱国,是否愿意服务于他人,是否相信科学,是否能坚守艰苦朴素的生活理念,都与劳动观念有着密切的联系,这启示我们的教育者,培养学生热爱劳动不能仅仅立足于从事体力劳动,还要注意培养学生热爱科学的精神,团结友爱,热衷服务他人的理念。

二、中学部分

中学是学生劳动价值观形成的关键时期,为了了解中学生的劳动价值观,我们选取了农村和城市的中学进行了问卷调查。

(一)调查背景

为了深入揭示中学生劳动价值观的产生与家庭背景之间的关系,我们在问卷上设计了家庭背景调查。这部分的调查涉及学生的性别、父母的职业、父母的学历、家庭收入、家中与谁交流最多、家庭关系、与父母的关系、家庭辅导方式八道问题。

1. 农村中学

对农村中学的调查过程中:我们随机发放问卷628份,实际回收628份,回收率100%。其中初一110份(占问卷总数的17.5%),初二109份(占问卷总数的17.4%),初三102份(占问卷总数的16.2%),高一109份(占问卷总数的17.4%),高二99份(占问卷总数的15.8%),高三99份(占问卷总数的15.8%)。

(1)性别构成

农村中学调查对象中,男生312人(占总人数的49.7%);女生316

人(占总人数的50.3%)。

(2)父母职业

农村中学调查对象中,父亲的职业是机关或事业单位工作人员的有5人,是国有、集体企业管理人员的8人,是教师或专业技术人员的15人,是下岗职工的6人,是工人或商业、服务行业职工的56人,是农民或乡镇企业职工的414人,是军人或警察的1人,是三资企业职员的1人,是个体从业人员、私营企业主的20人,是进城务工人员的72人,是乡镇企业职工的3人,是从事其他职业的27人。

母亲的职业是机关或事业单位工作人员的有1人,是国有、集体企业管理人员的2人,是教师或专业技术人员的6人,是下岗职工的6人,是工人或商业、服务行业职工的16人,是农民或乡镇企业职工的542人,是军人或警察的0人,是三资企业职员的4人,是个体从业人员、私营企业主的12人,是进城务工人员的12人,是乡镇企业职工的4人,是从事其他职业的23人。

(3)父母学历

农村中学生的父母学历构成:被调查对象父亲学历是研究生及以上的有2人,本科的10人,大专或中专的13人,高中的170人,初中及以下433人;被调查对象母亲学历是研究生及以上的有1人,本科的5人,大专或中专的9人,高中的62人,初中及以下551人。

(4)家庭收入

农村中学生的家庭年收入构成:1000元以下的238人(占总人数的37.9%),1000—3000元的306人(占总人数的48.7%),3000—5000元的49人(占总人数的7.8%),5000—10000元的13人(占总人数的2.1%),10000元以上22人(占总人数的3.5%)。

(5)在家中与谁交流最多

被调查的农村中学学生中,学生与父亲交流最多的有72人(占总人数的11.5%),与母亲交流最多的有468人(占总人数的74.5%),与爷爷奶奶交流最多的有53人(占总人数的8.4%),与其他人交流最多的有35人(占总人数的5.6%)。

（6）家庭关系

被调查的农村中学学生中 525 人（占总人数的 83.6%）认为自己的家庭关系和谐，81 人（占总人数的 12.9%）认为自己的家庭关系有点和谐，22 人（占总人数的 3.5%）认为自己的家庭关系不和谐。

（7）与父母关系

被调查的农村中学学生中，认为与父亲呈现敌对关系的有 4 人（占总人数的 0.6%），不关心的 15 人（占总人数的 2.4%），关爱的 609 人（占总人数的 97.0%）；认为与母亲呈现敌对关系的有敌对的 4 人（占总人数的 0.6%），不关心的 12 人（占总人数的 1.9%），关爱的 612 人（占总人数的 97.5%）。

（8）辅导方式

被调查的农村中学生中，认为父亲的辅导方式是专制型的 165 人（占总人数的 26.3%），是民主型的 388 人（占总人数的 61.8%），是溺爱型 31 人（占总人数的 4.9%），是忽视型的 44 人（占总人数的 7.0%）；母亲的辅导方式是专制型的 161 人（占总人数的 25.6%），是民主型的 373 人（占总人数的 59.4%），是溺爱型的 60 人（占总人数的 9.6%），是忽视型的 34 人（占总人数的 5.4%）。

2. 城市中学

对城市中学的调查过程中：我们随机发放问卷 606 份，实际回收 606 份，回收率 100%。其中初一 95 份（占问卷总数的 15.7%），初二 89 份（占问卷总数的 14.7%），初三 87 份（占问卷总数的 14.4%），高一 120 份（占问卷总数的 19.8%），高二 110 份（占问卷总数的 18.2%），高三 105 份（占问卷总数的 17.3%）。

（1）性别构成

城市中学调查对象中，男生 254 人（占总人数的 41.9%）；女生 352 人（占总人数的 58.1%）。

（2）父母职业

城市中学调查对象中，父亲的职业是机关或事业单位工作人员的有 162 人，是国有、集体企业管理人员的 72 人，是教师或专业技术人员的 77

人,是下岗职工的 16 人,是工人或商业、服务行业职工的 70 人,是农民或乡镇企业职工的 5 人,是军人或警察的 40 人,是三资企业职员的 15 人,是个体从业人员、私营企业主的 75 人,是进城务工人员的 1 人,是乡镇企业职工的 1 人,是从事其他职业的 72 人。

母亲的职业是机关或事业单位工作人员的有 123 人,是国有、集体企业管理人员的 84 人,是教师或专业技术人员的 85 人,是下岗职工的 30 人,是工人或商业、服务行业职工的 109 人,是农民或乡镇企业职工的 6 人,是军人或警察的 6 人,是三资企业职员的 15 人,是个体从业人员、私营企业主的 63 人,是进城务工人员的 0 人,是乡镇企业职工的 1 人,是从事其他职业的 84 人。

(3)父母学历

城市中学父母学历构成:被调查对象父亲学历是研究生及以上的有 29 人,本科的 220 人,大专或中专的 132 人,高中的 141 人,初中及以下 44 人;被调查对象母亲学历是研究生及以上的有 26 人,本科的 152 人,大专或中专的 193 人,高中的 181 人,初中及以下 54 人。

(4)家庭收入

城市中学家庭月收入构成:1000 元以下的 26 人(占总人数的 4.3%),1000—3000 元的 148 人(占总人数的 24.4%),3000—5000 元的 213 人(占总人数的 35.1%),5000—10000 元的 172 人(占总人数的 28.4%),10000 元以上 47 人(占总人数的 7.8%)。

(5)在家中与谁交流最多

被调查的城市中学学生中,学生与父亲交流最多的有 106 人(占总人数的 17.5%),与母亲交流最多的有 399 人(占总人数的 65.8%),与爷爷奶奶交流最多的有 33 人(占总人数的 5.4%),与其他人交流最多的有 68 人(占总人数的 11.2%)。

(6)家庭关系

被调查的城市中学学生中 420 人(占总人数的 69.3%)认为自己的家庭关系和谐,144 人(占总人数的 23.8%)认为自己的家庭关系有点和谐,42 人(占总人数的 6.9%)认为自己的家庭关系不和谐。

（7）与父母的关系

被调查的城市中学学生中，认为与父亲呈现敌对关系的有 14 人（占总人数的 2.3%），不关心的 53 人（占总人数的 8.7%），关爱的 539 人（占总人数的 88.9%）；认为与母亲呈现敌对关系的有敌对的 12 人（占总人数的 2.0%），不关心的 30 人（占总人数的 5.0%），关爱的 564 人（占总人数的 93.1%）。

（8）辅导方式

被调查的城市中学生中，认为父亲的辅导方式是专制型的 104 人（占总人数的 17.2%），是民主型的 415 人（占总人数的 68.5%），是溺爱型的 37 人（占总人数的 6.1%），是忽视型的 50 人（占总人数的 8.3%）；母亲的辅导方式是专制型的 125 人（占总人数的 20.6%），是民主型的 427 人（占总人数的 70.5%），是溺爱型的 35 人（占总人数的 5.8%），是忽视型的 19 人（占总人数的 3.1%）。

3. 城乡中学生家庭背景比较

为了全面揭示城乡学生家庭背景上的群体差异，我们对上述数据做了进一步的分析。被调查的城乡中学生的家庭背景在父母职业、学历及家庭收入方面存在一定的差异：城市中学学生的父母职业以机关或事业单位工作人员为主，而农村中学学生的父母职业以农民或乡镇企业职工为主；城市中学学生的父母学历比农村中学学生父母学历高；城市中学学生的家庭月收入主要集中在 3000 以上（占 63.5%），而农村中学学生的家庭月收入主要集中在 3000 以下（占 86.8%）。在交流、家庭关系、与父母的关系、辅导方式等方面城市中学与农村中学的学生虽然稍有不同，但总体上都是在家与母亲交流较多，家庭关系以和谐为主，父母对学生都很关爱。

（二）数据呈现

为了深入了解城乡中学学生的劳动价值观，我们在问卷中设置了 5 道题，分别从做家务、对班级劳动的态度、对投机成功的态度、对"农民整天劳动却赚很少的钱，没出息"的看法，及对辛勤劳动的看法来透析学生的劳动价值观。

1. 做家务的情况比较

表 5－9　城乡中学生在做家务方面的回答情况

选项	频数		百分比%	
	农村	城市	农村	城市
A. 经常做	430	168	68.5	27.7
B. 偶尔做	193	397	30.7	65.5
C. 从不做	5	41	0.8	6.8
总计	628	606	100.0	100.0

由表 5－9 可以看出,无论城市还是农村中学的学生做过家务的同学都占多数,从来不做家务的同学很少。但是在农村中学经常做家务的同学的比例比城市学生比例高。从来不做家务的同学在城市中学被调查对象中占 6.8%,而在农村中学被调查对象中只占 0.8%。

2. 对班级劳动的态度

表 5－10　城乡中学生在对班级劳动上的回答情况

选项	频数		百分比%	
	农村	城市	农村	城市
A. 不愿意	15	14	2.4	2.3
B. 无所谓	69	161	11.0	26.6
C. 愿意	544	431	86.6	71.1
总计	628	606	100.0	100.0

由表 5－10 可以看出,无论城市还是农村中学的学生愿意参加班级劳动的是绝大多数。不愿意参加班级劳动的人在城市中学生中占 2.3%,在农村中学生中占 2.4%,二者差别不大。表示愿意参加班级劳动的城市中学生比例为 86.6%,在农村中学生中为 71.1%,二者存在一定差异,这种差异恰恰反映出在农村中学要加强学生的大集体意识教育,

而不仅仅是家庭意识的培养,要引导学生从家庭意识走出来,更多地关注班级、社会的发展。

3. 对投机成功的态度

表 5-11　城乡中学生在对投机态度上的回答情况

选项	频数		百分比%	
	农村	城市	农村	城市
A. 希望是他	105	190	16.7	31.4
B. 无所谓	64	156	10.2	25.7
C. 自己努力	459	260	73.1	42.9
总计	628	606	100.0	100.0

由表 5-11 可以看出,被调查对象中,城市中学生对投机的认可比农村中学生高出 13.7%,而城市中学生对努力成功的认可比农村中学生低 30.2%。在城市中学生中,相信成功要凭自己努力的学生仅占 42.9%。这一差异出现的原因是多方面的,但是当下城市生活中的投机现象较多,而农村的农业发展是需要实实在在的劳动才能成功,这些社会生活环境对学生的影响较大,表现为农村的学生更愿意通过自身的努力来获取成功,而城市的学生则存在一定的侥幸心理。据此,我们应加强城乡中学生的劳动价值观教育,特别是关注城市中学生的自主发展意识的培养。

4. 对"农民整天劳动却赚很少的钱,没出息"的看法

表 5-12　城乡中学生在对农民劳动态度上的回答情况

选项	频数		百分比%	
	农村	城市	农村	城市
A. 对	43	34	6.8	5.6
B. 不确定	46	58	7.3	9.6
C. 不对	539	514	85.8	84.8
总计	628	606	100.0	100.0

由表5-12可以看出,无论在城市还是在农村的中学生中,分别有超过80%的学生认为"农民整天劳动却赚很少的钱,没出息。"说明大多数中学生对仅以金钱的多寡衡量劳动的价值持否定态度。5.6%的城市中学生和6.8%的农村中学生在衡量劳动价值的标准上还存在着错误,还有9.6%的城市中学生和7.3%的农村中学生在衡量劳动价值的标准模糊,需要教育者加强教育,采取一定的教育措施,纠正学生认识上的偏差。

5. 对辛勤劳动的看法

表5-13　城乡中学生在对辛勤劳动的看法上的回答情况

选项	频数		百分比%	
	农村	城市	农村	城市
A. 是	580	500	92.4	82.5
B. 说不清	25	76	4.0	12.5
C. 不是	23	30	3.7	5.0
总计	628	606	100.0	100.0

由表5-13可以看出,被调查对象中,对"我认为辛勤劳动很重要"的看法,在城市中学生中82.5%的学生回答是,在农村中学中92.4%的学生回答是;而回答"不是"的同学在城市中学生中占5.0%,在农村中学生中占3.7%。可见,大多数学生对于辛勤劳动的重要性还是认同的。

（三）城乡中学生年级、性别、家庭背景与劳动荣辱观卡方检验结果分析

由于中学生身心发展特殊性,本研究考察了中学生在劳动认知、劳动态度以及劳动意愿上的年级和性别的差异。

1. 对六个年级在劳动维度各题目上的数据进行卡方检验发现,不同年级在除了"辛勤劳动很重要"之外的各个维度上的反应差异均达到了显著水平,见表5-14所示。

表5－14　不同年级中学生在劳动维度的卡方检验结果

题目	人数	卡方值	df	p
1. 你在家做家务吗？	1234	35.091	10	.000
2. 班级组织的劳动	1234	20.375	10	.026
3. 对中彩票的看法	1234	53.398	10	.000
4. 对农民赚钱少的看法	1234	20.771	10	.023
5. 辛勤劳动很重要	1234	15.186	10	.125

表5－14显示，通过分析城乡中学生们对五个问题的回答情况得知，对于是否在家做劳动，对于班级组织的劳动的态度，以及对劳动的价值的看法上存在显著的年级差异。

2. 不同性别在辛勤劳动各题目上的卡方检验结果：在关于是否有主动劳动的意识上，基本上不存在性别差异。也就是说，在劳动的主动性上，男生与女生之间差别很小；然而对班级组织的劳动，卡方检验结果Sig.＝0.007，性别差异达到显著性水平，存在差异的原因在数据上是无法分析清楚的；对辛勤劳动的价值的认知和劳动意愿进行差异检验发现，性别差异均未达到显著水平，说明男女生在劳动价值的认知和劳动意愿上的差异不大，见表5－15所示。

表5－15　不同性别中学生在劳动维度的卡方检验结果

题目	人数	卡方值	df	p
1. 你在家做家务吗？	1234	.535	2	.765
2. 班级组织的劳动	1234	9.933	2	.007
3. 对中彩票的看法	1234	7.656	2	.022
4. 对农民赚钱少的看法	1234	2.615	2	.271
5. 辛勤劳动很重要	1234	2.630	2	.268

（四）访谈

如果你去问问身边的孩子是否愿意参加劳动，十有八九持否定态度。

但如果你再做一个书面调查,大多数孩子会选"愿意"。孩子之所以"愿意"劳动,那是因为他知道老师希望他"愿意"。来学校求知明理,教室是他们每天待得时间最长的场所,把教室打扫得干干净净,你好我好他也好。可是能一心一意、心甘情愿、把劳动当成享受的又有几个?我们经常会看到一些学生,把吃不了的饭菜乱倒一地;故意在自己的课桌上挖个小洞;也常见学生摇晃小树、践踏草地;或在雪白的墙上乱涂乱画;在椅子上任意踩踏。这些随意践踏他人劳动成果的现象,很多学生却表现得满不在乎。由于极少参加体力劳动,孩子们很难有"粒粒皆辛苦"的体会,相当一部分青少年不珍惜劳动成果和社会财富,比穿戴,赶时髦,花钱大手大脚,成为家里的"消费中心"。一位中学教师反映,有些学生吃鸡蛋、鸭蛋、馒头或面包时,咬一口感到不对味,就随手扔弃。他所在的学校学生每顿饭都要扔掉二三桶饭菜。一些家长经常这样教训孩子:"你现在不好好学习,长大了就得去扫马路。"在孩子心目中,普通的体力劳动成了下等的事情,孩子躲避劳动、鄙视劳动成为必然。

很多家长认为,升学率高的学校就是"好学校","能上大学就是人才",这已成为很多人头脑中的固有观念。相当多的学生家长认为,学校应保证学生升入"好学校",而进行劳动教育与提高学生成绩无关;相反,让学生学习劳动不仅影响升学率,而且占用学生的学习时间,甚至会"拖垮"学生的身体。学校的管理者、教师还只是从口头上承认劳动的重要,而一旦面对自身的"实际利益"和来自社会和家长的压力,他们会自觉不自觉地弱化劳动教育,成为学校升学率和考试"指挥棒"的俘虏。这些认识上的偏颇自然会导致劳动成为"说起来重要,忙起来不要"的一种教育形式。在一些中学,学校把教室、公共区域的清洁劳动全部或部分承包出去,承包费由学生平摊。农村中学大多建立了不同形式的学生劳动教育实践基地,用于组织、安排中学生参加劳动与技术教育实践。而城市中小学则很少建有专门的劳动教育实践基地,与劳动与技术教育相关的操作室、实验室也大多作为教师示范操作的场所,学生动手实践的机会并不多。有学生表示:"在学校我很少有机会上劳动课,总是被主课老师挤占了,即使上劳动课,老师也是让我们随便玩玩。"

第三节　研究结论与教育对策

在问卷调查、访谈与观察的基础上我们发现当前中小学生的劳动教育存在问题,学校、家庭和社会都有责任教给孩子正确的劳动观念、劳动的技能,让他们学会生存,学会用技能来开发智力,而不仅仅是学习知识,忘了劳动的价值。

一、研究结论

(一)小学

数据显示,被调查的小学生中,部分学生的劳动价值观不正确,有的孩子,从不做家务——认为那是父母、保姆的事情。约20%学生只承认劳动很重要却从不主动做家务。家长生怕孩子苦着、累着、碰着,该让孩子做的事,都由自己包揽下来,时间和精力投放上,只让孩子埋头于书本和作业,甚至还有父母跑到学校替孩子做值日、搞卫生。在家庭中只有劳动没有教育的现象比较严重。只讲劳动,不重教育在现实生活中还有许多表现,有的家长让孩子做一些力所不能及的事情,结果反而伤害了孩子的身心,还有的家长只管让孩子劳动,而不加以引导,导致孩子盲目地去做等等。约10%的学生选择通过买彩票来获得金钱,有的学生已出现懒惰自私、贪图享乐的不良倾向,常常向父母提出种种物资上的要求,伸手要零花钱,挥霍浪费的现象更是比比皆是。学生在校劳动情况好于在家劳动的情况。在学校里,孩子们虽然基本上能完成老师交给的劳动任务,但是多数学生是被动的、应付式的,有的学生说"不完成老师交给的任务,会受到惩罚,""这次不做好,下次更惨","做不好要扣分的",甚至有少数学生设法逃避学校组织的劳动,或要求家长帮助完成老师布置的劳动任务。

（二）中学

被调查对象在个人背景上城乡学生差异显著,城市中学生的物质生活条件好于农村中学生的物质条件,但农村与城市中学生的家庭关系都趋向和谐为主。农村中学生对劳动价值的认可与实践都要高于城市中学生,绝大多数中学生对劳动都是肯定的。但是在部分城市学生中,滋生了投机取巧,不劳而获的思想,应加强学校劳动教育从学校的重视程度和教育效果上看,农村学校好于城市学校,"薄弱校"好于"重点校",小学好于初中,初中好于高中,低年级好于高年级,非毕业班好于毕业班;但从总体上讲,中学劳动教育在受重视程度、教育过程的控制、教育手段的运用及教育效果等方面都不能令人满意,劳动教育的滞后仍是困扰素质教育实施的一大问题,这也是教育工作者应该思考和研究的课题。

二、教育对策

劳动教育包含这样两个方面的内容:一方面是劳动思想观念的教育,它与德育紧密相连,包括人们的劳动习惯,对劳动的态度,对劳动者的看法,对劳动成果是否珍惜。另一方面是劳动技术知识的教育。事实上,这是社会发展对劳动教育提出的要求。如果说在远古社会,人们刀耕火种,对劳动教育的要求不高的话,那么,在科学技术高速发展的今天,任何一门哪怕最简单的劳动,也要求人们具有劳动技术方面的知识。因此,今天的劳动教育要使受教育者在劳动习惯、劳动观念上的增长与劳动技术知识的获得,有一个同步的增进。与成人相比,学生劳动教育有其独特之处,主要表现在重在养成热爱劳动的习惯。小学生劳动教育侧重养成良好的劳动习惯,而中学生劳动教育侧重技术教育,培养学生参加社会劳动的责任感。

（一）小学部分

对于那些缺乏劳动意识的小学生,教育者们能做什么呢? 根据研究结果,笔者提出了一些对策。

1. 从制度和规则上突显劳动的重要性,引导学生在劳动义务的履行中增强劳动意识

在法治层面上强化孩子们的劳动观念,保证他们尽量多参加一些家务和社区劳动。据了解,世界上一些国家早就制定了青少年参加家务和公益劳动的法律和规章。比如德国法律规定 6 岁以上的孩子必须做家务。相关调查显示,美国孩子的每日劳动时间是 72 分钟,韩国是 42 分钟,法国是 36 分钟,英国是 30 分钟,而中国仅仅是 12 分钟。① 专家建议,我国也应尽快制定一部自己的"青少年劳动法",使父母、学校、社会共同鼓励、督促孩子参加劳动,使孩子在"享受"劳动的过程中拥有一个良好的心理状态和健全的人格。开始觉得这种方式或许真的必要,但是劳动出自内心真正的渴望,才能创造出美来,如果法治化,是否会使其成为冷冰冰的制度呢? 会不会引起儿童的反感呢? 根据儿童道德认知发展阶段理论,处于 10 岁以前的儿童进入的是他律阶段,这个阶段的儿童是可能接受这样的规则的。不过,这同样牵涉到孩子的将来,需要学校和家长有足够的智慧,不要让孩子在这个阶段产生厌恶劳动的情感才行。

2. 家庭和学校要更新观念,形成和弘扬正确的劳动观

马卡连柯提出,作为父母应当特别注意的一件事情就是你们的孩子将来是劳动社会的成员,因此,儿童在社会上的作用,儿童作为公民的价值,将完全决定于儿童参加社会劳动的能力,决定于他对这种劳动所做的准备。同时,儿童的幸福、儿童的物质生活水平也是根据这个来决定的。家庭和学校都要给孩子树立正确的劳动观,家长要走出对孩子家庭劳动认识的误区,要重视劳动习惯等人格品行的培养。要从改变家长们的劳动观开始,才能治标治本。

作为父母首先应改变自己的育子观念,不要认为学生参与适当劳动是在浪费时间和精力,也不要认为是否让孩子参与家庭劳动无关紧要,无足轻重,不要认为劳动教育中仅仅发展筋肉或视觉、触觉等认识手段,仅

---

① 参见龚瑜:《小学生不愿意当劳动委员——"劳动光荣"受挑战》,《中国青年报》2006 年 3 月 23 日。

仅发展手指动作等等的看法是完全错误的。当然,劳动中的体力发展也有重大的意义,同样是非常重要的。然而劳动最大的益处还是在于人们在劳动过程中在道德和精神上的感悟和发展。这种精神发展是由和谐的劳动产生的。尽管,随着社会生产的发展,体力劳动逐渐失去了它在社会生活中原有的意义,它的存在意义也不断发生变化,但是其价值本质是不会改变的。

家庭和学校应培养孩子从小热爱劳动的习惯。好习惯可以使人受益终身! 自 2009 年开始,天津市南开区教育局根据中、小、幼学生的年龄特点,从品德习惯、学习习惯、生活习惯等方面制定了"100 个好习惯",编制了贴近学生生活的《知荣辱成习惯》的教材,学生习惯的养成状况也将成为今后升学的重要指标之一。针对一些孩子不愿意劳动,可以采取各种措施,让他们参与劳动,并养成良好习惯。

3. 整合教育资源,鼓励学校、家庭和社区的三方合作,组织开展经常性的劳动活动

教育机构应该为孩子提供足够的机会和场所,组织各种各样的社会服务项目,锻炼孩子。学校里不光要有明确的规定,还要做好家长的工作,让家长来配合学校的工作。因为,在家里,更能检验一个孩子。许多孩子喜欢伪装好去学校,连个书包都不想自己背的学生怎么可能会在家里主动打扫卫生、擦洗厨具、洗衣做饭呢? 家长应该尽量在不影响孩子身体健康的前提下,对孩子提出适当的家庭劳动要求,让孩子做些力所能及的劳动,如果条件允许的话,可以让孩子适当参加农活,让孩子体会到劳动的艰辛,学会珍惜自己的学习机会,尊重别人的劳动成果。马卡连柯曾经说过"家庭有好有坏。指望家庭把教育工作做得很好是不行的。我们不能认为家庭可以像想象的那样进行教育工作。我们应当组织家庭教育,而且作为国家教育的代表的学校,应当是组织的基础。学校应当领导家庭。"[①]在美国,家庭和学校是相互合作的关系,当然,马卡连柯的领导我们也可以理解为指导。他也说过"帮助家庭,给予教育方法上的辅导,

---

① 　马卡连柯著:《马卡连柯全集》,人民教育出版社 1962 年版,第 386 页。

并可对个别人直接进行教育上的帮助。"①因此,要让孩子养成良好的劳动习惯,不仅是家庭的任务,学校也要努力参与对家庭生活的指导,生活的社区也应该制造各种机会。孩子所在的社区,应该尽量多地组织一些公益活动,比如说为小区修剪草木,修整花园,为花园除草;在植树节的时候,组织孩子亲自动手植树;使其能够在劳动的过程中,体会学习科学知识和相互合作的重要性。

4. 坚持过程监管,关注学生劳动观念的发展情况,对出现的情况及时矫正和引导

由于调查问卷本身所存在的局限性,没有更好的方式挖掘或跟踪被调查对象,但是从问卷结果结合儿童身心发展特点来看,在整个小学阶段,三四年级是小学生对劳动认识和实践能力的过渡阶段,实为关键。随着年龄的增长,人的认知水平和实践能力会不断提高,实际不然,水平和能力有三种存在状态:保持原有状态、不断下降、不断提升。所以不能保证现在已有的就能始终保持,正如福禄贝尔所说:"如果我们相信在人的内部发生作用的、振奋精神的、统一的(内包的——intensive)力量随着年岁和训练的增加而增长,那是极其错误的。实际上是内部起作用的、振奋精神的、统一的力量逐渐消退,而膨胀的、向外发生作用的、创造的、造成多样化的(外延的——extensive)力量逐渐增长。"②

处于三四年级的学生,由一年级和二年级的稚气未脱,变为一二年级学生的大哥哥和大姐姐,各方面的认知能力和学习动手能力都有了发展,坏的习惯已经养成,能否改正;好的习惯能否继续保持,都在这个阶段得到一定程度的巩固。因此,作为这个年龄阶段的老师和父母应该注意保持学生的良好习惯,努力帮助学生改正错误的认知和态度,并不断提高学生的实践能力。

5. 坚持言教与身教相结合,通过树立榜样,激励学生热爱劳动。

教育者的言行对学生的影响是巨大的。教师和家长是儿童生活的楷

---

① 马卡连柯著:《马卡连柯全集》,人民教育出版社 1962 年版,第 400 页。
② 福禄贝尔:《人的教育》,孙祖复译,人民教育出版社 1999 年版,第 96 页。

模,儿童在生活中按照榜样的表现来规范自己的生活。教师身体力行,以身作则,会比一千句"热爱劳动,保护环境"有效得多。在某所学校,一位老师要求学生把自己桌下的纸片捡起来,有那么几十秒没有一个学生行动,这位老师默不作声地捡起了第一片纸,当老师再次弯腰时,同学们就纷纷行动起来了。从此以后,同学们不再乱扔纸片,而且劳动的积极性也提高了。福禄贝尔曾提到"从人身上出现的人最初的活动本能和最初的塑造冲动是在没有他的任何主观努力的参与下,甚至在违反他的意志的情况下,按照对他来说无意识地不知不觉地在他身上起作用的精神本质而从他身上产生的。"处在这一发展阶段的儿童会主动地表现他所看到的一切,在家庭里,儿童接触到家庭成员以及家庭所触及的各种人际关系,模仿他们所看到的行为方式。而且这个年龄阶段的儿童表现欲较强,愿意参与父母的劳动。这时,父母不能把孩子的要求看做是孩子气、碍手碍脚而严词拒绝。如果孩子多次遭到拒绝,这种表现欲就会丧失,参与劳动的兴趣也会大大降低,即使以后再要求他们去做,积极性和主动性也会大打折扣。因此,教师和父母要善于进行引导,坚持言传身教,给孩子树立劳动的榜样,提供参与劳动的机会,肯定他们的劳动价值。

总之,通过调查发现,小学生的劳动观念、劳动心理素质存在着严重的问题。全国小学生平均每天每人劳动时间非常短暂。长大想当农民的只有寥寥几人,想当工人的也很少,这跟社会需要存在着很大差距。由于现代社会经济的发展,人们生活或者说生存之道观念的转变,使得学生的劳动观念也发生了转变,有好处也有坏处。好处在于,孩子会因为不想劳动,而努力学习科学知识,将来从事脑力劳动,可是坏处在于劳动的价值很高,如果被孩子们忽略了,他们失去的不仅仅是劳动的能力,通过上面的分析也可知道,劳动跟孩子的智力开发密切相关。独生子女的增多及家长对孩子的宠爱,给学校教育带来一定的困难,但作为主要教育者的学校不能把责任推给家长。事实说明:学校只要真正重视教育,家长能配合,孩子就会进步。正如苏联教育家苏霍姆林斯基所说:学校在建立新的劳动形式,教育人热爱劳动和培养劳动技能方面,起着巨大的作用。

基于此,我们的学校,家庭和社会都有一份责任教给孩子们劳动的技能,让学生拥有劳动的意识,让他们学会生存,学会用技能来开发智力,而不仅仅是开发智力,忘了劳动的价值。

（二）中学部分

同是学校,美国的学校规定中学生在学习期间必须当"义工",为社会服务满75小时,才能获得"义工"学分,这也是得到毕业证的必要条件之一。同是对待孩子,美国的父母要求子女在家中要帮助大人做一些力所能及的家务。

我国《中学生守则》第6条规定"积极参加劳动,爱惜劳动成果",1994年颁发的《中学生日常行为规范》第四款"勤劳俭朴,孝敬父母"中明确说明:"学会料理个人生活,自己的衣物用品收放整齐。主动承担收拾房间、洗衣、做饭、洗刷餐具和打扫楼道、庭院等力所能及的家务劳动和公益劳动。"

日益严峻的升学和就业竞争使中学教育背上了沉重的"十字架",大人保持着难以企及的期望值,将孩子看做自己人生目标的替代和延伸,单纯追求学习成绩,只要分数高即可一俊遮百丑,父母和老师生怕影响学习而一路绿灯给予特殊照顾,即使学生乐意劳动也要被人劝止。在家里,为了孩子多一点学习时间,家长承包了所有的家务劳动。长辈们对待小孩如众星簇月一般,捧在手里怕碎,含在口里怕化;让他们过惯衣来伸手、饭来张口的生活,还唯恐服侍不周,不敢有丝毫的怠慢;自己节衣缩食,勒紧裤腰带,生活上竭尽全力,还越俎代庖在学习上包办一切——检查作业、整理书包甚至到校代值日,舍不得让孩子吃一点苦,受一点累,实行"暖箱式"与"褓襁式"教育。学生中投机取巧、追求享乐的多了,埋头苦干、讲求奉献的少了;挥霍浪费、追求时髦的多了,艰苦朴素、勤俭节约的少了;娇气懒散、任性自私的多了,勤劳勇敢、助人为乐的少了。只重视学生智育的发展,忽视素质教育,忽视劳动教育,致使大多数学生的劳动观念淡薄,他们轻视体力劳动,怕脏怕累,生活自理能力差,不珍惜他人的劳动成果,严重影响了学生身心的全面发展。

燃起孩子对劳动的渴望,不仅是为了提高教育质量,培养全面发展的

一代新人,也是为了进一步提高民族素质。为此,对中学生劳动教育的建议如下:

1. 注重劳动课程建设,上好每一节劳动课

我国劳动教育往往是以大纲为标准,而大纲不可能编制一套适用于全国农村、城市所有地方的劳动教学方案来,如果硬搬大纲上的教学内容,必然造成与我们生活实际脱节的不良后果,让劳动教育的效果大打折扣。比如让农村孩子放弃身边的除草、插秧、收割等劳动,而去从事城市孩子的现代化劳动内容,那是舍近求远、费力不讨好的盲目劳动教育,犯了严重脱离实际的错误。劳动技术课是普通中学的一门必修课,是实施劳动技术教育、贯彻教育与生产劳动相结合的教育方针的主要渠道,是培养德智体美劳全面发展的社会主义事业建设者和接班人的重要途径。使学生学会一些基本劳动知识和劳动技能,培养他们的劳动观念和良好的劳动习惯,以激发热爱劳动人民的热情。首先,要合理选择教学内容,要恰当掌握教学的程度和容量,既要符合学生实际,又要充分提高效率;教学内容的选择要体现服务当地经济建设、服务当地工农业生产,体现教学内容与本地实际相适应;要从学生全面发展的角度出发,充分发挥学生的主体作用。其次,加强实践操作教学,带领学生走出校门,到工厂、农村等劳动场地实际了解一些生产知识、操作规程,使学生懂得科学技术在生产中的应用及其发挥的巨大作用,激发学生的求知欲望和学习的自觉性,从而不断丰富他们的生产劳动知识和劳动技能。在活动中,要以学生为主体,尽可能让每一个学生都能参与整个过程,获得丰富的直接经验,感受创造的乐趣。

2. 通过形式多样的活动,引导学生学会尊重和珍惜他人的劳动成果

学会尊重他人的劳动成果,是学会合作的一部分。很多中学生在家被宠着,惯着,让着,养成一切以自我为中心娇生惯养的性格。在进入学校的集体生活中,他们都会有意或无意地带进这种以自我为中心的思想。让学生懂得劳动创造财富,树立劳动光荣、不劳动可耻的思想,意识到工人、农民、知识分子等劳动者是国家的主人,是建设社会主义的生力军;了解长辈所从事的劳动的意义、劳动所创造的价值以及对社会所做的贡献;

不光要尊敬父母、老师,还要尊敬送牛奶、送报纸的工人、邮递员、理发师等服务人员,尊敬他们的劳动,感谢他们的服务。让学生知道劳动成果来之不易,爱惜书本、书包等各种学习用品;在生活中要爱惜粮食,爱护课桌椅等学习设备、爱护一切公共设施;节约用水、节约用电;在吃、穿、用方面不片面追求高消费,不浪费食物,养成勤俭节约的好习惯。

3. 在家庭和学校生活中,给予中学生必要的、力所能及的劳动任务

在家庭中,每天的日常生活开始,如整理房间和学习用具、清扫院落、缝补清洗自己的衣服、烧菜做饭等。在家庭里的自我服务劳动会使学生感到自己是家庭中的一员,有责任关心家里的一切事情,培养锻炼生活自理的能力。父母应成为热爱劳动的榜样。平时父母不要因为做家务而发牢骚,否则,孩子会认为家务劳动是很累人的,因而对做家务产生反感。更不要在要求孩子做家务时,自己却在一旁看电视或玩电脑游戏。不要用劳动来惩罚孩子。在孩子犯错误后,有的家长喜欢用劳动来惩罚孩子,这样不但没能使孩子意识到自己的错误,相反还会使孩子对劳动产生厌恶感。家长要为孩子创造动手的机会,一名家长说,女儿要求自己洗手帕,结果弄得满地都是水,此后他再也不让孩子干家务了,认为自己干更省心些。家长的这种做法很容易挫伤孩子对劳动的兴趣。家长应放手让孩子锻炼,不要怕他们做不好,也不能求全责备,更不能包办代替。对于孩子独立去做的事,只要他们付出努力,无论结果怎样都要给予认可和赞许,使孩子产生自信。"我能行"这种自我感觉很重要,它是孩子独立性得以发展的动力。孩子自己做事常常做不好甚至失败,在这种情况下,家长应该鼓励孩子再去做,这样会提高他们的积极性,增强他们的自信心,增加他们的锻炼机会,养成独立的行为。学会照料自己的生活,应成为中学生劳动的重要内容。

学校劳动包括值日、清扫教室和校园、布置教室、绿化校园、刻苦学习、帮助同学。自我服务劳动不只是为自己服务,还包括为自己生活的集体服务,为同学们服务。在学校里的自我服务劳动可以培养中学生关心集体、关心他人的思想品德。当前很多学校都开展了学生劳动值日、值周活动,让一个班级的学生停课进行校园的劳动值日,这一活动为学生的劳

动观念强化和劳动技能提高提供了机会和平台。这些活动也需要我们教育工作者善于引导,当遇到学生不慎弄脏了墙壁或其他东西,甚至打碎了用具等事情,不要马上严厉批评,而是要帮助学生纠正劳动中不够正确的动作,教他们如何做得更好。

4. 组织必要的社会公益劳动

单调、枯燥、机械重复的练习与锻炼形式和内容,很容易使学生感到乏味、疲劳并产生厌倦情绪;而丰富多彩的内容,生动活泼的练习形式适合于青少年身心发展的特点,有利于提高和巩固学生积极参加和长期坚持劳动锻炼的兴趣、自觉性与积极性。社会公益劳动是一种直接服务于社会公益事业的无偿的义务劳动,是学校对学生进行共产主义思想教育的重要途径。社会公益劳动分服务性劳动和公益性生产劳动。如上海虹口区一中学发放"公益劳动服务卡",社区服务与中考推荐挂钩。该校和某街道签订了合作协议,保证学生可以在街道的多个居委会就近参与社区服务。规定每次志愿者服务活动时间不得少于三十分钟。学校明确表示学生参与社区服务的效果将直接和考评以及升学相关。只有完成小时定额的学生才能进入推荐直升重点中学的名单,那些希望在一个学期赶完定额的学生,他们的公益服务成绩将不会得到承认。服务性劳动有搞好公共场所的清洁卫生、维护公共秩序、宣传交通法规、卫生常识,保护生态环境,为军烈属打水洗衣服做饭,帮助老人、病人和残疾人做事等;公益性生产劳动如植树、帮军烈属和孤寡老人收种庄稼等。社会公益劳动的具体内容,可根据学校所在地区的条件合理安排。如农村中学可以利用校田种植,种菜、种药材或其他作物,也可以搞饲养;山区中学可以种果树,采集加工各种药材,编织箩筐等;城市中学可开展工业方面的生产劳动,在校办工厂糊纸盒、制作教具模型、为工厂加工零件等,生产劳动可以和勤工俭学结合起来,它既可以为社会创造财富,又可以为学校增加收入,为改善学校的办学条件、解决教育经费不足以及帮助经济困难的学生,兴办师生集体福利提供物质基础。在劳动中注意进行思想品德教育。劳动实践是进行劳动教育的基础,在劳动之前要使学生明确劳动的意义和任务。在劳动过程中要培养学生吃苦耐劳精神和自觉、严格遵守纪律的习惯,进行集体主义教育,爱护集体荣誉,服从集体利益,团结友爱、互助协作。劳动结束后要注意总结,让学生珍惜自己的劳动成果,这样才能使劳动成为强有力的教育手段,达到劳动教育的目的。

劳动的内容和强度要适合中学生的年龄特点。中学生热情活泼,但身体发育还未完全成熟,过量、过重的劳动会影响他们的身体发育。组织学生劳动要特别注意安全和安全教育,预防发生劳动事故。劳动要有计划、有组织,劳动之前要向学生讲清劳动的内容、地点和要求,讲清劳动工具的使用方法,应注意的事项。教师应参加学生的集体劳动,在劳动中时刻提醒学生注意安全,做好劳动保护。劳动结束时要把安全劳动作为总结的重要内容,培养学生安全劳动的习惯。

第 六 章

团结互助篇

在中外历史长河中,团结互助一直是人们战胜危难、走向胜利的精神法宝之一。在当代中国,如何将团结互助精神代代相传,是摆在我们教育工作者面前的一项重大课题。

第一节　研究背景与理论分析

团结互助是人与人之间基于尊重的相持相守、互帮互助、荣辱与共的精神。

“团结”一词,最早见于《资治通鉴·唐纪大历十二年》:“差点士人,春夏归农,秋冬追集,给身粮酱菜者,谓之团结。”《史记·兵志》也在兵的组织形式上应用“团结”一词,并开始将组合、组成团体之意引用“团结”一词,后来人们就将“团结”解释为人们之间和谐一致的关系。《现代汉语词典》对“团结”一词的解释有两种:一是“为了集中力量实现共同理想或完成共同任务而联合或结合”;二是“和睦,友好”。对“互助”的解释是“互相帮助”。团结互助,也即人与人之间为了集中力量实现共同理想或完成共同任务而互相理解,互相帮助,建立和谐人际关系的一种美德。它的基本特征表现为统一、一致、和谐、稳定,它来源于社会实践,是社会发展的需求和结果,又是在一定社会环境下人们的良心发现和主观愿望。社会主义社会强调"和谐",这也是社会团结、人们互助的要求和期望。"以团结互助为荣,以损人利己为耻",不仅是八荣八耻的重要内容,也是构建和谐社会的需求。

从社会学的角度来看,法国社会学教授涂尔干提出了社会团结理论。他把社会团结区分为机械团结和有机团结两种类型。机械团结存在于不发达社会和古代社会,它是建立在社会中个人之间的相同性或相似性即同质性基础上的一种社会联系。它的主要特征是:社会中个人之间的差异很小,集体成员具有类似的特质,即情绪感受类似、价值观类似、信仰也类似;由于人与人之间没有产生分化,这样的社会呈现出高度的一致性;个人的行动总是自发的、不假思索的和集体的;社会成员的相互依赖性低,社会联系的纽带松弛;社会同宗教联结在一起,宗教观念渗透了整个社会;要求绝对一致的压力不断压抑着人的个性,个性得不到应有的发展。机械团结的根本特征是社会成员信仰、情感、意愿的高度同质性,而这种同质性只有在分工不发达时才是可能的。有机团结是随着社会分工的出现而出现的,它是建立在社会分工和个人异质性基础上的一种社会联系。由于分工的出现和发展,导致个人之间的差异性不断扩大,同时也使社会成员之间的相互依赖性越来越强。涂尔干认为,分工越细,个性越鲜明,每个人对社会和其他人的依赖性越深,因而社会整体的统一性也就越大。分工造成的个人差异性损害了社会的集体意识,这种集体意识作为社会秩序的基础反过来又变得不那么重要了,重要的是因为分工而产生的人们之间的相互依赖性。因此,分工越来越承担了原来由共同的集体意识所承担的角色。

据涂尔干的观点,社会团结的精神基础是集体意识,而物质基础则是社会分工。但是,集体意识和社会分工在机械团结和有机团结中所起的作用是不同的。

机械团结是以一种强烈的共同的"集体意识"为基础的。他把集体意识界定为"同一社会一般公民共同的信仰和情感的总和"。在机械团结的社会中,社会成员有着相同的信仰、观点和价值观,有着大致相同的生活方式。集体意识弥漫于整个社会空间,涵盖了个人意识的大部分,个人几乎完全处于共同情感的支配下,社会强制和禁令支配了社会生活中的大部分。因为这时的社会分工还处于最低限度,这种同质性是适宜的。虽然因为年龄和性别的差异可能会造成某种专门化,比如年长者可能被期望去作领导,或者作为有智慧的咨询者,妇女则被期望专门从事家务,但是,这种初级的分工不会严重损害共同思考和行动方式的高度的社会同质性。

随着社会分工的发展,共同的集体意识逐渐削弱,使个性的发展成为可能。职业活动越来越专门化的人们,发现他们彼此之间在信仰、观点和生活方式等各个方面变得越来越互不相同。但是,这种正在增长的异质性没有消灭社会团结,而是使团结的类型发生了改变,从机械团结转变为有机团结。这是因为随着分工的扩展,个人与个人、群体与群体之间越来越相互依赖。每一个从事专门职业的人,都需要从事其他职业的人为他提供其必需的物品和服务。因此,经济交换关系和人们之间的相互依赖,逐渐取代了共同的集体意识,成为社会团结的基础。当然,在有机团结的社会中,集体意识并不会也没有完全消失,但它对社会团结的重要性大大下降了。建立在社会分工和相互依赖基础上的有机团结,比主要建立在相似的价值观和信仰等集体意识基础上的机械团结,能够更彻底、更有效、更深刻地实现社会的整合。

涂尔干的团结理论,暗含着一种社会变迁的一般模式,即从机械团结的社会向有机团结的社会转变。他认为,现代社会的变革过程是如此迅速而激烈,会带来许多重要的社会难题。在传统的生活方式、道德、宗教信仰瓦解的同时,却没有提供明确的新的价值观。他把这种令人不安的状态称之为失范。这是一种由现代社会生活所引起的失落感和绝望感。在这个有机团结的现代社会中,人际关系呈现怎样一种局面呢?社会分工给我们带来了社会发展的秩序性,也使人与人之间的相互依赖性增强,人与人之间的交往程度增强。但是,社会分工是随着经济的发展而逐渐明确的,而随着交通的便利,人与人才能够频繁地往来。而这种交往,除了反映在亲人和朋友之间的感情,其他的也都是为了积累资本的一系列利益关系了。贫富差距是当今一大社会问题，人们的生活条件也各有高低。因此，为了积累更多的财富，人们追求的不再是原始社会中的那种和谐的本性，而是竞争。人们所有的行动都是为了追求财富的积累，资产的扩充，而人际关系也从原来的单纯变为复杂。邻里之间等着看别人笑话的比比皆是；公司里等着看同事工作出错被老板惩罚的屡见不鲜；在路上遇到种种社会不和谐的音符袖手旁观者大有人在。即使在校园里，过度竞争的学习观使学生之间的关系也变得不和谐。更有甚者，有些人能够为了自己的利益而出卖自己的灵魂，损害自己的、集体的、国家的利益。这样看来，即使现代社会的人们以一种有机的方式联系在一起，但是他们的心远远没有达到有机团结的境界，相反，更加机械化，表象化了。在社会分工低的原始社会中，集体生活方式虽然让他们相互依赖程度低，但是他们的心却呈现一种有机团结的形态。而社会分工精细的现代社会，相互依赖程度虽然高，但是内心并不团结。相反，人际关系可以用冷漠来形容。从现代社会多元化背景下，我们可以感受到人与人之间内心的隔离与冷漠，团结互助可能只是一种表面上的合作，而不是一种源于内心的情感。在这个利益至上、道德相对主义、道德虚无主义盛行的现代社会，个体自由与道德共识的鸿沟更加凸显。重建道德共识，弥合这种鸿沟的中介就是共同体或社团。当代一些著名的思想家，如罗尔斯、哈贝马斯、阿佩尔、麦金太尔都为解决这个问题作了有意义的尝试。在中国社会处于转型期的大背景下，"以团结互助为荣，以损人利己为耻"的提出不仅是必须的，而且是急迫的。

第二节　数据呈现与问题讨论

本研究主要通过问卷调查方式进行。在城乡中小学进行的调查结果如下：在小学进行的调查收回有效问卷 1473 份，在中学进行的调查收回有效问卷 1234 份（其中城市中学 606 份，农村中学 628 份）。从问卷所给关于团结互助的几个问题的调查结果可以看出中小学生对"八荣八耻"中"以团结互助为荣,以损人利己为耻"这一观点的态度和基本倾向。调查结果主要有:其一,小学生所在年级高低影响他们"团结互助"的思想与行动;小学生对"以团结互助为荣,以损人利己为耻"的理解不甚清晰,不少学生会出现言行脱节现象,尤其是男生表现更明显。其二,城市中学生和农村中学生在"以团结互助为荣,以损人利己为耻"这一方面的态度和行为有同有异,但大多数中学生的言行符合社会倡导的道德标准。

一、关于小学生团结互助思想与言行的调查分析

小学生的团结互助思想与言行在年龄和性别方面表现出一定的差异,具体分析如下。

(一)小学生所在年级与其"以团结互助为荣,以损人利己为耻"观点的关系

对"该不该故意破坏同学文具"的解读分析:大多数小学生对同辈集体的故意破坏行为持反对态度。从表6-1看出,在1473个调查对象中,认为应该破坏的人占总人数的2.4%(35人),不知道该不该破坏的人占总人数的2.1%(31人),绝大多数人认为不该破坏,占总人数的95.5%(1407人)。然而,仍有2.4%的人认为应该故意破坏,可以推断,大部分小学生的道德判定水平处于正常水平,但是仍有部分小学生的道德判断能力有待提高。为什么有小学生会认为破坏行为是正确的呢?他们产生这种情感的原因是什么呢?一方面,这反映了这部分小学生可能是以自我为中心的孩子,他们只会从自身出发去考虑问题,不会从他人的或客观的立场去考虑问题。因此,在学校的道德教育中,教育者应培养孩子移情能力的发展,促进孩子对别人感情的道德敏感性,让孩子设身处地地感受思考别人的感受。另一方面,由于孩子思维的简单性,他们不会认识到破坏行为的后果,认识不到损人的后果对自己带来的影响。因此,教育者应

该想方设法让这些孩子看到这样做对自己的不利影响。

从表6-1可以看出,从小学低年级到小学高年级选"不应该"的人数比例基本呈上升趋势,说明小学生随着年龄的增加,生活范围的扩展,社会化程度的加深,他们对团结互助的有关内容理解更深刻,并且更可能把理论与自己的行动结合起来。

表6-1 小学各年级学生在该不该弄坏他人物品上的反应情况

年级	1. 小明有一个新的刨笔刀,小红想用,小明不借给他,小红趁小明不在时故意把刨笔刀弄坏了。你怎么看小红的做法?			总计 人数(百分比)
	A. 应该 人数(百分比)	B. 不知道 人数(百分比)	C. 不应该 人数(百分比)	
一年级	1(0.6)	10(5.8)	162(93.6)	173(100.0)
二年级	7(3.1)	4(1.8)	213(95.1)	224(100.0)
三年级	13(4.2)	10(3.2)	289(92.6)	312(100.0)
四年级	7(2.5)	0(0.0)	270(97.5)	277(100.0)
五年级	1(0.5)	2(0.9)	218(98.6)	221(100.0)
六年级	6(2.3)	5(1.9)	255(95.9)	266(100.0)
总计	35(2.4)	31(2.1)	1407(95.5)	1473(100.0)

对"是否经常帮助同学"的解读分析:从表6-2得知,选"有时"答案的人最多。也就是说,小学生大多数人都表示有时会帮助同学。在1473个调查对象中,小学生中"经常帮助同学"的人占43.2%(637人),"有时帮助同学"的人占55.5%(818人),"从不帮助同学"的人极少,只占1.2%(18人)。一半以上的调查对象有时帮助同学,经常帮助同学的人也接近一半,很少有人从不帮助同学,这反映出团结互助的优良品德在小学生身上得到体现,荣辱观在实践中得到落实。

表6-2显示,一、二、三、四、五、六年级中经常帮助同学的人数分别是本年级的34.7%、39.3%、42.3%、46.9%、40.3%、51.9%,除五年级外,总体上呈递增趋势;有时帮助同学的人数分别占本年级人数的59.5%、58.9%、57.7%、52.3%、59.3%、47.7%,大体上呈递减趋势;而

从不帮助同学的人数分别占本年级总人数的 5.8%、1.8%、0.0%、0.7%、0.4%、0.4%,都只占总人数的极少数部分。随着年龄增长,懂得"团结互助"并能把思想与行动结合起来的人数越来越多,也表明小学高年级学生所接受的荣辱观教育来源多于低年级学生,他们对"团结互助"的理解更深刻,理论与实践的结合在他们身上更能得以实现。

表6-2　小学各年级学生在帮助同学上的反应情况

年级	2. 你是否经常帮助同学?			总计 人数(百分比)
	经常 人数(百分比)	有时 人数(百分比)	从不 人数(百分比)	
一年级	60(34.7)	103(59.5)	10(5.8)	173(100.0)
二年级	88(39.3)	132(58.9)	4(1.8)	224(100.0)
三年级	132(42.3)	180(57.7)	0(0.0)	312(100.0)
四年级	130(46.9)	145(52.3)	2(0.7)	277(100.0)
五年级	89(40.3)	131(59.3)	1(0.5)	221(100.0)
六年级	138(51.9)	127(47.7)	1(0.4)	266(100.0)
总计	637(43.2)	818(55.5)	18(1.2)	1473(100.0)

对"同学落后怎么办"的解读分析:从表6-3得知,选"为他加油"的人最多,大多数小学生在此情境下都会鼓励同学继续前进,表明小学生的团结互助思想与实践在某种程度上具有一致性。1473人中有1384人选"为他加油",占总数的 94.0%;3.5%的人希望落后的同学不在自己组,也可以说3.5%的人的认为落后损坏了自己这一组的形象,感觉同学落后损坏了组的名誉;2.6%的人对此持"无所谓"的态度。从纵向看,一到六年级选各项答案的递增或递减趋势不明显,见表6-3所示。

表6-3　小学各年级学生在如何对待同学落后上的反应情况

年级	3. 运动会接力赛,你们组的丁丁同学落后了,你怎么想?			总计 人数(百分比)
	A. 不在我们组就好了 人数(百分比)	B. 无所谓 人数(百分比)	C. 为他加油 人数(百分比)	
一年级	9(5.2)	3(1.7)	161(93.1)	173(100.0)
二年级	6(2.7)	1(.4)	217(96.9)	224(100.0)
三年级	8(2.6)	4(1.3)	300(96.2)	312(100.0)
四年级	10(3.6)	5(1.8)	262(94.6)	277(100.0)
五年级	9(4.1)	7(3.2)	205(92.8)	221(100.0)
六年级	9(3.4)	18(6.8)	239(89.8)	266(100.0)
总计	51(3.4)	38(2.6)	1384(94.0)	1473(100.0)

对"我们要团结"的解读分析:此题是关于小学生对"以团结互助为荣,以损人利己为耻"这一观点的知、情、意方面的考察。从表6-4得知,选"我决定这样做"的人数最多,为578人,但是和选择"我愿意这样做"的577人差别不大。在1473个调查对象中,共有318人停留在"知"的层面,占总人数的21.6%;39.2%(577人)的人表示"愿意这样做",他们对此观点的认识上升到了情的层面;也有39.2%(588人)表示"决定这样做",他们对团结互助的认识上升到"意"的层面。每一项的数据结果浮动不大,表明小学生对道德结构知情意行的认识有待提高,见表6-4所示。

表6-4　小学各年级学生在"我们要团结互助"上的反应情况

年级	4. 我们要团结互助			总计 人数(百分比)
	A. 我知道这很重要 人数(百分比)	B. 我愿意这样做 人数(百分比)	C. 我决定这样做 人数(百分比)	
一年级	25(14.5)	52(30.1)	96(55.5)	173(100.0)
二年级	55(24.6)	84(37.5)	85(37.9)	224(100.0)
三年级	62(19.9)	127(40.7)	123(39.4)	312(100.0)
四年级	59(21.3)	107(38.6)	111(40.1)	277(100.0)

续表

年级	4. 我们要团结互助			总计 人数(百分比)
	A. 我知道这很重要 人数(百分比)	B. 我愿意这样做 人数(百分比)	C. 我决定这样做 人数(百分比)	
五年级	47(21.3)	98(44.3)	76(34.4)	221(100.0)
六年级	70(26.3)	109(41.0)	87(32.7)	266(100.0)
总计	318(21.6)	577(39.2)	578(39.2)	1473(100.0)

对"同学没打伞"的解读分析:此题考察小学生面对同学有困难或麻烦时的做法,借此考察他们能否将团结互助的思想与实际行动相结合。从表6-5得知,选"跟他分享"的人最多。在1473个调查对象中,96.3%(1418人)的人表示愿意和同学分享雨伞,2.2%(33人)表示"假装没看见",仍有1.5%(22人)会"幸灾乐祸"。可以推断,小学生极大多数能做到团结互助,虽然他们的认识程度有限,但能将团结互助的理论与实践统一。极少数人假装没看见或幸灾乐祸,表明小学在社会公德教育方面仍有欠缺。

表6-5 小学各年级学生在"看到同学没打伞"的反应情况

年级	5. 下雨了,我撑伞回家时看到同学没打伞,我会			总计 人数(百分比)
	A. 跟他分享 人数(百分比)	B. 假装没看见 人数(百分比)	C. 幸灾乐祸 人数(百分比)	
一年级	162(93.6)	5(2.9)	6(3.5)	173(100.0)
二年级	219(97.8)	1(.4)	4(1.8)	224(100.0)
三年级	307(98.4)	4(1.3)	1(0.3)	312(100.0)
四年级	267(96.4)	6(2.2)	4(1.4)	277(100.0)
五年级	212(95.9)	9(4.1)	0(0.0)	221(100.0)
六年级	251(94.4)	8(3.0)	7(2.6)	266(100.0)
总计	1418(96.3)	33(2.2)	22(1.5)	1473(100.0)

对"个人与集体的成功"的解读分析:此题从更关心个体还是集体的角度来衡量小学生对"以团结互助为荣,以损人利己为耻"的认识和思想

倾向。从表6-6得知,选"班级成功"的人最多。表6-6数据表明,1473人中,83.2%的人更倾向于班级成功,5.3%对班级成功还是个人成功持无所谓态度,11.5%的人更注重个人成功。但是,随着年级增高,小学生选"个人"的人总体上越来越多,选"无所谓"的人越来越多,而选"班级"的人也越来越少。由此可以推断,小学生随着年龄增长,他们的个人主义倾向随之增强,集体主义倾向却越来越弱。注重个人成功还是班级成功不仅能反映小学生的集体主义荣誉感的强弱,更能反映他们的团结互助的精神,见表6-6所示。

表6-6　小学各年级学生在个人和班级之间选择的反应情况

年级	6. 你更喜欢个人的成功还是班级的成功?			总计 人数(百分比)
	A. 个人 人数(百分比)	B. 无所谓 人数(百分比)	C. 班级 人数(百分比)	
一年级	10(5.8)	3(1.7)	160(92.5)	173(100.0)
二年级	13(5.8)	3(1.3)	208(92.9)	224(100.0)
三年级	28(9.0)	10(3.2)	274(87.8)	312(100.0)
四年级	33(11.9)	10(3.6)	234(84.5)	277(100.0)
五年级	34(15.4)	21(9.5)	166(75.1)	221(100.0)
六年级	52(19.5)	31(11.7)	183(68.8)	266(100.0)
总计	170(11.5)	78(5.3)	1225(83.2)	1473(100.0)

通过卡方检验考察了不同年级小学生在"以团结互助为荣,以损人利己为耻"的理解和看法上的差异。从表6-7可以看出,年级高低对小学生的"团结互助"思想有直接影响。不同年级在"应不应该故意破坏"、"是否经常帮助同学"、"对同学落后的看法"、"团结互助的知情意认识"、"对下雨同学没伞的做法"、"喜欢个人成功还是班级成功"之间存在较为显著的差异。小学生随着年龄增大,他们对团结互助的有关内容理解更深刻,认为不该故意破坏别人东西的人数越多;随着年级升高,小学生经常帮助同学的人数比例增大,从不帮助同学的人数比例逐渐减小;知道要团结互助的人越来越多,愿意团结互助的人也逐渐增多,而决定要团

结互助的人却越来越少;倾向于个人成功的人越来越多,倾向于班级成功的人越来越少。

表6-7　小学各年级学生在团结互助上的卡方检验结果

题目	人数	卡方值	df	p
1. 如何看待破坏别人东西	1473	31.673	10	.000
2. 你是否经常帮助同学	1473	51.741	10	.000
3. 如何看待同学落后	1473	29.284	10	.001
4. 我们要团结互助	1473	29.972	10	.001
5. 同学没打伞	1473	22.397	10	.013
6. 个人与班级的成功	1473	86.841	10	.000

（二）小学生性别与"以团结互助为荣,以损人利己为耻"的关系

在679项含有性别的调查问卷中,男生340人,女生339人。由表6-8可知,在对"如何看待破坏别人东西"的考察中,3.8%的男生认为应该故意破坏,3.2%的女生认为应该故意破坏。2.9%的男生不知道该不该故意破坏,1.5%的女生不知道该不该故意破坏。而93.2%的男生认为不应该故意破坏,95.3%的女生持此观点。总的看来,679人中3.5%的人认为应该故意破坏(24人),2.2%的人不知道该不该破坏(15人),而94.3%人认为不应该故意破坏(640人)。男生女生在这个问题的态度上并无多大差别,大多数人都认为不应该为"报复"而故意破坏同伴的东西,表明小学生大多数人不认同"损人利己",他们心中"以损人利己为耻"的观点已经形成。

表6-8　小学男女生在"如何看待故意破坏别人东西"上的反应情况

选项	男生人数（百分比）	女生人数（百分比）
A. 应该	13(3.8)	11(3.2)
B. 不知道	10(2.9)	5(1.5)
C. 不应该	317(93.2)	323(95.3)

由表6－9可知,在"是否经常帮助同学"的考察中,男生有32.1%的人经常帮助同学,65.6%的人有时帮助同学,2.4%的人从不帮助同学,女生有49.6%的人经常帮助同学,50.1%的人有时帮助同学,0.3%的人从不帮助同学。总的看来,男生女生共40.8%的人经常帮助同学(277人),57.9%的人有时帮助同学(393人),而仅有1.3%的人从不帮助同学(9人)。从男女生对比来看,女生经常帮助同学的人数和比率都明显高于男生,从不帮助同学的人数和比例明显低于男生,表明"团结互助"的行动在女生身上体现更明显。

表6－9　小学男女生在"你是否经常帮助同学"上的反应情况

选项	男生人数(百分比)	女生人数(百分比)
A. 经常	109(32.1)	168(49.6)
B. 有时	223(65.6)	170(50.1)
C. 从不	8(2.4)	1(0.3)

由表6－10可知,对"如何看待同学落后"的考察中,男生有3.2%的人希望落后的同学不在自己组,1.8%人持无所谓的态度,95.0%的人会继续为同学加油。女生2.7%的人希望落后同学不在自己组,2.1%的人持无所谓的态度,95.3%的人会继续为同学加油。总的看来,2.9%的人希望落后同学不在自己组(20人),1.9%的人持无所谓的态度(13人),95.1%的人会继续为同学加油(646人)。男生女生在这个问题的考察方面差异不大,反映了小学生的集体主义荣誉感都较强。

表6－10　小学男女生在"如何看待同学落后"上的反应情况

选项	男生人数(百分比)	女生人数(百分比)
A. 不在本组	11(3.2)	9(2.7)
B. 无所谓	6(1.8)	7(2.1)
C. 为他加油	323(95.0)	323(95.3)

　　由表6-11可知,对于"团结互助"的知情意方面的考察,男女生具有一致性。在"知""情""意"三方面男生所选答案比例分别为22.4%、38.5%、39.1%,女生分别为18.3%、38.1%、43.7%。男女生在知情意考察方面都具有递进性,都是"知"的层面所占比例最小,"意"的层面所占比例最大。男生在"知"的层面比例高于女生,而在"意"的层面比例明显低于女生,说明女生更愿意将"团结互助"的思想与实践结合,更愿意付诸行动。

表6-11　小学男女生在"我们要团结互助"上的反应情况

选项	男生人数(百分比)	女生人数(百分比)
A.知道重要	76(22.4)	62(18.3)
B.愿意做	131(38.5)	129(38.1)
C.决定做	133(39.1)	148(43.7)

　　通过"对下雨同学没带伞的做法"来考察小学生是否能将团结互助的思想与实际行动结合。由表6-12可知,男生和女生都积极愿意与同学分享,分别占95.0%和98.5%,女生更明显。男女生中选"假装没看见"的人分别占4.4%和1.2%,选"幸灾乐祸"的人数比例分别是0.6%和0.3%,仍然是女生表现优于男生。679人中有657人愿意与同学共伞,占96.8%,总体上表明小学生大多数能将团结互助的思想与实际行动结合。

表6-12　小学男女生在"看到同学没打伞"上的反应情况

选项	男生人数(百分比)	女生人数(百分比)
A.跟他分享	323(95.0)	334(98.5)
B.假装不见	15(4.4)	4(1.2)
C.幸灾乐祸	2(0.6)	1(0.3)

　　通过个人与班级集体的关系来考察小学生对"团结互助"的认识。

由表6-13可知,男生和女生喜欢个人成功的人数比例分别占本性别的8.5%和8.3%,喜欢班级成功的比例是87.1%和87.6%,而持"无所谓"的人数比例分别为4.4%和4.1%。总的来说,679人中有8.4%的人更喜欢个人成功(57人),4.3%的人无所谓(29人),87.3%人更喜欢班级成功(593人)。从性别这一变量看,男生更喜欢个人成功,女生更倾向于班级成功。总体上,大多数人都喜欢班级成功。

表6-13 小学男女生在"个人与班集体的成功"上的反应情况

选项	男生人数(百分比)	女生人数(百分比)
A. 个人	29(8.5)	28(8.3)
B. 无所谓	15(4.4)	14(4.1)
C. 班级	296(87.1)	297(87.6)

总之,"以团结互助为荣"在小学生身上得到了较好的体现。从性别这一变量来看,女生团结互助的思想与行动表现都优于男生,女生更容易将团结互助的思想与行动结合起来,在团结互助的社会行动方面,女生更愿意付诸实践,而男生更容易产生知行分离现象,他们的言行脱节现象更明显。表6-14显示,不同性别小学生在"帮助同学"、"同学没打伞"上的反应差异显著。从男女生对比来看,女生经常帮助同学的人数和比率都明显高于男生,从不帮助同学的人数和比率明显低于男生,表明"团结互助"的思想在女生身上体现更明显,女生帮助同学的频率更高。对第五题的调查也显示出女生乐于助人的频率明显高于男生,说明"以团结互助为荣,以损人利己为耻"的观点在女生身上表现更明显,性别差异影响小学生团结互助的思想与实践行为。

表6-14 小学生不同性别在团结互助上的卡方检验结果

题目	人数	卡方值	df	p
1. 如何看待破坏别人的东西	679	1.888	2	.389
2. 你是否经常帮助同学	679	25.157	2	.000

题目	人数	卡方值	df	p
3. 如何看待同学落后	679	0.275	2	.871
4. 我们要团结互助	679	2.235	2	.327
5. 同学没打伞	679	6.884	2	.032
6. 个人与班级的成功	679	0.052	2	.974

二、关于农村中学的调查分析

本部分是对农村中学生进行的调查,收回有效问卷 628 份,其中七年级 110 人,八年级 109 人,九年级 102 人,高一 109 人,高二 99 人,高三 99 人。本节主要通过调查结果分析农村中学生年级、性别、家庭背景(主要包括父母职业、父母学历、家庭月收入、在家交流对象、家庭关系、父子关系、母子关系、父母辅导方式)与农村中学生"以团结互助为荣,以损人利己为耻"的观点之间关系。

关于年级、性别与农村中学生"以团结互助为荣,以损人利己为耻"的观点之间关系的调查:628 个调查对象中男生 312 人,女生 316 人。第一题为"甲有一个 MP4,乙想听,甲不给听,乙趁甲不在时故意把 MP4 弄坏了。你怎么看乙的做法?"答案 A 为应该,B 为说不清,C 为不应该。女生 95.9% 的人选择"不应该",高于男生的比例 91.7%,女生的道德水平略高于男生。第二题为"你是否经常帮助同学"? 答案 A 为经常,B 为有时,C 为从不。女生从不帮助同学的人仅有 1.6%,而男生有 3.5%,女生助人的人数更多。第三题为"运动会接力赛,你们组的丁丁同学落后了,你怎么想?"答案 A 为他要不在我们组就好了,B 为无所谓,C 为继续为他加油,女生希望落后同学不在自己组的人占 2.5%,而男生有 4.5%。第四题为"下雨了,我撑伞回家时看到同学没打伞,我会",答案 A 为跟他分享,B 为假装没看见,C 为幸灾乐祸。男生女生在这一问题回答上没多大差异。第五题为"你更喜欢个人的成功还是班级的成功?"答案 A 为个人,B 为无所谓,C 为班级。女生喜欢班级成功的人数比例为 79.7%,大于男生的比例 66.0%。由表 6 - 15 可知,农村男女生在"看到同学落后"、"同学没打伞"、"个人与班级的成功"上的反应差异显著。

表 6 - 15　农村中学生的性别在团结互助上的卡方检验结果

题目	人数	卡方值	df	p
1. 弄坏别人东西	628	4.850	2	.088
2. 是否帮助同学	628	4.875	2	.087
3. 同学落后	628	11.318	2	.003
4. 同学没打伞	628	9.357	2	.009
5. 个人与班级成功	628	15.448	2	.000

总之,对农村中学生而言,他们的性别和年级会影响其"以团结互助为荣,以损人利己为耻"的荣辱观意识和行动,女生更乐于助人,女生的荣辱观意识高于男生,年级越高,农村中学生集体荣誉感越强的人数越多。父母职业不影响农村中学生的荣辱观意识,而父亲学历比母亲学历更能影响孩子的荣辱观集体意识;家庭收入、在家交流对象与农村中学生的荣辱观意识无关;家庭关系和谐的学生经常帮助同学的人数较多;父子关系不影响农村中学生团结互助的思想和行为;母子关系越差,愿意在同学有困难时帮助同学的人数越少;父亲辅导方式不会影响大多数农村中学生"以团结互助为荣,以损人利己为耻"的思想和行为,母亲辅导方式是忽视型时学生助人的行为更少,希望落后同学不在自己组的人数比例最大。

三、关于城市中学的调查分析

本部分是对城市中学学生进行的调查,收回有效问卷 606 份。本节主要通过调查结果分析年级、性别家庭背景(主要包括父亲职业、母亲职业、父亲学历、母亲学历、家庭月收入、在家交流对象、家庭关系、父子关系、母子关系、父亲辅导方式、母亲辅导方式)与中学生"以团结互助为荣,以损人利己为耻"这一观点之间的关系。

关于年级、性别与城市中学生"以团结互助为荣,以损人利己为耻"的观点之间关系的调查:606 个调查对象中男生 254 人,女生 352 人。七年级学生 95 人,八年级 89 人,九年级 87 人,高一 120 人,高二 110 人,高三 105 人。不管是男生还是女生,在围绕"以团结互助为荣,以损人利己为耻"设计的几个问题中,男生和女生在各题的答案选项上并无很大差异。由表 6 - 16 可知,城市中学男女生仅在"是否帮助同学"、"同学落后怎么办"两个题目上的反应差异显著。在"喜欢个人成功还是班级成功"选项上,都是倾向于班级成功的人较多,表明性别不会影响大多数城市中学生团结互助的思想和行为,但总体上,女生团结互助的思想意识更浓。

表 6 - 16　城市中学生的性别在团结互助上的卡方检验结果

题目	人数	卡方值	df	p
1. 弄坏别人的东西	606	4.154	2	.125
2. 是否帮助同学	606	6.536	2	.038
3. 同学落后	606	11.668	2	.003
4. 同学没打伞	606	1.104	2	.576
5. 个人与班级成功	606	.505	2	.777

关于"年级"这一变量,对"弄坏别人东西"的调查结果表明,随着年级增高,选择"不应该"这一答案的人数比例逐渐减小,选择"应该"的人数比例却逐渐增加。对"是否经常帮助同学"的调查结果表明,随着年级增高,经常帮助同学的人数也越来越少。对"同学落后怎么办"的调查结果表明,随着年级增高,希望落后同学不在自己组的人数比例逐渐增多。对"看到同学没有打伞"的考察:随着年级增高,当同学有困难时会幸灾乐祸的人数比例也逐渐增加。对"个人与班级的成功"的调查:随着年级增加,喜欢个人成功的人数比例逐渐增加,喜欢班级成功的人数比例却越来越少。这些表明,年级越高,城市中学生关于团结互助的意识越弱。

　　总之,年级越高,城市中学生关于团结互助的意识越弱,性别对大多数城市中学生团结互助的思想和行为的影响不是很显著。但总体上,女生团结互助的思想意识更浓。与此同时,父母职业、父母学历并不会在很大程度上影响城市中学学生"以团结互助为荣,以损人利己为耻"的这一思想和行为,但由于中学生生活在多元化的思潮影响下,也有少数学生会因为父母学历影响他们的社会道德认知。家庭月收入、学生在家的交流对象、家庭关系如何都不会影响城市中学生团结互助的思想和行为。父子关系、母子关系是敌对关系的学生,在同学有困难时不会积极主动帮助同学,相反地,他们更喜欢个人成功。家庭辅导方式与城市中学生团结互助的思想不相关,但父亲辅导方式是专制型的学生更喜欢个人成功,母亲辅导方式是忽视型的学生团结互助的思想意识相对较弱,是溺爱型的更喜欢个人成功。

四、农村中学和城市中学的比较

　　本节旨在对农村中学和城市中学的调查结果进行比较。

(一)差异性检验

　　由表6-17可知,城乡中学生在团结互助的第二至第四题上的反应均存在着显著的差异。结合前面的调查分析结果,我们可知,农村中学生和城市中学生所在年级和性别都影响他们团结互助的思想行为,年级越高,农村中学生集体荣誉感强的人数越多,城市中学学生年级与团结互助的思想行为相关较高,年级越高,城市中学生关于团结互助的意识越弱。城乡中学生性别与团结互助的思想行为都有一定联系,女生更乐于助人,女生的荣辱观意识高于男生。农村中学生父母职业不影响他们团结互助的思想行动,城市中学生父亲职业越好,学生越关注个人成功,而母亲职业不影响大多数城市中学生团结互助的荣辱观。农村中学生父亲学历越高,学生团结互助的意识越弱,母亲学历与农村学生团结互助的荣辱观不相关;城市中学生母亲学历越高,学生更喜欢个人成功,父亲学历不影响他们团结互助的荣辱观。农村中学生和城市中学生家庭月收入和在家交流对象与学生团结互助荣辱观都不相关。家庭关系中母子关系对学生荣辱观的影响较大,这在城市中学表现更为明显,母子关系敌对的学生在团结互助方面更为被动。总体上父母的辅导方式对城乡中学生荣辱观都没多大影响,但在农村中学生母亲辅导方式对学生的荣辱观影响较大,母亲辅导方式越差,学生在助人方面越冷漠。

表6-17 城乡中学生在团结互助上的卡方检验结果

题目	人数	卡方值	df	p
1. 弄坏别人东西	1234	.083	2	.959
2. 是否帮助同学	1234	10.949	2	.004
3. 同学落后	1234	15.916	2	.000
4. 同学没打伞	1234	6.141	2	.046
5. 个人与班级成功	1234	151.605	2	.000

(二)频数比较

表6-18 显示,农村中学生和城市中学生在这一题的考察上并无明显差别。九成以上的学生都选"不应该"。表明城乡中学生对这一认识差别不大。

表6-18 城乡中学生在"如何看待同学弄坏 MP3"上的反应情况

选项	频数		百分比	
	农村	城市	农村	城市
A. 应该	13	14	2.1	2.3
B. 说不清	26	25	4.1	4.1
C. 不应该	589	567	93.8	93.6
总计	628	606	100	100

由表6-19 可知,城市中学生"经常"帮助同学的人数多于农村中学生,农村中学生接受教育的渠道来源有限,班级人数较少,交往人数有限,

限制了他们帮助同学的机会。

表6-19　城乡中学生在"你是否经常帮助同学"上的反应情况

选项	频数		百分比	
	农村	城市	农村	城市
A. 经常	347	384	55.3	63.4
B. 有时	265	201	42.2	33.2
C. 从不	16	21	2.5	3.5
总计	628	606	100.0	100.0

由表6-20可知,农村中学生团结互助的理念稍强,在同学落后时继续为同学加油的人数更多,他们更重视集体荣誉。

表6-20　城乡中学生在"如何看待同学落后"上的反应情况

选项	频数		百分比	
	农村	城市	农村	城市
A. 不在本组	22	31	3.5	5.1
B. 无所谓	30	62	4.8	10.2
C. 为他加油	576	513	91.7	84.7
总计	628	606	100.0	100.0

由表6-21可知,城乡差别不大,但可以看出农村中学生的团结互助的荣辱观理念相对较好。

表6-21　城乡中学生在"看到同学没打伞"上的反应情况

选项	频数		百分比	
	农村	城市	农村	城市
A. 跟他分享	593	550	94.4	90.8
B. 假装看不见	19	32	3.0	5.3

选项	频数		百分比	
	农村	城市	农村	城市
C. 幸灾乐祸	16	24	2.5	4.0
总计	628	606	100.0	100.0

由表6-22所知,农村中学生喜欢班级成功的人数大大超过城市中学生人数,表明农村中学生在团结互助方面做得更令人满意。

表6-22 城乡中学生在"个人与班级的成功"上的反应情况

选项	频数		百分比	
	农村	城市	农村	城市
A. 个人	136	191	21.7	31.5
B. 无所谓	34	162	5.4	26.7
C. 班级	458	253	72.9	41.7
总计	628	606	100.0	100.0

综合以上调查结果,农村中学生在团结互助的理论与实践方面都比城市中学生履行得更好,农村中学生更乐于助人,更关心集体,更愿意与别人一起面对考验,出现这种差异是社会主义社会不可忽视的一个问题。

第三节 研究结论与教育对策

一、研究结论

小学生所在年级高低影响他们"团结互助"的思想与行动,随着年级增高,经常帮助同学的人数比例增大,从不帮助同学的人数比例逐渐减小;随着年级的增高,知道要团结互助的人越来越多,愿意团结互助的人也逐渐增多,而决定要团结互助的人却越来越少;随着年级增高,倾向于个人成功的人越来越多,倾向于班级成功的人越来越少;小学生对"以团结互助为荣,以损人利己为耻"的理解不甚清晰,不少学生会出现言行脱节现象,尤其是男生表现更明显;小学生中女生更乐于助人。

小学生所在年级影响他们"团结互助"的意识和行动的统一性,在团结互助的荣辱观方面容易出现言行脱节现象,都是由小学生的年龄特征决定的。小学生的年龄特征决定了他们自然的行为表现,低年级学生言行表现一致,高年级学生易产生从众心理,言行有脱节现象。就"以团结互助为荣,以损人利己为耻"这一内容而言,由于年龄各阶段的发展特点,小学生团结互助的行为受各种因素影响。低中年级小学生更多是本能的反应决定了他们的行为特征。随着年龄增长,高年级学生的行为表现更容易受外界影响,他们回答问题时参与了社会因素,选答案时更有可能"口是心非"。受家庭教育影响,女生性格和言行表现都与男生有差别,男生相对没有女生安静,这导致男生在履行"团结互助"的言行方面与女生有一定差距。

农村和城市中学生在"以团结互助为荣,以损人利己为耻"的思想和行为方面的表现不完全一致,总体而言,农村中学生在团结互助的理论与实践方面都比城市中学生履行得更好,农村中学生更乐于助人,更关心集体,更愿意与别人面对考验。出现这种状况一方面是由城乡学生的家庭背景造成的;另一方面由于农村中学生相对而言生活空间没有城市中学生受限制,而且大部分农村中学生不是独生子,他们与兄弟姐妹之间的互相关心、互相照顾有助于他们乐于助人思想和行为的产生,而城市中学生除了上学期间其他时间都在家里,很少参与社会实践,空间不自由限制了其荣辱观发展水平。同样,城乡中学生中,女生的团结互助意识和实践都优于男生。

二、教育对策

人类的历史车轮,要靠集体力量才能成就。"团结就是力量",一朵鲜花再小,也要雨水的滋润,肥土的给予,阳光的照耀及绿叶的衬托;沙子虽小,但却很伟大,它和同伴团结一起,为人类铺平无数大道,筑起无数高楼大厦。可以说,没有团结,就没有生命的延续,就没有当今世界的祥和美好。团结的力量筑成了长城,造成了金字塔,创造了历史,造就了今日,亦更将造就未来。中小学生是祖国的花朵,因此,对他们进行团结互助教育,培养他们的荣辱观意识关系到他们的健康成长,关系国家的前途。

(一)针对小学生的教育对策

随着社会政治、经济的发展,21世纪人才的一个重要特征就是要具备与他人友好合作、共同学习、共同生活、和谐相处的能力。儿童是祖国的未来,因此,我们要从小培养小学生的这种能力。具体而言,可以从以下几个方面着手:

1. 针对性地开展教育生活,培养和提升学生的团结互助能力

小学生的价值观念正处于形成时期,他们更愿意接受学校的教育,所以加强对学生团结互助意识的教育,必须发挥教师的主导作用,发挥课堂教育的主阵地作用,因材施教,针对性地开展教育活动。教育也不应该是简单的道德灌输,而是要在课堂内外创设一种宽松和谐的课堂气氛和交际环境,采用启发式、讨论式教学方法,最终逐步实现由封闭的学生个体到心理相容的学习整体。在教师的指导下,小学生围绕团结互助的话题在课堂上各抒己见、互相启发、共同讨论。通过讨论,使小学生在获得问题解决的过程中开拓思维,学会创新。老师在课堂上积极引导小学生讨论哪些是团结互助行为,哪些是损人利己行为,并要求他们对团结互助行为或损人利己行为作出判断和评价。课堂教学要培养儿童的积极性、主动性,学生提出的正面例子老师要积极肯定,负面例子老师加以否定并解释,适时加以批评。用这种方法获得的知识,理解起来更透彻、记忆更深

刻。学生之间也可以互相讨论、互相学习,老师对学生讨论的结果进行分析,对他们正确的观点进行强化,错误的观点进行纠正。

2. 充分挖掘课外活动资源,提升学生团结互助的意识与能力

课外活动是课堂教育的补充,也是学校教育的核心组成,形式多样的课外活动不仅能够强化课堂教育的效果,更为重要的是它能够为学生的发展提供一个交往平台,从而引导学生在群体的互动中实现群体的共进。当前,校园活动的形式很多,如集邮、棋类活动、音乐、美术、书法、舞蹈、体育等小组教学活动,都能使学生为演好某一个角色、完成一项共同的任务而积极、主动地行动,其中虽然难免会出现操作失误、意见分歧、言辞不和,但基于良好的愿望和共同的目标,学生会在不断的"争斗"中渐渐明白伙伴之间应有的宽容、体谅、帮助和团结,并渐渐体会到团结互助所产生的愉悦。事实上,人总是通过认识别人来认识自己的,同伴交往可以促进学生自我意识的发展。在集体中得到尊重和承认都会引起主体内部愉悦的情绪体验,因此,同伴交往就有行为矫正作用,当个体的错误行为引起集体舆论时,个体受到的刺激也更大,改正的需要也就越迫切。另外,同伴交往可以提供榜样和示范。我们发现,小学生多以自己喜爱的友伴为"镜子"来对照自己,喜爱听从自己信任的伙伴的忠告,喜欢模仿崇敬的人的行为,同时,小学生也喜欢得到别人的赞美。因此,作为教师,应该对小学生团结互助的行为多加以表扬和鼓励,以此来强化他们继续保持好的行为,而对于他们不好的但可能是无意的一些损人利己的行为则要加以教育。

3. 建立和完善教育管理和评价制度,以规范促自觉,以评价促发展

我们的调查显示,小学生的团结互助意识和行动都是一个渐进的发展过程,在各个年级都有着不同的特点,加之小学生的自我约束能力相对较弱,所以学校应该制定一套完善的规章制度,用以规范小学生的学习和生活习惯,让他们从小养成"以团结互助为荣,以损人利己为耻"的良好品行。针对小学生年龄差异对团结互助意识和行动的影响,学校应该制定一套针对不同年级学生的教育实施和评价方案。从低年级到高年级的教育内容和途径应有所区别,教育内容由易到难,教育途径应多种多样,

体现不同年级学生的兴趣。特别是教育评价方案要体现尊重学生发展、宽容学生发展、促进学生发展的原则,坚持定性评价与定量评价相结合、科学评价与人文评价相结合,以科学的评价促进学生形成和强化自身的团结互助意识,并落实到具体的生活中。

4. 整合社区教育资源,引导学生在生活中形成团结品质,提高互助合作的意识

学校可以带小学生多观摩关于团结互助的典型事例,创设感动情境对小学生实施情境感动教育。创设情境可以激发小学生的情感,引导他们的兴趣,可以营造氛围,促进体验感悟,还可以发展小学生的想象能力。情境感动教育是一种道德震撼所产生的情感互动,是一种真情的传递,是爱心的互动,是道德的升华,是有形而又无形的教育。感动又是一种美好的情感,是真情的涌动,是真诚的通道,是善良的桥梁,是完美人生的起点。小学生需要由情境感动事例来唤醒、来引领,只有这样,才能让他们感受到人性的光辉和成长的美好。俗话说,"触景生情",情感总是在一定的情境中产生的,教育教学应该为学生创设一种愉悦的情绪和积极的情境,带领小学生参与实践,对其进行情境教育,给予他们思想上的共鸣,以情境来感染学生。学校可以在不影响正常教学的情况下带小学生到各种适当的人际环境中去感受团结互助思想和行为所带给人的快乐。把小学生放到一种需要他们伸出援助之手的环境中,让他们实施一定的行动,观察他们的动机和表情,在适当的时候给予指导,让儿童在亲身经历中接受团结互助的教育,体验团结互助的乐趣,最终让小学生明白团结就是力量,在各方面都需要团结。我们的大家庭更需要团结合作,以绽放出更加绚丽的光彩。各行各业中的团结合作数不胜数,所以,我们应对合作的重要性有正确的认识,让团结合作充实我们的生活。

5. 整合家庭教育资源,发挥家庭教育对学生良好品德养成的促进作用

针对性别对团结互助的影响,小学阶段应该做好学校教育和家庭教育之间的衔接工作,老师和家长都应该注意教育无性别之分,优秀的道德品质在男女生身上都能得以体现。父母是孩子的第一任老师,是孩子的

最直接最权威的榜样。榜样的力量是巨大的,尤其是小孩子,对于自己的父母,无一例外是有着一种与生俱来的崇拜。身教重于言教,因此,作为孩子第一任教师的父母,平时要注意自己的言行,提高自身的素质。试想:一个平时就不团结邻居,为了自身利益而牺牲别人利益的家长怎么可能使自己的孩子具备"以团结互助为荣,以损人利己为耻"这样高尚的情怀呢? 家庭的影响对孩子是巨大的,要想使我们的孩子具备良好的品行,我们的家长必须从我做起,否则就谈不上教育我们的孩子。从我们的调查结论中,我们得知随着年龄的增长,小学生会出现言行不一的现象,也就是说,小学生知道应该团结互助,但是可能缺乏行动的意志。对于这种情况,家庭学校应采取有效对策。有的孩子,虽然明知自己的行为是不对的,但意志力薄弱、自制力不强都有可能使他们知行不一。所以,学校和家长不要把孩子的这种行为看成是道德败坏、撒谎等,更不要因此而打骂孩子。面对这种情况,家长更应该考虑一下自己的言行。有些家长经常在孩子面前也做些言行不一致的事。例如,答应星期天带孩子到公园去玩,却突然变卦,或者嘴上答应人家办某些事,却不认真去办,这些行为都会使孩子记在心里,并跟着学。也有的老师,答应孩子承认错误就不再批评了,结果等孩子承认错误以后,就揪住把柄不放。成年人的种种不良行为都将极大地影响儿童的心理和行为。儿童时期,是向成年人学习的时期,成年人的言行会在潜移默化中影响一个孩子的人生观、世界观。另外,对孩子的知行不一行为,家长要及时指出,并讲明道理,不要因为自己的孩子还小,就放纵他们的不良行为。

(二)针对中学生的教育对策

根据我们的调查结论,中学生与小学生的团结互助意识存在很多的相似点,因此前面关于小学生的教育对策中的很多措施,如整合家庭、社区教育资源,开展课内外的教育合作等方面都是具有借鉴和操作价值的。本部分则着重针对城乡中学调查的对比分析结果和所存在的问题,讨论如何加强城乡中学生荣辱观教育的问题。

从客观方面来看:首先,做好城市中学与农村中学之间的教育衔接工作。要坚持做好城市中学与农村中学之间的交流与沟通工作。教育行政部门应该积极构建一系列的政策,以加强城市中学和农村中学的沟通。各个学校校长应该积极主动地相互联系,进行城乡学校"手拉手"活动:如让城乡学校老师通过互访的方式做一些访谈、录像等资料,将这些资料各自在城乡中学呈现,让城乡学生通过录像感悟生活与学习的差别,以此来激励他们积极上进,助人为乐。也可以通过城市中学生体验农村中学生的学习、生活的方式,同时,让农村中学生观察城市学生生活境遇,尽可能减少城乡中学生的荣辱观发展水平差距。其次,均衡发展区域教育。我们可以从区域教育的均衡发展着手,缩小城乡教育差距,达到区域教育均衡发展的目标。在资金投入和人才投入方面,尽量做到城乡比例均衡,让城乡学生都有机会接触到各种社会信息资源。可以让农村中学生享有同等的进入城市中学学习的机会,同时给城市中学生创造在农村中学学习的机会,尤其是农村学生生活在一个大家庭里的团结互助的生活方式,让城乡学生亲自体验学习和生活中的苦与乐。最后,鉴于家庭背景对中学生团结互助思想的影响,要对城乡中学生进行积极正面的荣辱观教育。中学生虽然较小学生年龄大,但他们接受信息的来源较多,容易受社会不良思想的侵蚀,加上处于青少年这个特殊时期,中学生在各方面容易攀比,他们渴望摆脱各方面的匮乏状况,如果没有正确的指导方式,加上他们的积极思想得不到肯定,消极思想得不到抑制,他们就容易走弯路,导致他们没有正确的荣辱观意识,因此,对中学生的积极教育就显得很有必要。

从主观方面来看:比起小学生来,中学生已经具备了一定的分析和判断能力,他们在面对问题的时候,一般都有自己的独立见解,但他们处于青春期,易受环境的影响,冲动往往使他们失去正确行动的能力。有时明明知道是不正确的,却控制不住自己而作出损人利己的事情来。因此,这一阶段,作为教育工作者,我们不仅要关注学生的道德认知和道德情感,更要培养学生道德意志力和道德行动能力的发展。教师一定要全面了解学生,了解他们的思想水平、能力状况、性格特征等,尤其对于那些思想活跃、性格暴躁或是自闭自卑、孤僻少语的学生更要多加关注和关爱。另外,对于一些中学生而言,处理不好与同学的关系,不能与同学相互团结,相互友爱,有时还可能作出一些损人利己的事来,究其原因可能存在的问题是:在与同学相处的过程中,不会很好地处理利益问题而与同学发生矛盾。许多人都有一种倾向:自我评价过高。有一个"鸵鸟理论"说的是,一个人在评价自己的能力和贡献的时候总觉得自己是鸵鸟,别人是鸡。若有一天他有幸看到真的鸵鸟的时候,他会说"啊!这只鸡比我大一点!"讲的就是自我评价的问题。自我评价过高的一些中学生在与同学相处的过程中就会出现自傲的倾向,尤其是城市家庭富裕的学生就容易出现不团结同学、看不起同学,在和同学发生利益冲突的情况下作出损人利己的事情来。社会学中有个"归因理论"是说一个人常常把自己的成功归因于自己的努力,常常把自己的失败归咎于运气不好。讲的也是自我衡量的问题。由此,我们要教育学生,使他们形成正确的自我评价,自我衡量,教育他们和别人交往时,只有不怕吃亏,才能和人们长期友好相处,才能有助于最终的成功。同时,还要教育中学生明白真正团结的含义和做法,不能表面上一团和气,而真正上不团结,让学生明白当别人需要帮助的时候,你愿意伸出双手,那么他也会给予相应回报。学习上是如此,工作也是如此,而人的一生更是如此。至于具体的实施途径,一方面,我们可以利用传统的课堂教学,尤其是思想品德课来提高学生的认知,解决每个学生困惑迷茫的问题,在各科教学中注意渗透情感。另一方面,学校应该经常组织一些有意义的社会实践活动。如深入开展社会调查活动、积极开展各种青年志愿者活动、组织各种形式的公益劳动、精心策划各种科技、教育、法治夏令营活动等。通过这些活动,让学生学会生存,学会交往,学会做人做事,并感受到团结互助的美好,培养学生拥有一颗宽容友爱之心。

团结合作在各行各业是必不可少的,在各个生产部门,都是通过分工合作,甚至几个大企业合作,这也是司空见惯,不足为奇的。比如生产一辆小汽车,一个工人能独自完成吗?不能,它需要更多的人通过团结合作互助完成的。中国的载人宇宙飞船的发射,使中国成为寥寥可数的可以发射载人飞船的国家。这些都是人类团结合作互助的结果。现在的世界,少不了团结互助,生活中有了团结才会有成功。

　　总之,只有从整体上提高教育水平,整体上关注中小学生的健康成长,才能全面提高中小学生的荣辱观意识,激发他们团结互助的行为;也才能为中国特色的社会主义创建和谐之路,让人民活在其中,乐在其中。

第 七 章
诚实守信篇

　　诚实守信,自古以来就是中国人"修身、齐家、治国、平天下"的根本,是个人与社会、个人与个人之间相互关系的基础性道德规范。它既是中华民族的传统美德,也是规范和完善市场经济的必要条件。青少年学生是祖国的未来,是社会主义的建设者。在现阶段挖掘和梳理诚信道德,继承优秀的道德精神遗产,是中小学荣辱观教育中的重中之重。

第一节　研究背景与理论分析

　　诚实守信,就是要求人们忠诚老实,有信无欺,说老实话,做老实事,当老实人,尊重和忠实于自己的职业,把实事求是、襟怀坦白、言行一致、表里如一作为自己的道德准则。

　　诚信作为一种观念,早在远古社会就已经出现。《尚书》中就有了"诚"的概念。《尚书·尧典》中曾经记载:"允恭克让,光被四表,格于上下。""允"在上古典籍中就是"诚"的意思。这句话就是说原始社会末期作为部落首领的尧,诚信、恭谨、克制、谦让,个人的道德修养十分完备,并因此而得到大家的尊重。《周易》中有"修辞立诚所以居业也",意思就是说言论应该诚实不欺,这样才能建功立业。《孟子·离娄上》中更是明确提出:"诚者,天之道也;思诚,人之道也",将"诚"视为世间万物的根本行为准则。

"信"则被先秦儒家列为"五常"之一。与"诚"相比,"信"被人们更早地与为政之道结合起来。《论语》中记载:"子贡问政。子曰:'足食,足兵,民信之矣。'子贡曰:'必不得已而去,于斯三者何先?'曰:'去兵。'子贡曰:'必不得已而去,于斯二者何先?'曰:'去食。自古皆有死,民无信不立。'"①在孔子看来,对于治理国家而言,建立民众对统治者的信任,比充足的粮食、强大的军备更重要;对老百姓来说人际交往要守信,不守信用就不能称做君子,无法建立真实可靠的人际关系。春秋时期著名政治家、法家创始人管仲最先提出了"诚信"这一概念。他说:"先王贵诚信。诚信者,天下之结也。"②战国末期儒家代表荀子明确提出:"端悫诚信,拘守而详,横行天下,虽困四夷,人莫不任。"③他指出诚信是一个人应该具备的基本道德品质,它是区分一个人人格高低的重要标准;社会上各行各业都应该讲诚信,以诚信为本,把诚信作为维系整个社会人际关系的一种公德。

《现代汉语词典》对"诚"、"信"、"诚信"、"诚实"的解释分别为:诚,①真实的(心意);②实在,的确。信,①确实;②信用;③相信。诚信,诚实,守信用。诚实,言行跟内心思想一致,指思想行为不虚假。由此,我们认为,诚信的现代内涵就是诚实与守信。诚实注重的是人的内在道德品质修养,是守信的基础,离开诚实就难以守信,守信注重的则是人与人之间的伦理关怀,是诚实的外化,也是衡量诚实的重要标准。作为道德规范的诚信,是指真实不欺、遵守诺言的品德,它要求人有真心、真言、真行,真诚地待人处事,要言而有信、诺而有行、行而有果,真实不欺。

中小学生的诚信教育旨在养成受教育者诚实守信的道德品质。中小学生的诚信教育是指家长、学校和社会根据中小学生的身心发展特点,在

---

① 《论语·颜渊》。
② 《管子·枢言》。
③ 《荀子·修身》。

家庭生活、学校生活和社会生活中,将抽象的道德规范转化为可以理解的内容,并以适宜的方式呈现出来,使中小学生了解诚信的基本内涵,懂得诚信是做人的基本准则,形成诚实守信的良好品性的活动。在诚实教育方面,要培养学生诚实待人,以真诚的言行对待他人,关心他人,对他人富有同情心,乐于助人。严格要求自己,言行一致,不说谎话,作业和考试求真实,不抄袭,不作弊。在守信教育方面,要培养学生守时,讲信用,有责任心,承诺的事情一定要做到,言必信,行必果。遇到失误,勇于承担责任,知错就改。

中小学生诚信教育属于道德教育范畴,有着一般道德教育共同的规律性,但其主要是针对诚信生活、诚信行为的教育,因此它又具有自己独有的特点,表现为:首先,诚信教育有特殊的教育内容、要求和目的,即是以诚实守信为核心内容,主要包括实事求是的世界观教育,诚信价值教育,传统诚信美德教育,诚信公德规范教育,校规校纪的诚信教育等,旨在提高中小学生的诚信认知,培养中小学生的诚信品德。其次,中小学的诚信教育主要由社会、学校、家庭共同组织实施,它也是学校教育的重要组成部分。中小学生诚信品德的养成虽受社会、家庭、学校教育等多种因素的影响,但其主要由学校来系统地组织实施,并且在学校德育中居于重要地位。再次,诚信需要制度规范和惩戒。诚信道德是人们内在的道德要求,虽然主要靠内心信念来维系,但在其形成过程中,离不开一定制度规范的约束以及对失信行为进行相应的惩处,从制度、规范上保护守信者获利,使之趋向诚信,保证失信者受罚,使之远避失信,以此养成诚信习惯。最后,中小学生的诚信道德教育效果受社会风气的影响。中小学阶段是孩子成长的关键时期,他们试着去与社会慢慢接触,由此,他们的诚信意识、诚信信念、诚信行为或多或少会受到社会风气的影响,如"见人只说三分话,不可全掏一片心"、"笑贫不笑娼"等观点,在一定程度上影响着中小学生的诚信道德的形成。

中小学生诚信教育是一个社会系统工程,诚信教育不是一般的知识性教育,而是有着较强的主体实践性,这是道德与一般知识的主要区别。道德教育的过程并非是道德主体认知一个原理、一个观点后就自觉完成的，而是需要道德主体通过实践体验，内化为自我的一种需要、信念。促进中小学生诚信意识的养成，在形式上，诚信教育的重点应该放在实践上。注重诚信素质的养成，必须辅之以实实在在的信用评价，通过信用评价强化教育成效，通过对学生的学习和日常生活开展信用评价，结合学校教育教学管理来评价其诚信度。在内容上，诚信教育应该是分层次的。作为道德教育的一部分，诚信教育符合道德教育的规律——从他律到自律，最后到无律的境界。诚信者恪守诚信原则，不是由于某种功利的考虑，甚至不仅仅是顾及自己的形象和信誉，而是出于内心的追求。在这种信念的支配下，人们把诚信看做是做人的一种责任，即认为这是应该的道德要求。在目的上，诚信教育的最终目的是通过各种途径和手段让诚信真正成为内心的信念，用以指导自己的言行。在操作层面上，要注重创建诚实守信的校内环境。现阶段的中小学生比较有独立见解，注重实际，没有充分的事实佐证，教育效果很难达到。另外青少年学生有较强的可塑性，外界环境对其影响相当重要。

世界各民族均将诚实守信作为基本美德，并极为重视青少年的诚实守信教育。早在1917年，美国就在"儿童道德标准略述"中将诚实列为重要内容之一。美国学校道德教育注重培养学生的基本价值观和道德品质，造就"道德成熟的人"，而中小学道德教育目标则更为具体，首先要自律，其次是守信，第三是诚实。在生活的一切方面，都要诚实无欺，敢说真话。美国威斯康星州每年的5月2日是"诚实节"，又叫"不说谎纪念日"，各个学校都要举行形式多样的活动，进行诚实教育。

在日本，在孩子很小的时候就要开始进行诚信教育了。比如孩子不慎打破了家中的花瓶，如果勇于承认，不仅不会受责罚，还会因诚实而受到表扬，但是若不诚实，就会受到重罚。孩子入学后，要求孩子准时交作业、考试不作弊、不涂改成绩单等，对犯规的孩子也会毫不留情地处罚。很多学校的校训都有"诚信"二字，如东京文京女子中学的校训是"诚实、勤勉、仁爱"；横滨翠陵中学的教育方针是"自立、诚实、实行"；泰星中学的校训是"诚实、品位和刚毅"，校长解释说，诚实就是对所有人都要以诚相待，有品位最重要的表现就是诚实，因为诚实，所以要一诺千金，以坚强的意志实现诺言。

在德国,心理学家认为,孩子在四五岁时是培养价值观和辨别是非能力的最重要时期,97％的孩子的品性是在这个时期养成的。因此在德国的青少年教育体系里,家庭是道德教育的主要场所,父母则是孩子的启蒙教育者。德国的教育法中明确规定,家长有义务担当起教育孩子的职责。家长们普遍遵守这样一个原则:教育孩子诚实守信,家长必须作出榜样。在任何公共场所,如果你随地乱扔垃圾,或者在没有停车标志的地方停车,马上就会有人过来阻止你,并给你灌输一套遵守社会公德、为下一代做好榜样的理论。这种监督无处不在,并形成良好的教育氛围。

我们应当重视日常社会生活中存在的由不诚信而形成的"信任危机"问题。在中小学生中的诚信道德也并不令人乐观。言而无信,出尔反尔,对自己的错误"虚心接受,屡教不改"。言行不一,双重人格等现象,并非个别。大部分学生都知道做人要讲诚信,许多中学生对《中学生守则》和《中学生日常行为规范》背得滚瓜烂熟,但却不能很好地体现在行动中。有些学生有人在场与无人在场不一样,正规场合和非正规场合不一样,教师在时和不在时不一样。有些中学生,在校是好学生,尊敬老师,团结同学,而在家却不能尊敬长辈。更严重的如考试作弊,为了某些荣誉称号不惜弄虚作假,甚至学校教师学生联合起来谎报情况以应对评估。① 在此情况下,以诚信为荣的荣辱观教育就更为迫切,意义亦更为深远。

----

① 哈佛大学面试女官苏姗女士在回答"对中国学生印象如何"这一问题时,曾尖锐地指出:"中国学生有一点是很糟糕的——作假现象很严重"。李开复博士也说:"中国学生最缺乏的素质就是诚实正直。"

第二节　数据呈现与问题讨论

一、小学部分

（一）调查过程

1. 调查背景与目的

小学生是社会必须重视的一个群体。教育心理学家普遍认为,儿童时期是培养其价值观和辨别是非能力的最重要时期,我们人生中很多重要的品性是在这个阶段开始萌芽的。小学阶段重视对孩子们进行诚信教育,注重对他们的正确引导,对于他们形成优良的道德品质起着至关重要的作用。

当前,在社会不良风气的影响下,在不完善的学校教育模式、不恰当的学习内容及教师自身素质不高等因素的制约下,再加上小学生自我约束能力不强,严重缺乏辨别是非的能力,小学生诚信品质的养成,就显得尤为重要了。鉴于此,本研究对小学生诚信状况进行详细而科学的问卷调查,掌握了大量的一手数据资料。在科学分析调查数据的基础上,全面了解小学生的诚信教育状况,发现存在的问题,并提出相应的解决策略。

2. 调查方式及内容

本次调查以问卷调查的方式进行,并根据不同年级的特点辅以课堂讨论,绘画和辩论。研究者根据小学生身心发展特点,针对诚信状况编制了6道问题。于2008年初以班级为单位分别向城乡小学生(一至六年级)1473名学生,其中一年级173名,二年级224名,三年级312名,四年级277名,五年级221,六年级266名学生进行了调查。调查内容通过对"踢足球砸破教室玻璃"、"捡到钱包"、"买东西店主多找钱"等6个情境的处理来考察小学生的诚信状况。调查结果分别从学生年龄层次,性别等角度对小学生诚信情况进行分析。

（二）调查结果与分析

1. 小学生诚信的整体情况

对于诚信第一题"小刚踢足球不小心把教室的玻璃砸破了,没有被任何人发现,他应该怎样做",我们设置了 3 个答案(A. 主动向老师承认错误;B. 悄悄走开;C. 说是其他同学做的)。由表 7－1 可知,一年级同学选择答案 A 的人数为 170 人,占全年级总人数的 98.3%;选择答案 B 的人数为 1 人,占全年级总人数的 0.6%;选择答案 C 的人数为 2 人,占全年级总人数的 1.2%。二年级同学选择答案 A、答案 B、答案 C 的人数分别为 223 人、1 人、0 人,分别占全年级总人数的 99.6%、0.4%、0%。三年级选择答案 A、答案 B、答案 C 的人数分别为 310 人、0 人、2 人,分别占全年级总人数的 99.4%、0、0.6%。四年级选择答案 A、答案 B、答案 C 的人数为分别为 273 人、4 人、0 人,分别占全年级总人数的 98.6%、1.4%、0%。五年级选择答案 A、答案 B、答案 C 的人数分别为 217 人、4 人、0 人,分别占全年级总人数的 98.2%、1.8%、0%。六年级选择答案 A、答案 B、答案 C 的人数为分别为 261 人、4 人、1 人,分别占全年级总人数的 98.1%、1.5%、0.4%。因此可知,从一年级到六年级,都是选择向老师承认错误的占绝大多数,主动承认错误现象很明显,错就是错,对就是对,是非观念强。

表 7－1　小学各年级学生在"踢足球砸破教室玻璃"上的反应情况

年级	1. 小刚踢足球不小心把教室的玻璃砸破了,没有被任何人发现,他应该怎样做?			总计 人数(百分比)
	A. 承认错误 人数(百分比)	B. 悄悄走开 人数(百分比)	C. 说是其他同学做的 人数(百分比)	
一年级	170(98.3)	1(0.6)	2(1.2)	173(100.0)
二年级	223(99.6)	1(0.4)	0(0.0)	224(100.0)
三年级	310(99.4)	0(0.0)	2(0.6)	312(100.0)
四年级	273(98.6)	4(1.4)	0(0.0)	277(100.0)
五年级	217(98.2)	4(1.8)	0(0.0)	221(100.0)
六年级	261(98.1)	4(1.5)	1(0.4)	266(100.0)
总计	1454(98.7)	14(1.0)	5(0.3)	1473(100.0)

诚信第二题"放学路上你捡到一个钱包,你会怎么做",答案选项也是设置三个(A. 等失主;B. 交给警察处理;C. 自己留下)。由表7－2可知,一年级选择答案 A、答案 B、答案 C 的人数分别为 11 人、162 人、0 人,分别占总人数的 6.4%、93.6%、0%。二年级选择答案 A、答案 B、答案 C 的人数分别为 15 人、208 人、1 人,分别占总人数的 6.7%、92.9%、0.4%。三年级选择答案 A、答案 B、答案 C 的人数分别为 21 人、291 人、0 人,分别占总人数的 6.7%、93.3%、0%。四年级选择答案 A、答案 B、答案 C 的人数分别为 19 人、254 人、4 人,分别占总人数的 6.9%、91.7%、1.4%。五年级选择答案 A、答案 B、答案 C 的人数分别为 25 人、188 人、8 人,分别占总人数的 11.3%、85.1%、3.6%。六年级选择答案 A、答案 B、答案 C 的人数分别为 35 人、222 人、9 人,分别占总人数的 13.2%、83.5%、3.4%。由数据可知,交给警察处理是绝大多数孩子的选择,同时,随着年级的上升,选择等失主的人数的比例也呈上升趋势,这代表孩子们自行处理问题能力的增强。在四五六年级,选择将钱包自己留下的人数比例也呈上升趋势,表明高年级孩子的自私意识增强。

表7－2　小学各年级学生在"放学路上捡到钱包"上的反应情况

年级	2. 放学路上你捡到一个钱包,你会怎么做?			总计人数(百分比)
	A. 等失主人数(百分比)	B. 交给警察人数(百分比)	C. 自己留下人数(百分比)	
一年级	11(6.4)	162(93.6)	0(0.0)	173(100.0)
二年级	15(6.7)	208(92.9)	1(0.4)	224(100.0)
三年级	21(6.7)	291(93.3)	0(0.0)	312(100.0)
四年级	19(6.9)	254(91.7)	4(1.4)	277(100.0)
五年级	25(11.3)	188(85.1)	8(3.6)	221(100.0)
六年级	35(13.2)	222(83.5)	9(3.4)	266(100.0)
总计	126(8.6)	1325(90.0)	22(1.5)	1473(100.0)

诚信第三题"你向同学借了一本自己很喜欢的书,但同学忘了是借给你了,你会按约定时间还给他吗",答案选项为 3 项(A. 会;B. 无所谓;

C. 不会。）。由表 7-3 可知，一年级选择答案 A、答案 B、答案 C 的人数分别为 165 人、2 人、6 人，分别占年级总人数的 95.4%、1.2%、3.5%。二年级选择答案 A、答案 B、答案 C 的人数分别为 217 人、1 人、6 人，分别占年级总人数的 96.9%、0.4%、2.7%。三年级选择答案 A、答案 B、答案 C 的人数分别为 304 人、1 人、7 人，分别占年级总人数的 97.4%、0.3%、2.2%。四年级选择答案 A、答案 B、答案 C 的人数分别为 269 人、4 人、4 人，分别占年级总人数的 97.1%、1.4%、1.4%。五年级选择答案 A、答案 B、答案 C 的人数分别为 205 人、6 人、10 人，分别占年级总人数的 92.8%、2.7%、4.5%、。六年级选择答案 A、答案 B、答案 C 的人数分别为 244 人、10 人、12 人，分别占年级总人数的 91.7%、3.8%、4.5%。选择会将书还给同学的依然占各年级的绝大多数，但是五年级和六年级的高年级同学表现不是特别好，选择不会还书的比例竟然高达 4.5%。

表 7-3　小学各年级学生在"是否按时还书"上的反应情况

年级	3. 你向同学借了一本自己很喜欢的书，但同学忘了是借给你了，你会按约定时间还给他吗？			总计 人数（百分比）
	A. 会 人数（百分比）	B. 无所谓 人数（百分比）	C. 不会 人数（百分比）	
一年级	165(95.4)	2(1.2)	6(3.5)	173(100.0)
二年级	217(96.9)	1(0.4)	6(2.7)	224(100.0)
三年级	304(97.4)	1(0.3)	7(2.2)	312(100.0)
四年级	269(97.1)	4(1.4)	4(1.4)	277(100.0)
五年级	205(92.8)	6(2.7)	10(4.5)	221(100.0)
六年级	244(16.6)	10(0.7)	12(0.8)	266(100.0)
总计	1404(95.3)	24(1.6)	45(3.1)	1473(100.0)

诚信第四题"买东西时店主多找你钱了，你会怎么做"，答案选项同样为三项（A. 自己拿着；B. 拿不定主意；C. 还回去）。由表 7-4 可知，一年级选择答案 A、答案 B、答案 C 的人数分别为 7 人、6 人、160 人，分别占年级总人数的 4.0%、3.5%、92.5%。二年级选择答案 A、答案 B、答案

C 的人数分别为 12 人、13 人、199 人,分别占年级总人数的 5.4%、5.8%、88.8%。三年级选择答案 A、答案 B、答案 C 的人数分别为 8 人、12 人、292 人,分别占年级总人数的 2.6%、3.8%、93.6%。四年级选择答案 A、答案 B、答案 C 的人数分别为 5 人、17 人、255 人,分别占年级总人数的 1.8%、6.1%、92.1%。五年级选择答案 A、答案 B、答案 C 的人数分别为 9 人、16 人、196 人,分别占年级总人数的 4.1%、7.2%、88.7%。六年级选择答案 A、答案 B、答案 C 的人数分别为 21 人、19 人、226 人,分别占年级总人数的 7.9%、7.1%、85.0%。可以看出,选择拿不定主意和自己留着的学生比例人数都呈上升趋势,这表明随着年级的增长,学生更倾向于选择有利于自己的状况,诚信在他们内心的重要性渐渐开始减弱。

表 7－4　小学各年级学生在"买东西时店主多找钱"上的反应情况

年级	4. 买东西时店主多找你钱了,你会怎么做?			总计 人数(百分比)
	A. 自己拿着 人数(百分比)	B. 拿不定主意 人数(百分比)	C. 还回去 人数(百分比)	
一年级	7(4.0)	6(3.5)	160(92.5)	173(100.0)
二年级	12(5.4)	13(5.8)	199(88.8)	224(100.0)
三年级	8(2.6)	12(3.8)	292(93.6)	312(100.0)
四年级	5(1.8)	17(6.1)	255(92.1)	277(100.0)
五年级	9(4.1)	16(7.2)	196(88.7)	221(100.0)
六年级	21(7.9)	19(7.1)	226(85.0)	266(100.0)
总计	62(4.2)	83(5.6)	1328(90.2)	1473(100.0)

诚信第五题"我们要诚实守信",答案选项为(A. 我知道这很重要; B. 我愿意这样做;C. 我决定这样做)。设计这一问题是在小学生的理解水平上,直接考察他们的知情意行是否统一。由表 7－5 可知,一年级选择答案 A、答案 B、答案 C 的人数分别为 17 人、42 人、114 人,分别占年级总人数的 9.8%、24.3%、65.9%。二年级选择答案 A、答案 B、答案 C 的人数分别为 69 人、64 人、91 人,分别占年级总人数的 30.8%、28.6%、40.6%。三年级选择答案 A、答案 B、答案 C 的人数分别为 95 人、105 人、

112 人,分别占年级总人数的 30.4%、33.7%、35.9%。四年级选择答案
A、答案 B、答案 C 的人数分别为 62 人、92 人、123 人,分别占年级总人数
的 22.4%、33.2%、12.3%。五年级选择答案 A、答案 B、答案 C 的人数分
别为 42 人、88 人、91 人,分别占年级总人数的 19.0%、39.8%、41.2%。
六年级选择答案 A、答案 B、答案 C 的人数分别为 63 人、102 人、101 人,
分别占年级总人数的 23.7%、38.3%、38.0%。可以看出,年级越高,诚
信认知的比例越来越高,诚信行为的成分越来越弱,虽然知与情相比,行
仍然占着最高的比例,但是这也表示,随着年级的增长,知行分离渐渐开
始出现端倪。

表 7－5　小学各年级学生在"我们要诚实守信的知情行"上的反应情况

年级	5. 我们要诚实守信。			总计 人数（百分比）
	A. 知道重要 人数（百分比）	B. 愿意做 人数（百分比）	C. 决定做 人数（百分比）	
一年级	17(9.8)	42(24.3)	114(65.9)	173(100.0)
二年级	69(30.8)	64(28.6)	91(40.6)	224(100.0)
三年级	95(30.4)	105(33.7)	112(35.9)	312(100.0)
四年级	62(22.4)	92(33.2)	123(44.4)	277(100.0)
五年级	42(19.0)	88(39.8)	91(41.2)	221(100.0)
六年级	63(23.7)	102(38.3)	101(38.0)	266(100.0)
总计	348(23.6)	493(33.5)	632(42.9)	1473(100.0)

　　诚信六"当你看见班上有同学考试作弊时,你会觉得",答案选项有
四项(A. 无所谓;B. 也要作弊,不然不公平;C. 有罪恶感和羞耻感;D.
考试后好好规劝他不要作弊)。由表 7－6 可知,一年级选择答案 A、答案
B、答案 C、答案 D 的人数分别为 6 人、9 人、33 人、125 人,分别占年级总
人数的 3.5%、5.2%、19.1%、72.3%。二年级选择答案 A、答案 B、答案
C、答案 D 的人数分别为 1 人、6 人、44 人、173 人,分别占年级总人数的
0.4%、2.7%、19.6%、77.2%。三年级选择答案 A、答案 B、答案 C、答案
D 的人数分别为 8 人、7 人、81 人、216 人,分别占年级总人数的 2.6%、

2.2%、26.0%、69.2%。四年级选择答案 A、答案 B、答案 C、答案 D 的人数分别为 15 人、2 人、89 人、171 人,分别占年级总人数的 5.4%、0.7%、32.1%、61.7%。五年级选择答案 A、答案 B、答案 C、答案 D 的人数分别为 10 人、3 人、91 人、117 人,分别占年级总人数的 4.5%、1.4%、41.2%、52.9%。六年级选择答案 A、答案 B、答案 C、答案 D 的人数分别为 28 人、6 人、109 人、123 人,分别占年级总人数的 10.5%、2.3%、41.0%、46.2%。我们可以看出,选择无所谓的比例逐渐呈上升趋势,选择规劝的比例虽然比较高,却在二年级以后呈下降趋势。但是,选择也要作弊的却是极少的,表明小学生们在特定的情境下都比较理性。

表 7－6　小学各年级学生在"班上有同学考试作弊行为"上的反应情况

| 年级 | 6. 当你看见班上有同学考试作弊时,你会觉得 | | | | 总计人数
(百分比) |
	A. 无所谓 人数(百分比)	B. 也要作弊 人数(百分比)	C. 有罪恶和羞耻感 人数(百分比)	D. 劝他不要作弊 人数(百分比)	
一年级	6(3.5)	9(5.2)	33(19.1)	125(72.3)	173(100.0)
二年级	1(0.4)	6(2.7)	44(19.6)	173(77.2)	224(100.0)
三年级	8(2.6)	7(2.2)	81(26.0)	216(69.2)	312(100.0)
四年级	15(5.4)	2(.7)	89(32.1)	171(61.7)	277(100.0)
五年级	10(4.5)	3(1.4)	91(41.2)	117(52.9)	221(100.0)
六年级	28(10.5)	6(2.3)	109(41.0)	123(46.2)	266(100.0)
总计	68(4.6)	33(2.2)	447(30.3)	925(62.8)	1473(100.0)

2. 年级与性别对小学生诚信的影响

通过年级与性别在诚信各题目上的卡方检验,考察年级与性别对小学生诚信的影响。

（1）年级差异对小学生诚信的影响

由表 7－7 所显示的卡方检验结果,我们可以看出,不同年级小学生在"踢球砸到玻璃"的选择上差异不显著,但是对"捡到钱包"、"按时还书"、"店主多找钱"、"我们要诚实守信"和"同学作弊"上均有显著差异。结合表 7－1,从一年级到六年级,都是选择向老师承认错误的占绝大多数,没有显著的变化趋势。结合表7-2我们可以看出,虽然各个年级都是选择交给警察处理的占绝大多数,但是随着年级的上升,选择等失主的人数的比例也呈上升趋势,同时在四、五、六年级,选择将钱包自己留下的人数比例也呈上升趋势。结合表7-3我们可以看出,从一年级到三年级,选择会还书同学的比例呈上升趋势,而由三年级到六年级则呈明显的下降趋势,尤其是到了六年级,选择还书的比例竟然下降到91.7%,选择不还书的比例则上升到4.5%。结合表7-4,同样可以看出,选择将多找的钱还回去的比例在一、二、三、四年级变化不大,但是到五、六年级出现下降,同时对"还"与"不还"犹豫不决的比例持续攀升。

将表7-5与表7-7对照,很明显可以看出,在考察小学生知情意行的情境中,二、三年级里选择"我知道这很重要"的占最高比例,五、六年级里则偏重于"我愿意这样做",一年级和四年级学生更倾向于"我决定这样做",特别是一年级,选择比例高达65.9%。结合表7-6,我们也不难看出,在每一个答案的选项中似乎都存在有个别年级表现得较为特别的情况。比如,六年级选择"无所谓"的学生比例竟然高达10.5%。选择"也要作弊,不然不公平"的学生则在二年级表现的最明显,所占比例为5.2%。选择"有罪恶感和羞耻感"则在五年级和六年级有相当高的比例。选择"考试后好好规劝他不要作弊"的在一年级中获得最大的认可,比例达72.3%,相比较而言,选择这一答案的六年级学生比例还不到一半。

表7-7 小学各年级学生在诚信各题目上的卡方检验结果

题目	人数	卡方值	df	p
1. 踢足球砸破教室玻璃	1473	13.846	10	.180
2. 放学路上捡到钱包	1473	37.302	10	.000
3. 是否按时还书	1473	21.950	10	.015
4. 买东西时店主多找钱	1473	22.063	10	.015
5. 我们要诚实守信	1473	64.654	10	.000
6. 班上同学考试作弊	1473	44.454	10	.000

（2）性别差异对小学生诚信的影响

在回收的 1473 份有效问卷中，选取 679 份进行了性别与诚信水平关系的研究。

根据表 7－8 所显示的卡方检验结果，我们可以看出，总体上不同性别的小学生在诚信各题目上的回答差异不显著。选择每个选项的男女比例都趋向于一致。只是在"捡到钱包"的选择上，会因性别不同产生差异，选择将钱包自己留下的男生比女生多出 1％。

表 7－8　小学生不同性别在诚信上的卡方检验结果

题目	人数	卡方值	df	p
1. 踢足球砸破教室玻璃	679	2.222	2	.329
2. 放学路上捡到钱包	679	6.504	2	.039
3. 是否按时还书	679	2.801	2	.247
4. 买东西时店主多找钱	679	1.381	2	.501
5. 我们要诚实守信	679	1.176	2	.555
6. 班上有同学考试作弊	679	1.494	2	.060

二、中学部分

（一）调查背景和目的

为了了解当代中学生诚信的现状，把握中学生诚信观发展特点与规律，本课题分别选取江苏省内的两所不同层次的异质中学为例，对在校中学生诚信意识与行为进行了详细的问卷调查，掌握了大量的一手数据资料。在调查分析的基础上，多角度全方位地了解当前中学生诚信的状况，揭示中学生诚信观发展的规律和影响中学生诚信观教育成效的各种因素，进而对当代中学生诚信观出现的问题和新时期对于中学生诚信观的期待进行了较为深入的思考。

（二）调查内容和被试

调查内容包括 5 个维度，主要涉及中学生对他人诚信的期待度、中学生人际交往中的诚信度、中学生对待金钱的诚信度、中学生在学习方面的诚信度以及中学生对诚信的态度五个方面。此次调查的被试共1234名学生(其中男学生有556名,女学生有668名),范围涉及两所农村中学(一所为初中,另一所为高中,共628名)和一所城市中学(包括初中部和高中部,共606名)。

(三)调查结果与分析

1. 农村中学

(1)农村中学生对他人诚信的期待度

为了调查农村中学生对他人诚信的期待度,本课题设置了一道选择题,学生回答结果统计如表7-9。从调查结果来看,92.04%的农村中学生认为"小刚应该承认错误",说明农村中学生对诚信问题有比较正确的认识。他们普遍认同诚实、正直、守信、履约等诚信基本道德品质,希望人与人之间能做到真诚相处,反对弄虚作假、不守信用的行为。随着年龄的增长,高中生对于他人诚信的期待度低于初中学生。高中生中认为小刚应悄悄走开的占到5.89%,是初中生的三倍多。总体看来,女生对于他人的诚信期待度要远远高于男生。这点从表7-9可以很好地展示出来。

表7-9 农村中学生在"踢足球砸破教室玻璃"上的反应情况

选项	初中		高中		总计(%)
	男生(%)	女生(%)	男生(%)	女生(%)	
A. 承认错误	93.17	98.75	82.12	93.95	92.04
B. 悄悄走开	3.73	1.25	13.91	5.13	5.89
C. 诬陷他人	3.11	0.00	3.97	1.28	2.07

(2)农村中学生人际交往中的诚信度

为了调查农村中学生人际交往中的诚信度,我们设置了一道情景题,学生回答结果统计如表7-10。从调查结果来看,93.95%的农村中学生认为自己"会按约定时间还书的",说明中学生在人际交往中能做到诚实守信,能够对别人履行自己的承诺,同时也反映出当代农村中学生的时间观都很强,能够准时履约。初中与高中直接从百分比上看没有太大差异,男生与女生之间差异较大,女生在人际交往中的诚信度明显高于男生。

表7-10　农村中学生在"是否按时还书"上的反应情况

选项	初中		高中		总计(%)
	男生(%)	女生(%)	男生(%)	女生(%)	
A. 不会	4.97	2.50	5.30	1.92	3.66
B. 无所谓	3.11	0.00	5.30	1.28	2.39
C. 会	91.93	97.50	89.40	96.79	93.95

(3)农村中学生对待金钱的诚信度

为了调查农村中学生对待金钱的诚信度,我们设置了一道情景题,学生回答结果统计如表7-11。从调查结果来看,相对于对他人诚信的信任感和人际诚信状况,只有83.76%的中学生认为自己"会把店主的钱还回去",同时有10.83%的中学生会选择"自己拿着",说明农村中学生在金钱方面的诚信意识还有所欠缺,但是总体上看,选择还回去的学生比例远远大于"自己拿着"的学生比例,这说明大部分的学生对待金钱的诚信度是正确的。从百分比上看,农村初中学生对待金钱的诚信度高于高中学生,农村初中学生为88.16%,高中仅为79.15%。女生对待金钱的诚信度也远高于男生。

表7-11　农村中学生在"买东西时店主多找钱"上的反应情况

选项	初中		高中		总计(%)
	男生(%)	女生(%)	男生(%)	女生(%)	
A. 自己拿着	13.04	3.75	20.53	6.14	10.83
B. 拿不定主意	5.59	1.25	9.93	5.13	5.41
C. 还回去	81.37	95.00	69.54	88.46	83.76

（4）农村中学生在学习方面的诚信度

为了调查农村中学生在学习方面的诚信度，我们设置了一道情景题，学生回答结果统计如表7－12。从调查结果来看，相对于之前几道题目，只有72.13%的农村中学生认为自己"厌恶班上同学考试作弊"，但同时有20.86%的农村中学生会选择"无所谓"，说明目前农村中学生在学习方面诚信迷失严重，部分学生对分数看得很重，缺乏诚实的态度，造成抄袭作业、考试作弊的现象十分普遍，形成一个恶性循环。

表7－12　农村中学生在"同学考试作弊"上的反应情况

选项	初中		高中		总计(%)
	男生(%)	女生(%)	男生(%)	女生(%)	
A. 厌恶	67.70	80.00	60.93	79.49	72.13
B. 无所谓	21.74	11.88	30.46	19.87	20.86
C. 效仿	10.56	8.13	8.61	0.64	7.01

（5）农村中学生对诚信的态度

为了调查农村中学生对诚信的态度状况，我们设置了一道判断题，学生回答结果统计如表7－13。从调查结果来看，有93.63%的中学生认为"诚实守信是很重要"，说明目前农村中学生在认知上对诚信问题有比较正确的认识。其中，初中学生对待诚信的态度好于高中学生，女生对待诚信的态度好于男生。

表7－13　农村中学生在"我认为诚实守信很重要"上的反应情况

选项	初中		高中		总计(%)
	男生(%)	女生(%)	男生(%)	女生(%)	
A. 是	95.65	99.38	82.78	96.15	93.63
B. 说不清	3.11	0.63	8.61	3.21	3.82
C. 不是	1.24	0.00	0.62	0.64	2.55

2. 城市中学

（1）城市中学生对他人诚信的期待度

为了调查城市中学生对他人诚信的期待度,本课题设置了一道选择题,学生回答结果统计如表 7－14。从调查结果来看,86.14% 的中学生认为"小刚应该承认错误",说明大部分城市中学生对诚信问题有比较正确的认识。他们认同诚实、正直、守信、履约等诚信基本道德品质,希望人与人之间能做到真诚相处,反对弄虚作假、不守信用的行为。但是我们同样也发现,初中生对待他人诚信的期待度远高于高中生,高中生中认为应该悄悄走开的占 16.12%,还有 4.48% 的学生认为应当诬陷他人。

表 7－14　城市中学生在"踢足球砸破教室玻璃"上的反应情况

选项	初中		高中		总计(%)
	男生(%)	女生(%)	男生(%)	女生(%)	
A. 承认错误	91.84	95.95	73.08	84.92	86.14
B. 悄悄走开	8.16	2.89	21.79	11.17	11.06
C. 诬陷他人	0.00	1.16	5.13	3.91	2.81

（2）城市中学生人际交往中的诚信度

为了调查城市中学生人际交往中的诚信度,我们同样设置了一道情景题,学生回答结果统计如表 7－15。从调查结果来看,90.76% 的中学生认为自己"会按约定时间还书的",说明城市中学生在人际交往中能做到诚实守信,能够对别人履约自己的承诺,同时也反映出当代中学生的时间观都很强,能够准时履约。

表 7－15　城市中学生在"是否按时还书"上的反应情况

选项	初中		高中		总计(%)
	男生(%)	女生(%)	男生(%)	女生(%)	
A. 不会	2.04	1.73	6.41	2.23	3.14
B. 无所谓	5.10	3.47	8.97	6.70	6.11
C. 会	92.86	94.80	84.62	91.06	90.76

（3）城市中学生对待金钱的诚信度

为了调查城市中学生对待金钱的诚信度，我们设置了一道情景题，城市学生回答结果统计如表7－16。从调查结果来看，与农村中学一样，相对于对他人诚信的信任感和人际诚信状况，只有77.56%的中学生认为自己"会把店主的钱还回去"，同时有12.71%的城市中学生会选择"自己拿着"，说明城市中学生在金钱方面的诚信意识也有所欠缺。从表中可以看出初中生对待金钱的态度比高中生要谨慎，87.08%的初中生选择应该还回去，而仅有69.85%的高中生认为应该还回去。

表7－16 城市中学生在"买东西时店主多找钱"上的反应情况

选项	初中		高中		总计（%）
	男生（%）	女生（%）	男生（%）	女生（%）	
A. 自己拿着	6.12	5.78	25.00	12.29	12.71
B. 拿不定主意	10.20	5.20	10.90	12.85	9.74
C. 还回去	83.67	89.02	64.10	74.86	77.56

（4）城市中学生在学习方面的诚信度

为了调查城市中学生在学习方面的诚信度，我们设置了一道情景题，城市中学生回答结果统计如表7－17。从调查结果来看，相对于在金钱上的诚信度，只有55.78%的中学生认为自己"厌恶班上同学考试作弊"，这个比例比农村学生要低，同时有42.08%的城市中学生选择"无所谓"，说明目前城市中学生在学习方面诚信出现了很严重的问题。此题目反映出初中学生与高中学生对待学习诚信度的差异，70.48%的初中生厌恶作弊，而只有43.88%的高中生厌恶作弊，一半的高中生对作弊持无所谓态度。

表7-17　城市中学生在"同学考试作弊"上的反应情况

选项	初中		高中		总计(%)
	男生(%)	女生(%)	男生(%)	女生(%)	
A.厌恶	74.49	68.21	37.18	49.72	55.78
B.无所谓	24.49	29.48	58.97	49.16	42.08
C.效仿	1.02	2.31	3.85	1.12	2.15

(5)城市中学生对诚信的态度

为了调查城市中学生对诚信的态度状况,我们设置了一道选择题,学生回答结果统计如表7-18。从调查结果来看,有91.42%的城市中学生认为"诚实守信是很重要",说明目前城市中学生在认知上对诚信问题有比较正确的认识。

表7-18　城市中学生在"我认为诚实守信很重要"上的反应情况

选项	初中		高中		总计(%)
	男生(%)	女生(%)	男生(%)	女生(%)	
A.是	97.96	93.06	87.82	89.39	91.42
B.说不清	1.02	4.62	10.26	10.06	7.10
C.不是	1.02	2.31	1.92	0.56	1.49

3. 城乡比较

我们从前面的数据中,不难发现农村学生的诚信道德意识普遍强于城市学生,例如在回答"小刚踢足球不小心把教室的玻璃砸破",超过10%的城市学生会选择"他会悄悄离开",而不到6%的农村学生才会选择"他会悄悄离开";在人际交往诚信方面、金钱诚信方面和对诚信的态度,农村学生的诚信道德意识也稍强于城市学生;而在学习诚信上,农村学生的诚信意识优于城市学生,当问到"当你看见班上有同学考试作弊时",农村学生超过72%的学生会回答"厌恶",而城市学生的回答"厌恶"的比例只有55%。

笔者认为改革开放过程使得城市的经济发展水平和文化发展水平都超过农村,但随之而来的各种不良、腐朽思想及社会上的不正之风也比农村严重,这些都影响着城市中学生的诚信品质的养成,对正在成长的城市中学生产生了消极的影响。

第三节　研究结论与教育对策

一、小学部分

（一）小学生诚信总体状况

对根据调查问卷所得到的数据结果进行 SPSS16.0 统计处理,分析结果表明,小学生在踢足球砸破教室玻璃、放学路上捡到钱包、是否按时还书、我们要诚实守信的知情行、买东西时店主多找钱、班上有同学考试作弊行为等六个情境所反映的诚信问题总体呈良好态势。他们是非观念强,能主动承认错误,并具备适当的理性分析能力,对所设置的问题情境,选择正确合理的选项是主流,基本上都在90%以上。

在性别差异对诚信状况的影响方面,统计结果也表明其基本上对小学生诚信没有太大影响,男女同学的诚信观一致。在年级差异对小学生诚信的影响方面,根据统计结果我们不难看出,在踢足球砸破教室玻璃情境上,年级不影响小学生们的选择,但是在其他情境上却出现了有相关性的状况,最典型的就是诚信第六题,在面对同学考试作弊的情况时,六年级选择"无所谓"的学生比例最高,二年级选择"也要作弊,不然不公平"表现的最明显,选择"有罪恶感和羞耻感"则在五年级和六年级有相当高的比例。选择"考试后好好规劝他不要作弊"的在一年级中获得最大的认可。这表明,随着年级增长,小学生诚信观在不同方面会渐渐发生改变,呈现年级性特点。

综上所述,虽然小学生们都有良好的诚信基础,但作为教育者,学校和教师还是要针对不同年级的身心特点,选择适合的教育方式和教育内容,有针对性地进行教育,才能帮助小学生们树立正确的诚信观,打下牢固的思想基础。

（二）教育对策及建议

虽然研究结果表明目前小学生诚信状况整体呈良好状态,但其始终是不可忽视的问题。塞缪尔·斯迈尔斯在著名的《品格的力量》一书中所说:"哪一个民族如果不崇尚和奉行忠诚、诚实和公正的美德,它就失去了生存的理由。"作为一个有着极好的诚信信仰和诚信传统的民族,我们更应该注重诚信品格的培养,从小打下良好的诚信基础。小学生诚信教育是一个长期、复杂、系统的过程,需要社会、家庭、学校的通力合作、相互支持,需要广大教育工作者长期不懈的努力。

1. 将诚信具体化为小学生的言行规范

无论是家庭还是学校,都要根据小学生的不同发展阶段,对其提出具体的诚信要求,比如可以具体化为不欺骗家长、老师和同学,损坏公物要赔偿,拾到物品要归还给失主或者上交,不包庇犯错的小朋友,不抄袭作业,考试不作弊,真诚地与其他小朋友相处,不说假话,对别人的虚假行为提出善意批评和劝告等等。

在促进小学生们将诚信转化为自己的行为规范时,不能仅仅通过讲述某某拾金不昧之类的小故事来进行,也不仅仅是每周两节思想品德课就足够的,对孩子们在日常生活中的诚信行为提出表扬是必要的,但是更需要有系统的指导,比如常常以诚信主题讨论或者诚信主题演讲的方式引导孩子们集中注意力思考诚信问题,或者引导学生从生活中、学习中的小事着手,收集周围生活中诚信和不诚信的信息,并通过课堂交流、班队课、写日记、写作文等多种形式,把各自收集的信息整理归类并交流、讨论,以发展学生辨别是非能力,并在大家的交流和互动中感受到诚信的意义,最终提高小学生的诚信水平。同时,要为孩子们创设情境,进一步促进孩子们诚信行为的形成。日本教育家、心理学家石川弘义认为:"人之成德在于力行。"只有力行,才能验证道德是否形成。只有小学生们将诚信知识、诚信理念内化为自我的一种需要,从而逐渐形成诚信情感,并最终在诚信行为中表现出来,我们的诚信教育才能有效。

2. 家长和教师要为孩子树立良好的诚信榜样

家庭是小学生生长的第一环境,父母是小学生的第一任教师。父母的言谈举止及教养态度、教养方法对小学生诚信品质的形成起着潜移默化的影响,这种影响将伴随孩子的一生。有些父母受社会功利意识的影响,在生活中缺乏诚信,为获取个人利益不择手段,与人交往虚情假意、言行不一。有些父母甚至堂而皇之地对子女撒谎。孩子们耳濡目染,久而久之也会养成虚假的人格特征。

一直以来被称做人类灵魂工程师的代表、作为"学高为师,身正为范"的楷模的教师们,在越来越复杂的教育大环境下,一些人逐渐丧失师德,丢掉了诚信。最为常见的就是学校上级领导要听公开课,老师们会提前把各个环节都安排好,甚至谁回答哪个问题都演练好,完全不能展现真实的课堂情况。更为恶劣的是,有些老师为了赚取外快,故意在课堂上少讲内容,留到课后的收费辅导中再来教给学生。小学生虽然年纪小,但已有了对好坏的感知能力,如果老师们做不诚信的事情没有受到惩罚,孩子们在心理上就有产生像老师这样也可以的效应,会去模仿,或者在做了不诚信的行为时也心安理得。事实上,为孩子树立良好的诚信榜样,在诚信方面为所有的孩子作出表率,无论是家长、教师还是陌生的社会成员,都有着不可推卸的责任。孩子是我们的未来,需要每一个人认真去守护。家长们应该严格要求自己,言而有信,不欺瞒;教师们也要注意自己的涵养、学识和人格品质,他们高尚的诚信品质,将是学生们最直接的指南针和风向标。

3. 针对不同年级运用恰当的教育方法

小学生心智发展极不成熟,缺乏明辨是非的能力,加上各个不同年级学生身心发展特点的不同,对诚信概念的理解,对诚信的内在需求,以及将课堂中生活中学习到的诚信知识转化为自己的诚信行为的能力不同,因此,我们要选择与各个年龄阶段相对应的教育方法,如对低段学生可以多用榜样示范法,公开表扬有诚信行为的学生,奖励小太阳奖状或者五角星,激发孩子们模仿和比赛的动机;对中段孩子则可以采用生活教育法,举出生活中的一些小事例,如买到假的铅笔影响写作业,假的食物影响健康等等,让孩子明白不诚信的坏处;对高段孩子则可以采用情感陶冶法,这个年级的孩子们已经有了很丰富的情感,可以向其讲述中华民族的诚信历史,也可以阐述诚信的重要意义,能够在感情上引起他们的共鸣。总之,只有我们选择的教育方法真正打开孩子们心灵的大门,才有可能在其间播下诚信的种子。柯尔伯格曾指出,人类道德主要采用"情感—体验型"学习方式,因此,我们可以利用学生的无意识领域,通过制造不同的情境,将诚信问题和诚信观念融合起来,启发儿童反省自己的诚信经验,树立正确的诚信观念。

4. 学校要创设诚信的校园文化氛围

虽然社会各界一直呼吁学校应该扛起素质教育的大旗,但是在升学率的重压下,大多数学校都只重视智育而忽视德育,这直接导致校园精神文化的缺失。而且,随着经济领域和政治领域诚信堤坝的决堤,文化领域也渐渐出现缺口,即使是学校也不可避免。最典型的就是为了迎接上级的评估,不少学校存在弄虚作假现象,如平时不注重校园清洁和学生的生活学习环境,有领导要来参观或者上级过来检查,就会临时突击,全面大清扫,窗明几净,把学校整理得像花园,但检查人员一走,立即恢复乱糟糟的原样;还有的学校,学生们学习档案建立不完善,教学设施也不齐全,都是在临检查前学校、教师甚至要求家长和孩子一起作弊应付检查,为了获得上级的表扬,临时突击搞面子工程,甚至还公开教唆、强迫学生撒谎。我们呼吁为孩子树立良好的诚信榜样,营造健康诚信的生活学习环境。学校要增强自身的诚信意识,大力营造诚信的文化氛围,做到诚信治校、诚信治学、诚信育人,不辱自身使命,不辜负社会的期望。

5. 家长、学校和教师要对小学生有积极的信任和美好的期待

学校、家庭、社会要对儿童要有积极健康的期待。社会规范内化为儿童自身道德标准的过程可以分为不同的阶段,在内化的初始阶段,行为结果的反馈起着关键的作用,在内化中期,社会期望起着决定性影响。我们的学校、社会、家庭不应该只担心孩子们会受到坏的影响,然后一味教育

他们不诚信会出现的可怕后果,而是应该充分地向孩子们表达对他们的信任和期待,相信他们可以经受得住考验并做得更好,让他们充分享受诚信所带来的美好体验。

英国哲学家、教育家罗素指出:"事实上,孩子的不诚信几乎都是恐惧的结果。一个受到贤明和善对待的儿童,他的眼里总是充满坦然的神色,而一个常遭训斥及苛求的儿童则无时无刻不战栗在遭受责骂的恐惧之中,孩子发现对成人说实话蕴藏着危险,在此情况下他就说谎了。"随着社会竞争的愈演愈烈,家长们对孩子们的教育有了越来越高的要求,最直接的表现就是对成绩的异常过分的重视。笔者就曾经遇到过小学一年级语文考了98分在班级排名倒数而受到家长严厉斥责的情况。很多孩子害怕被家长责骂,害怕成绩不能让家长满意,害怕老师将自己在学校调皮捣蛋的情况反映给家长,才会想到修改考试成绩,撒谎不让爸爸妈妈来参加家长会等等。家长、学校和教师,甚至整个社会,都应该正确而积极地看待孩子,只把他们看做应该享受快乐童年的儿童,抑或祖国正在成长的小花朵,而不要似乎已经预见了他们成功或不成功的未来,更不要把家长对人生的期望强加到孩子的身上。只有这样,我们才会有正常的小学生,正常的教育。

二、中学部分

(一)研究结论

调查结果说明当代中学生的诚信道德状况主流是好的,他们普遍为人诚实守信,对大部分的诚信品质有比较正确的认识,遵纪守法,责任心强,是一个讲文明、讲道德的良好群体。但是,由于受多种因素的影响,也有一部分学生出现了诚信迷失的情况,且随着年级的升高诚信迷失的现象越严重,城乡和不同性别的学生在诚信观上也表现出不同的特点。归纳起来主要有以下几个问题:

1. 诚信认知与诚信行为分离

从调查中发现,超过90%的叙述都认同诚实、正直、守信、履约等诚信基本道德品质,"认为诚实守信是很重要"。但实际行动中却是另外一种状况,比如在调查中,当问到"当店主多找钱给你的时候"时,只有80.71%的学生选择"还回去",再问到"当你看到班上有同学作弊"时,回答"厌恶"的人数只占60.10%。许多中学生都知道做人要诚实守信的道理,但在实际行动中却不去落实,是"语言的巨人,行动的矮子"。

2. 诚信行为往往因事而异

中学生对待事情的诚信度高低取决于自身与其事的利害关系程度。也就是说,利害关系程度越高,诚信度也越低;反之就越高。调查结果表明,相对于"还书"或"退钱",跟学生关系比较密切的考试问题的诚信度是最低的,当问到"看到班上有同学作弊"时,只有60.10%的人数会"厌恶"。发生这种状况的原因可能是在目前应试教育制度下,学习仍是中学生首要任务,是与中学生眼前利益最为密切的事,许多中学生抄袭作业、考试作弊都是为了获得好成绩,得到老师的表扬、同学的认可和家长的肯定。

3. 初中生的诚信道德意识强于高中生

由表7-19可知,不同年级的中学生在诚信各题目上的回答差异显著。结合我们前文内容就不难发现,初中生的诚信意识强于高中生。笔者认为这里的原因是随着学生年龄的增长,他们的独立意识和自我意识越来越强,同时接触到社会的一些不良风气的机会也越来越多,对自己的道德约束越来越弱,造成学生的诚信意识随着年龄的增长会变弱。当然这也说明中学生的诚信意识与年龄有着密切的关系。

表7-19　各年级中学生在诚信各题目上的卡方检验结果

题目	人数	卡方值	df	p
1. 踢足球砸破教室玻璃	1234	54.917	10	.000
2. 是否按时还书	1234	18.802	10	.043
3. 买东西时店主多找钱	1234	51.750	10	.000
4. 班上有同学考试作弊	1234	80.686	10	.000
5. 诚实守信很重要	1234	28.471	10	.002

4. 女生的诚信道德意识强于男生

由表 7－20 可知,中学的男女生在诚信各题目上的回答具有显著的差异。我们从前文数据中不难发现,女生的诚信道德意识强于男生。笔者认为这是性别期待与性别教育所致。社会对男性与女性角色的不同期待是客观存在的。在我国由于传统的"男尊女卑"思想的深刻影响,社会对女性的品行要求更高,女孩各方面从小就被严格要求,循规蹈矩,一举一动都要符合社会规范和道德准则,要求女生在诚实守纪律方面做得更好,男生在此方面要求就较低。

表 7－20　中学男女生在诚信各题目上的卡方检验结果

题目	人数	卡方值	df	p
1. 踢足球砸破教室玻璃	1234	23.831	2	.000
2. 是否按时还书	1234	13.175	2	.001
3. 买东西时店主多找钱	1234	34.940	2	.000
4. 班上有同学考试作弊	1234	17.314	2	.000
5. 诚实守信很重要	1234	10.729	2	.005

5. 男女生的诚信道德意识差异随着年龄的增大而增大

在我们的调查中还发现,男生与女生的诚信道德意识差异会随着年龄的增大而增大。随着年龄的增大,男性与女性的生理和心理向着不同的方向发展,社会对男性与女性角色的不同期待也越来越大。这样造成的后果是,女孩子变得越来越拘束,男孩的反叛性越来越强。

（二）教育对策

从调查结果,我们不难看出当代中学生的诚信道德状况总体良好,但是,由于受社会各种因素和自身因素的影响,不少中学生的诚信道德不容乐观,且呈现出一定的特点,我们要依此来制定不同的诚信教育措施与对策。

1. 树立诚信信念

诚实守信是中华民族的传统美德。树立诚信信念是对待诚信认知与诚信行为分离最好的方式。古语说:"人无信不立",诚信是做人处事之根本。"一言既出,驷马难追",做人、交友、学习、工作等都离不开守信,可以说诚信是获得成功的重要条件。背信弃义、尔虞我诈的作假行为和欺骗手段让人切齿痛恨。然而根据调查,近年来中学生诚信缺乏像瘟疫一样侵蚀了其年轻的肌体,污染了其纯洁的心灵。提高中学生对诚信信念的认识,应该从诚信的圣人、名人榜样学起。古代圣人孔子说:"人而无信,不知其可也。"他的学生曾参笃信而付诸行动,后来成了大名鼎鼎的贤人。莎士比亚说:"没有一处遗产能像诚实那样丰富了。"没有什么东西可以取代诚信,缺少诚信人们无法取得成功。中学生应该以实例为榜样树立诚信信念,在生活和行动中诚实做人、诚信做事。诚信信念的树立和形成必将强有力地推动诚信行为的实施和扩展。中学生如果按内心的诚信信念来支配自己的言行,就会在内心形成一种情绪体验,便会产生一种发自内心的道德义务和责任感。通过教师引导学生学习诚信美德,吸收古今优秀道德准则,认真剖析现实社会中的不诚信事例的危害,提高中学生对诚信信念的认识。中学生的诚信信念越强烈,对自己行为的诚信意义就理解得越透彻,就越能按正确的诚信规则做事。提高诚信信念认识是我们开展诚信教育的首要步骤。中学生处于信念的萌发时期,学校可以开展一些读书会,从现实中的诚信事例或者具有教育意义的影片出发,让学生热烈开展讨论,从诚信实践提升至诚信信念。

2. 改善诚信态度

中学生的诚信行为往往因事而异,这是因为中学生对待诚信的态度是不稳定的,会随着事情、环境的变化而发生变化。想改善中学生的诚信行为必先改善中学生的诚信态度。人的一生都离不开社会学习的方式,特别是在中学生成长过程中,更离不开对他人的模仿和学习。社会虚假现象过多会严重影响中学生对社会事物的诚信度。由于中学生生理和心理发展的不成熟,容易受到外部行为的影响,学校的诚信说教与中学生所看到或经历的种种现象相互矛盾,使他们对诚信持怀疑态度。因而使接受教育的学生对诚信难以产生持久的认同感,更使大部分还处在道德选择阶段的中学生无法产生对诚信行为的认同。一个人的人格特征会影响其行为表现,责任心作为一种人格特征,其大小会影响一个人的总体诚信度。责任心越强的人越倾向于不仅关注自己成为一个什么样的人,关心自己的道德水准,而且关注自己的言行对他人的影响,关心他人因此而形成对自己的态度。由此可见,中学生的诚信教育应从改善中学生诚信态度入手,通过培养中学生做事情的计划性、条理性、自律性等责任心人格特征进而间接提高中学生的诚信度。中学生的诚信态度在性别、年级、城乡、学校等方面都存在差异。因此,对不同的学生,诚信教育的内容和方法也应不同,要针对不同的教育对象灵活处理,不能简单一概而论,要综合采用不同的教育模式,灵活运用不同的教育方法和教育策略。

3. 营造诚信氛围

在上面调查中我们发现,初中生的诚信情况明显好于高中生,并且学生随着性别的不同以及年龄的增加,诚信意识具有很大差异,这说明,社会的大环境对于诚信意识的影响是潜移默化的。为了解决此类问题,我们需要营造和谐的诚信氛围。首先,要加强学校诚信,打造教育诚信。学校要转变理念,作为中学生诚信教育的摇篮,应做到两个方面:其一,要切实全面推进素质教育,促进中学生德、智、体、美、劳全面发展,创造健康向上、宽松愉悦的育人氛围。其二,在教育管理活动中,要严肃踏实,带头诚信,坚持不懈,做事要多一点人文、少一点功利,不搞突击应付,不搞面子工程。在收费、招生等涉及学生切身利益的工作中,杜绝弄虚作假、徇私舞弊等不良作风和行为,做到办实事、说实话、求实效,创建诚信校园,提供诚信服务,取信于学生,取信于家长,取信于社会。其次,全体教职员工要诚信教育,做学生诚信的楷模。教师的人格力量对学生的影响是潜移默化的,因此师德建设极其重要,注重提高教师品德修养,教师要以高尚诚信人格影响学生,做学生的表率,为学生诚信教育奠定坚实的师德基础。为人师表是教师应体现的基本道德要求,加强师德师风建设,重视教师行为、言谈、情感、作风等对学生的教育作用。教师应当以身作则,教师在做任何事情时应考虑行为过程和行为结果是否正当合理、是否合乎诚信道德的要求。教师应该实事求是、表里如一、信守承诺,要公平、民主地对待每个学生,绝不能以性别、民族、身体状况、学习成绩、身心发展水平、家庭背景以及地域为由偏袒或歧视学生,这样学生才会说话算数、言而有信,这样才能感化学生在学习上不投机取巧、弄虚作假。最后,培育家庭诚信教育氛围。每一个人的社会化,离不开家庭的哺育,更需要家庭的教养。家长乃至家庭成员的一言一行都将对孩子的成长、性格的形成和人生观、价值观的确立产生潜移默化的影响。学校应积极主动引导、帮助家长开展好家庭诚信教育。要引导家长从重智轻德的误区、片面追求子女成才的樊篱中走出来,关注子女的成人教育、素质教育,把诚实守信作为培养孩子做人的要领,教育子女从小树立诚信信念。古人讲:"合抱之木,生于毫末",教育孩子诚实守信,家长必须作出榜样,为孩子做诚信的表率。在面对现实生活中的大量不诚信行为时,不能在孩子面前刻意去回避,要针对具体的诚信缺失现象进行讨论,让孩子去理解社会生活的复杂性,并鼓励孩子去思考解决这些问题的对策,对孩子的正确想法表示认可和表扬,坚定其诚信道德信念。

4. 注重诚信实践

诚信实践是解决所有问题的核心,"实践出真知",缺少了实践的诚信教育,就是空中楼阁。要在社会实践中培养中学生的良好诚信品质,要充分发挥社会诚信实践的作用,需积极组织中学生参与各种社会诚信实践活动,真正把中学生诚信教育融入社会和各种精神文明的创建活动中去,把诚信教育与诚信实践相结合,使学生做到知行统一,在实践中彰显诚信的意义,提升诚信教育的效果。开展丰富多彩的诚信实践活动,要突出教育主体的实践性,充分发挥中学生的积极性、主动性,做到活动铸诚。在实践活动中,要注意从点滴小事做起,不放过任何一次诚信教育的机会。如值日生不擦黑板、不打扫教室、不交作业、抄袭作业、上课无故迟到、考试作弊等行为,教师都应及时教育和纠正,寓诚信教育于实践活动之中,如在文体活动中穿插诚信教育节目或内容,如在倡导社会主义荣辱观的风尚下,组织中学生唱响"八荣八耻"内容的歌曲。组织学生对现实生活中的诚信状况进行调研等,引导中学生对诚信热点和难点问题进行讨论,以此来提高他们的认知水平和判断水平。在具体情境中引导中学生把所学的道德知识应用到实践中去,培养了中学生的道德认知与情感,抑浊扬清,引导学生从他律走向自律。

5. 完善诚信制度

各级教育行政部门和学校要树立以诚信立教、以诚信育人的理念,加强领导,将诚信落实到学校教育教学和学校管理的各个环节之中,建立健全诚信教育的各项制度。各级教育行政部门领导和教职员工要带头讲诚信,做到为人师表、身体力行,做诚信的表率,将诚实守信落到实处。诚信教育是一个复杂系统的工程,只有在法律、制度、文化、伦理、舆论和教育等多方面合力的作用下才能取得实效。试行诚信督导制,加强学校对年级和班级的诚信管理。动员各方力量,整合多种资源,尽力建立好学生诚信档案,以便对学生诚信道德形成过程进行长期的跟踪和系统的教育,做到诚信教育和诚信评价的公正性、日常化和规范化。学校要建立诚信监督机制,对教师虚假行为要建立严格的惩戒制度或规定,加强教师诚信制度建设,如制订《教师诚信条例》、《教师学术诚信条例》、《荣誉守则》等;进行职业道德岗前培训活动;建立教师诚信教育监督考核机制,并把考核结果作为考评教师工作业绩的重要依据。建立和健全学生诚信监督评价体系,真正做到监督护诚。学校要制定学生日常行为诚信守则或规范,使学生有规可循,使学生的诚信状况有据可查。守则应从大处着眼,小处入手,从不说谎话,不抄袭作业,考试不作弊,明礼守纪,拾金不昧,团结友爱等基本的日常行为规范和道德要求抓起,突出诚信的具体要求。要制定学生诚信状况评估条例,定期对学生的诚信状况进行评估;要建立档案跟踪机制,通过科学的诚信考核体制,对学生的诚信状况进行评估建档,把学生的诚信状况作为升学的重要考核依据之一。要努力促进诚信道德规范的制度化和法律完善,要加强对中学生进行诚实守信的法治教育,使中学生了解我国有关诚信法律制度,为诚信者提供法律保障。中学生要自觉地把外在的诚信准则内化为自身所遵循的信念,并通过自我评价、自我监控、自我激励等塑造自己的诚信形象,努力做到自重、自省、自警、自励,坚定诚信信念,把认知、情感和意志结合起来,自觉遵守诚信法规。

综上所述,中小学生的诚信教育是中小学生荣辱观教育的重要内容,在培养中小学生中具有重要意义。在市场经济条件下对中小学生进行诚信教育,是具有非常重要的现实意义的,也是坚持科学发展观,构建社会主义和谐社会的重要组成部分。本章针对当代中小学生的诚信缺失的现状做了理性分析,并提出了加强当代中小学生诚信教育的一系列措施。总结如下:

第一,小学生在踢足球砸破教室玻璃、放学路上捡到钱包、是否按时还书、我们要诚实守信的知情行、买东西时店主多找钱、班上有同学考试作弊行为等六个情境所反映的诚信问题总体呈良好态势。他们是非观念强,能主动承认错误,并具备适当的理性分析能力,对所设置的问题情境,选择正确合理的选项是主流,基本上都在 90% 以上。针对小学生的这种情况,应树立良好的诚信榜样,在家庭中,父母要随时注意自己的言行,提高自身素质。同时,学校要增强自身的诚信意识,大力营造诚信的文化氛围,做到诚信治校、诚信治学、诚信育人;选择合适的教育内容,诚信教育内容的选择要使学生通过学习对整个真实社会的诚信状况有真切、全面、客观的认识,不仅要让他们了解很多正面的讯息,也要明白存在着不可避免的"恶势力",增强他们的内驱力;运用恰当的教育方法,我们要选择与各个年龄阶段相对应的教育方法,如情感陶冶法、榜样示范法、生活教育法、说服教育法等等,只有我们选择的教育方法真正打开孩子们心灵的大门,才有可能在其间播下诚信的种子,期待积极的成长结果。家长、学校和教师,甚至整个社会,都应该正确积极地看待孩子,把他们看做应该享受快乐童年的儿童,抑或在成长中的小花朵,而不要把成人的目光强加到孩子身上。

第二,当代中学生的诚信道德状况主流是好的,他们普遍为人诚实守信,对大部分的诚信品质有比较正确的认识,遵纪守法,责任心强,是一个讲文明、讲道德的良好群体。但是,由于受多种因素的影响,也有一部分学生出现了诚信迷失的情况,且随着年级的升高诚信迷失的现象越严重,城乡和不同性别的学生在诚信观上也表现出不同的特点。比如,诚信认知与诚信行为分离;诚信行为往往因事而异;初中生的诚信道德意识强于高中生;女生的诚信道德意识强于男生以及男女生的诚信道德意识差异随着年龄的增大而增大。针对这些情况,在中学诚信教育中要首先提高诚信信念,中学生应该以实例为榜样树立诚信信念,在生活和行动中诚实做人、诚信做事。诚信信念的树立和形成必将强有力地推动诚信行为的实施和扩展。中学生如果按内心的诚信信念来支配自己的言行,就会在内心形成一种情绪体验,便会产生一种发自内心的道德义务和责任感。通过教师引导学生学习诚信美德,吸收古今优秀道德准则,认真剖析现实社会中的不诚信事例的危害,提高中学生对诚信信念的认识;其次改变中学生对待诚信的态度,中学生的诚信教育应从改善中学生诚信态度入手,通过培养中学生做事情的计划性、条理性、自律性等责任心人格特征进而间接提高中学生的诚信度。中学生的诚信态度在性别、年级、城乡、学校等方面都存在差异。因此,对不同的中学生,诚信教育的内容和方法也应不同。在校园和家庭中营造诚信氛围,在学校方面,要加强学校诚信,打造教育诚信,在教师方面,全体教职员工要诚信教育,做学生诚信的楷模,在家庭方面,培育家庭诚信教育氛围;同时还要注重中学生的诚信实践,要在社会实践中培养中学生的良好诚信品质,要充分发挥社会诚信实践的作用,需积极组织中学生参与各种社会诚信实践活动,真正把中学生诚信教育融入社会和各种精神文明的创建活动中去,把诚信教育与诚信实践相结合,使学生做到知行统一;最后还需要完善教育系统中的诚信制度,各级教育行政部门和学校要树立以诚信立教、以诚信育人的理念,加强领导,将诚信落实到学校教育教学和学校管理的各个环节之中,建立健全诚信教育的各项制度。

中小学生的诚信教育是一个复杂的系统工程,其解决并非朝夕之事,科学分析现阶段中小学生诚信现状,提出切实可行的教育救治策略,是一项理论性与实践性、针对性与操作性都很强的教育实践活动,同时也需要不断地在研究中探索,在探索中实践,在实践中提高,它需要教育工作者长期艰苦地努力,它更需要全社会行动起来,相互配合,构建学校—家庭—社会一体化的道德教育平台,为中小学生的成长创造良好的教育环境。

第 八 章

遵纪守法篇

"不以规矩,不能成方圆;不以六律,不能正五音。"①人类社会必须共同遵守一定的行为规范,才能保证人与社会的健康发展,法纪在社会文明与进步的过程中扮演着重要的角色,拥有正确的法纪观念和良好的法纪意识是一个社会文明程度的重要标志。在建设和谐社会的今天,提高人们的法纪意识,形成良好的法治观念,在建设社会主义和谐社会的今天具有重要的意义。

第一节 研究背景与理论分析

法律、纪律和道德同作为人类社会行为规范的形式而存在,三者有着紧密的联系,也存在着一定的区别。法律和纪律统称为法纪,是以强制力为保障的社会行为规范。法纪与道德分属于两个系统,人们的法纪观念同样体现一定的道德和文明水平,而一定社会的道德水平是人们法纪观念的伦理基础,两者是相辅相成的关系。

法律是国家制定认可的,以国家强制力保证实施的行为规范体系。

---

① 刘海风、米晓燕:《孟子选注》,上海人民美术出版社 2004 年版,第 173 页。

这种规范体系,依靠国家强制力保证实施,以权利义务为调整机制,以人的行为及行为关系为调整对象,反映了由特定物质生活条件所决定的统治阶层或人民的意志。法律具有以下显著特征:第一,法律是国家制定或认可的,具有国家性,是统治阶级以"国家名义",利用国家强制力保证其阶级利益实现的政治工具,代表统治阶级的利益。我国是人民当家做主的人民民主专政国家,法律是为人民民主专政服务,全国人民代表大会是立法机构,实现了国家以至于人民意志的最高统一。第二,法律具有强制性,一旦法律生效,法律就具有了强制力,靠国家力量强制实施,这是法律区别于道德及其他规范的本质特征,并且法律的强制性是程序化的强制,而不等同于纯粹的暴力。第三,在国家强制实施的基础上,法律具有普遍性的特征,所有的法律在其适用范围内是具有普遍性的,不是针对某一个案例或特殊群体。

遵纪守法的"纪",指的是纪律,纪律是在一定社会条件下形成的、一种集体成员必须遵守的规章、条例的总和,是要求人们在集体生活中遵守秩序、执行命令和履行职责的一种行为规则。通常是政党、国家机关、部队、团体、学校、医院、企业等单位为了维护集体利益,并保证工作的正常进行而制定的要求,规定所属每个成员共同遵守的章程条文的准则。纪律具有强制的约束力。

法律、纪律和道德都是行为规范,都起着约束人们行为、维护社会秩序的作用,这是三者的共同点。法纪与道德的最大区别在于法纪具有外在强制力,属于他律的范畴,而道德没有强制力,依靠内心信念、习惯和舆论等力量来起作用,属于自律的范畴。法律与纪律的相同之处在于它们都是具有强制力保证实施的行为规范,不同之处在于法律和纪律的制定主体和调整范围的不同,法律是由国家制定或认可的,具有绝对的强制力,执行的主体也是国家法律机构,而纪律是由某个组织、团体或单位制定或认可的,调整的对象比法律具体,在强制力上,也低于法律的效力。

一方面,从道德与法的联系来讲,法律规范是最低限度的道德要求。道德是法的精神支柱,是法的主要源泉;法是道德的基本保障,是道德的最低要求。社会总是把最基本的道德规范上升为法律,或者说,法律的内容源于基本的道德规范。一般说来，凡是法律禁止和制裁的行为，也是道德要禁止和谴责的行为；凡是法律要求和鼓励的行为，也是道德要培养和赞扬的行为。从这个意义上讲，实施法律的过程，其实就是一个弘扬道德的过程。一个有道德、知荣辱的人，首先应该是一个守法的人。如果连这个最基本的要求都做不到，很难说他是一个道德高尚的人。因此，守法就是道德的底线，就是社会主义荣辱观的基本要求。

另一方面，从道德与法的区别来讲，法律调整较之道德调整更具主导作用。虽然道德调整与法律调整是社会调整体系的两个主要方面，但与道德调整相比，法律调整明显具有确定性、可预测性和强保障性三大优势，法律调整较之道德调整更具主导作用。从调整对象和作用机制来看，道德调整侧重于人的内心动机，而法律调整侧重于人的外部行为，外部行为显然比内心动机更具确定性；从规范本身来看，道德规范通常是原则性的，而法律规范则将道德原则具体化，法律比道德更具可预测性，更能引导和规制人的行为；从保障手段来看，道德通常依靠社会舆论、习俗和人的信念来保证实行，而法律则主要依靠国家强制力来实施，道德是弱保障性的，法律是强保障性的。

遵纪守法的社会意义在于法纪和道德在维护社会秩序，促进社会健康持续发展中起着重要的作用，两者是相互补充，缺一不可的。由于法纪与道德的约束机制不同，作用范围不同，法纪和道德被作为两个系统来对待，被人为地区分开来。道德是自律的，道德的力量来自于舆论和内心，所以做了不道德的事，即使不为人所知，于己亦自觉惭愧；而法纪则不同，法纪属于他律，如果做了违法的事情而不被追究，有些人并没有愧疚感，反而有种侥幸感，甚至于敢于再次铤而走险，更有甚者，根本不能认识自己触犯法律的错误，或者犯了法也不知道，这些都是法纪的他律性所内在具有的局限性。在法律与道德之间应该建立起一个联系的桥梁。"以遵纪守法为荣，以违法乱纪为耻"就很好地将法纪与道德相联系，通过荣辱观教育，将遵纪守法作为道德的行为加以提倡，违法乱纪作为可耻的行为加以批评，让人们知道遵纪守法不仅仅是遵守了法纪，同时也是遵守了道德。反之亦然。这样，就使得遵纪守法成为道德的行为，给遵守法纪赋予了道德意义。

第二节　数据呈现与问题讨论

一、小学部分

为了了解当前小学生遵纪守法的状况,课题组采用问卷法和访谈法,选取南京市几所小学进行了问卷调查和个别访谈,在数据收集和整理的基础上,我们做了详细的分析,研究报告如下。

(一)小学生法纪意识水平的总体状况

法纪意识是法律意识和纪律意识的合称,法律意识是人们对法律的主观把握方式,是一种特殊的社会意识体系,是社会主体对社会法律现象的主观把握方式,是人们对法的理性、情感、意志和信念等各种心理要素的有机综合体。

1. 小学生遵纪守法意识的认知方面

在被问及"我们是否要遵纪守法"这一问题时,几乎所有的同学都异口同声的回答"要",说明小学生对遵纪守法的态度是肯定的。在问卷测试中,从这一选项的回答中可以看出,小学生对于遵纪守法来说,不仅仅停留在知道这么做上,同时也表现出了很高的意志力和付诸行动的特点。被试 1473 名各年级小学生中,在"我们要遵纪守法"的问题中,回答"我知道这很重要"的有 329 人,占总人数的 22.3%;回答"我愿意这样做"的有 496 人,占总数的 33.7%;回答"我决定这样做"的有 648 人,占总数的 44.0%,见表 8－1 所示。这充分说明小学生在遵纪守法的认知和行为倾向方面具有良好的意识。

表8-1　小学生在"我们要遵纪守法"上的回答情况

选项	频数	百分比
A. 我知道这很重要	329	22.3
B. 我愿意这样做	496	33.7
C. 我决定这样做	648	44.0
总计	1473	100.0

2. 小学生遵纪守法意识的情感和意志方面

从上面的数据中可以看出,有33.7%的人选择了"我愿意这么做",可以看出,小学生遵纪守法的意愿是良好的,愿意做到遵纪守法;在访谈的对象中,对"是否愿意或者应该做到遵纪守法"这一问题的回答都是肯定的。比认知和意愿方面更加重要的是行动,遵纪守法的行为规范,就是在日常生活中是否能够自觉地做到遵纪守法,是遵纪守法教育的落脚点和着力点。

3. 小学生遵纪守法意识的行动方面

能否做到遵纪守法是判断小学生法纪水平的根本标准,也是法纪教育的最终目的,社会的舆论宣传和学校的法纪教育以及家庭教导最终都要落实到孩子们的日常行动中,才能最终获得教育的意义。

从调查结果来看,小学生的法纪水平的行动方面的结果比较令人满意,在表8-1中可以看出,对"我们要遵纪守法"这一问题,回答"我决定这样做"的有648人,占总人数的44.0%;在问及的日常行为规范的遵守方面,学生的回答情况令人满意,绝大多数人(九成以上)都能做到自觉遵守法纪和规章制度;在具体情境设置的问答中,从他们在日常生活中遇到法纪困境时所作出的选择(行为)可以看出,小学生的法纪水平的行动方面同样令人比较满意,在"班长竞选期间同学送了你最喜欢的礼物,让你选他,你会答应吗"这一情境问答中,大部分学生(82.3%)都认为"不会这么做,这是违纪的",选"无所谓"的占了一成,可以看出,大多数小学生的法纪意识比较强,法纪意识的应用能力也较强。另外有7.5%的人选择了"会的,到时候我选谁他也不知道",这表明,无论他们到时候到底选择了谁，他们都会带有"唯利是图"之嫌，在利益诱惑之下，虽然他们最终可能没有作出违心之事，但选择了不正当的利益还是看出了小学生中有少数人法纪观念的薄弱，这一点值得关注，需要加以正确的引导。

（二）小学生法纪意识的年龄特征

法纪意识的形成具有阶段性，同掌握科学文化知识的过程一样，它经历感知、理解、提高、运用四个阶段，即形成法律观念、理解法律概念、提高法律评价能力、树立法律信念的过程。在这一过程中，每一个阶段都与学生的思维能力的发展阶段相关，学生的概念、判断和推理能力在不同的年龄阶段有不同的发展水平，所以，考察学生法纪意识与年龄的关系对于研究法纪意识的形成规律以及教育对策具有重要的意义。那么，法纪意识与学生的年龄是否具有直接的相关性，调查结果及分析如下。

1. 总体上来看，随着年龄的增长，小学生违纪现象呈上升趋势

调查以与小学生规范最为密切的学校生活作为考察对象，选取了最常见和最容易发生的规章制度以及社会公约（德）作为典型事件，从中分析小学生日常生活中遵纪守法的现实水平。从表8－2中可以看出，随着年龄的增长，小学生日常生活中违纪现象呈上升趋势，偶尔违反学校规章制度的，一年级有16.2%，四年级有30.7%，而六年级则增长到32.7%，就是说近1/3的学生都有偶尔违反学校规章制度的现象。在问及"你是否因为抄近道而翻过栏杆"时，回答偶尔做的，一年级只有5.8%，四年级增加到13.0%，而六年级则增大到22.6%（见表8－3）。从这一选项可以看出，在涉及个人利益（甚至只是一点方便）时，小学生出现损坏社会公共利益的现象是比较多的，并且随着年龄的增长，这种现象增长迅速。

表 8-2　各年级小学生在"你是否违反过学校的规章制度"上的回答情况

年级	2. 你是否违反过学校的规章制度？			总计 人数（百分比）
	A. 经常 人数（百分比）	B. 偶尔 人数（百分比）	C. 从不 人数（百分比）	
一年级	14(8.1)	28(16.2)	131(75.7)	173(100)
二年级	7(3.1)	71(31.7)	146(65.2)	224(100)
三年级	16(5.1)	136(43.6)	160(51.3)	312(100)
四年级	5(1.8)	85(30.7)	187(67.5)	277(100)
五年级	8(3.6)	87(39.4)	126(57.0)	221(100)
六年级	8(3.0)	87(32.7)	171(64.3)	266(100)
总计	58(3.9)	494(33.5)	921(62.5)	1473(100)

表 8-3　各年级小学生在"你是否因为抄近道而翻过栏杆"上的回答情况

年级	4. 你是否因为抄近道而翻越栏杆？			总计 人数（百分比）
	A. 经常 人数（百分比）	B. 偶尔 人数（百分比）	C. 从不 人数（百分比）	
一年级	4(2.3)	10(5.8)	159(91.9)	173(100)
二年级	7(3.1)	27(12.1)	190(84.8)	224(100)
三年级	2(.6)	28(9.0)	282(90.4)	312(100)
四年级	4(1.4)	36(13.0)	237(85.6)	277(100)
五年级	3(1.4)	26(11.8)	192(86.9)	221(100)
六年级	4(1.5)	60(22.6)	202(75.9)	266(100)
总计	24(1.6)	187(12.7)	1262(85.7)	1473(100)

2. 在法纪意识的知行统一性上，低年级学生更愿意付诸行动

对于遵纪守法的重要性，几乎每个小学生都知道其重要性，也懂得要做到遵纪守法，总体情况比较满意，但是在由知到行的转变上，低年级学生比高年级学生更加愿意行动起来。从表 8-4 中可以看出，低年级学生的行动意愿明显要高于高年级的学生，低年级的小学生更加淳朴和天真地表达自己的愿望，对于高年级的学生来说则要注意加强将认知转化为

行动的教育和引导。

表8-4　各年级小学生在"我们要诚实守信"上的回答情况

年级	5. 我们要诚实守信？			总计 人数（百分比）
	A. 知道重要 人数（百分比）	B. 愿意做 人数（百分比）	C. 决定做 人数（百分比）	
一年级	17(9.8)	42(24.3)	114(65.9)	173(100)
二年级	60(26.8)	72(31.7)	93(41.5)	224(100)
三年级	89(28.5)	101(32.4)	122(39.1)	312(100)
四年级	57(20.6)	100(36.1)	120(43.3)	277(100)
五年级	44(19.9)	84(38.0)	93(42.1)	221(100)
六年级	62(23.3)	98(36.8)	106(39.8)	266(100)
总计	329(22.3)	496(33.7)	648(44.0)	1473(100)

3. 法律与纪律的理性思维能力与年级成正相关性

从下表中可以分析出，低年级学生比高年级的学生更加愿意遵纪守法，在生活常规中，遵纪守法的方面比高年级表现的也好，但是在理性思维和道德困境时，低年级学生的道德思维能力明显要低于高年级的学生。在"班长贿选"的情境问答中，明确回答"不会的，这是违纪的"各年级的比例分别为49.1%、82.1%、79.4%、90.2%、94.1%、89.0%。

表8-5　各年级小学生在"班长贿选"上的回答情况

年级	1. 班长竞选期间同学送了你喜欢的礼物让你选他，你会答应吗？			总计 人数（百分比）
	A. 这是违纪的 人数（百分比）	B. 谁当班长无所谓 人数（百分比）	C. 我选谁他也不知道 人数（百分比）	
一年级	85(49.1)	60(34.7)	28(16.2)	173(100)
二年级	184(82.1)	16(7.1)	24(10.7)	224(100)
三年级	248(79.5)	36(11.5)	28(9.0)	312(100)
四年级	250(90.3)	13(4.7)	14(5.1)	277(100)
五年级	208(94.1)	8(3.6)	5(2.3)	221(100)
六年级	237(89.1)	18(6.8)	11(4.1)	266(100)
总计	1212(82.3)	151(10.3)	110(7.5)	1473(100)

从中可以看出,在道德和法纪思维能力上高年级的学生明显的高于低年级的学生,选择"会的,到时候我选谁他也不知道"的学生中,一年级有 16.2%,而五年级则只有 2.3%,从中可以看出,备选答案给理性思维能力并不强的低年级学生提供了一个似乎合理的解释,所以有许多的学生都选择了这一做法,这并不一定说明低年级学生比高年级的学生更加的"诡计多端",但是低年级学生的道德思维能力的缺陷是显而易见的,在这一点上,高年级的学生对于问题情境有着明确的认识,这正是理性思维能力提高的表现。

(三)小学生法纪观念的性别差异

性别从根本意义上来说是来自于生物学意义上的概念,但由于人的社会属性,也赋予了性别以社会和文化的意义,使性别成为带有社会和文化角色的两个相对的概念,除了在生物学上,人在心理、文化等各个方面都存在着由于性别而造成(无论是先天生物性别规定的,还是社会性别角色定位)的差异,性别差异在社会学和心理学等学科视角中是一个重要的分析因素。性别差异的研究经历了这样的发展过程:以生理上的两性差别作为研究的出发点,从心理学的角度对性别差异进行考察以及从社会文化的范畴探讨两性心理和行为的差别。这一过程显示,性别差异研究的不同取向反映了研究者自身对性别差异所持的不同观念。应该说,两性差异的形成既离不开个体的生理因素也离不开社会文化因素,而后者的影响作用更大。

性别差异在人的社会生活的许多方面都存在,并且发挥重要的影响作用,那么在儿童的法律意识的形成过程中是否存在着性别差异呢? 如果存在,性别因素影响了儿童法律意识的哪些方面? 又有着什么样的特点? 这些疑问有待下文分析。

1. 总体上,小学生中女生比男生的法纪意识更强

在问卷设置的 5 个问题的回答中,出现了同样的现象,就是女生的法纪意识水平要略高于男生,例如,在"是否违反过学校的规章制度"的回答中,一半以上(51.5%)的男生回答了"从不",而从不违反学校规章制

度的女生却高达67.3%,比男生要多了15.8个百分点;43.8%的男生偶尔违反,女生只有28.9%(见表8-6)。可见,在学校生活中,男生违反学校规章制度的现象要比女生高出不小的一部分。

表8-6 小学男女生在"你是否违反过学校的规章制度"的回答情况

性别	选项		
	A. 经常	B. 偶尔	C. 从不
男	4.7%	43.8%	51.5%
女	3.8%	28.9%	67.3%

在"你是否因为抄近道而翻越栏杆"的回答中,2.6%的男生经常翻越,仅有0.3%的女生会这样;有15.3%的男生偶尔翻越,只有4.7%的女生这么做过;82.1%的男生从不翻越栏杆,而从来不因抄近道翻越栏杆的女生则高达95%之多(见表8-7)。从这组数据的比较中,可以更加明确地判断女生遵纪守法的意识和表现要强于男生。

表8-7 小学男女生在"你是否因为抄近道而翻越栏杆"的回答情况

性别	选项		
	A. 经常	B. 偶尔	C. 从不
男	2.6%	15.3%	82.1%
女	0.3%	4.7%	95.0%

2. 在遵纪守法的具体行动上女生比男生更自觉

总体上来看,小学生群体中女生的法纪意识水平要高于男生,在遵纪守法的具体行动中,女生同样表现出比男生更加积极主导。在问及"看到有人随手扔垃圾,你会怎么做"时,有更多的女生(女生51.9%,男生48.5%)不仅要自己捡起来,而且会"告诉他改正";"假装没看见"的男生有3.5%,女生只有2.9%,也要少于男生。

在对于"我们要遵纪守法"的认识上,有40.6%男生选择"我决定这么做",有46.3%的女生作出了这一选择,可见,女生决定践行遵纪守法的号召的人数比男生要略多一些。

3. 对于遵纪守法的认识上女生比男生更加理性

男生和女性在思维能力的各个方面的发展过程中,会呈现出明显的差异性,往往是女孩子比男孩子更加乖巧、理性,而男孩子则更加调皮和感性,这是由社会性别意识角色影响的结果。在关于遵纪守法的认识上,同样呈现出女生比男生更加理性的特点。

在"贿选"的问题情境中,女生的表现要强于男生,有82.9%男生选择"不会",而87.3%的女生会坚定地选择"不会",比男生要稍多一些;有7.1%的男生选择了"会",而选择"会"的女生只占4.1%,比男生稍少一点(见表8-8)。可见,在对遵纪守法的认识上,女生要男生显得要理性一些。

表8-8 小学男女生在"班长贿选"的回答情况

性别	选项		
	A. 不会,这是违纪的	B. 会的,谁当班长无所谓	C. 会的,到时候我选谁他也不知道
男	82.9%	10.0%	7.1%
女	87.3%	8.6%	4.1%

(四)家庭环境与小学生法纪意识的关系

人的社会化是从家庭教育开始的,每一个个体的成长都是首先要打上家庭教育的烙印,在个体成长的初期,家庭教育是影响儿童社会性发展的主要因素,影响到儿童的价值观、性格、情感方式乃至于整个思维方式和行为方式,即使进入学校教育阶段,儿童在生活和成长过程中,家庭因素是促进小学生成长的极其重要的环节。小学生法纪意识除了年龄性别等差异外,每一个个体的状况都是不一样,这种个体差异是多方面的因素造成的,其中家庭的背景和成长环境在儿童的法纪意识的形成和发展过程中也起到了特别的作用。

1. 家长对自身在孩子品德成长过程中的作用认识不够

个体的成长是家庭、社会和学校教育的共同结果,这三方面是相辅相成,缺一不可的。尤其在儿童时期,家庭在孩子的成长中所起的作用是重中之重,但是大多数的父母都认为学校和社会对孩子的成长的影响作用更大,在对孩子思想品德的成长过程中,学校和家庭的责任的认识上,认为"学校责任大"的有 288 个家长,占了总数的 26.7%,认为家庭责任大的只有 47 人,只占总数的 4.3%,大多数的家长认为社会及其他因素对孩子的成长影响最大,有 743 人,占总数的 68%。可见,家长心中,对孩子成长影响的因素中,七成是来自于社会,并且社会对孩子来说负面的影响要大于正面的影响(选正面影响的有 39 人,选负面影响的有 181 人),另外近三成来自于学校,而家庭只占 4.3%,家长对于家庭在孩子思想道德的形成过程中的重要性的认识是不够的,这种现象需要加以教育引导,使得家庭、学校和社会这三者共同承担起促进孩子成长和成才的重任。

2. 小学生日常生活中与母亲交流最多,母亲的教导对孩子的影响最大

小学生大多数都没有离开家庭独立生活,在日常的生活和交往中父母是重要人物,父母的看法和做法也会影响到孩子的看法和做法。通过数据的分析也可以看出,在同样的选项中,父母的选择和孩子的选择具有趋同性,父母是孩子成长的主要影响源。而在父亲与母亲之间,与孩子交流最多的是母亲,占了 69%,与父亲交流的占 16.9%,将近七成的小学生与母亲的交流最多。可见,母亲的人生观和行为方式对小学生的成长和法纪意识观念的影响是最大的。

二、中学部分

为了了解当前中学生遵纪守法的状况,课题组采用问卷法和访谈法,选取了江苏省 3 所中学进行了问卷调查和个别访谈,通过数据的收集和整理,在利用科学统计方法的基础上,我们做了详细的分析,调查结果如下。

（一）中学生法纪意识水平的总体状况

法律意识是多重社会文化影响下形成的,其具体内容是多方面的,包括法律知识、法律情感、法律意志、法律心理等等。纪律是法律的具体化,纪律意识具有同样的划分,在问卷设计的过程中,我们充分考虑了法律意识的多种表现形式,对各个方面均进行了相应的测试,下面分别从认知和行为两个方面对城乡中学生遵纪守法的意识进行分析。

1. 中学生遵纪守法意识的认知方面

在被问及"遵纪守法很重要"这一问题时,几乎所有的同学都回答"是",说明中学生对遵纪守法是普遍持肯定态度的。被问 628 名农村中学生中,对这一问题回答"是"的有 585 人,占总人数的 93.2%;回答"说不清"的有 24 人,占总数的 3.8%;回答"我决定这样做"的有 19 人,占总数的 3.0%。在城市中学中,中学生选择三项答案的百分比分别为91.9%、5.4%、2.6%(见表 8-9),这说明在遵纪守法意识的认知方面城乡并无明显差异。

表 8-9　城乡中学生在"遵纪守法很重要"上的反应情况

地区	4. 遵纪守法很重要		
	A. 是	B. 说不清	C. 不是
农村	93.2%	3.8%	3.0%
城市	91.9%	5.4%	2.6%

2. 中学生遵纪守法意识的行动方面

遵纪守法的行为规范,比认知和意愿方面更加重要的是行动,就是在日常生活中是否能够自觉地做到遵纪守法,这是遵纪守法教育的落脚点。能否做到遵纪守法是判断中学生法纪水平的根本标准,也是法纪教育的最终目的。社会的舆论宣传和学校的法纪教育以及家庭教导最终都要落实到孩子们的日常行动中,才能最终获得教育的意义。

从调查结果来看,中学生遵纪守法意识的行动方面总体比较令人满意,但也存在着一些问题。从表 8-9 中可以看出,对"遵纪守法很重要"

这一说法持肯定态度的城乡中学生均占到了90%以上。在问及的日常行为规范的遵守方面,学生的回答情况令人满意,绝大多数人都能做到自觉遵守法纪和规章制度;当问及"红灯亮了,路上没车的时候,你会通过吗"? 农村中学生中有76%的人选择"不会",而城市中学生中这一比例仅为53.3%,值得注意的是,选择"会的"的城市中学生比农村中学生高出近10个百分点。这说明大多数中学生具有一定的规则意识,但也有相当一部分中学生规则意识相当淡漠,这一点在文明化程度更高的城市日益突出。在回答"看到有人随手扔垃圾,你会怎么做"的问题时,乡村中学生中83.1%的中学生选择"告诉他改正",14.2的学生选择"假装没看见",选择"他扔我也扔"的仅占2.7%;而城市中学生中这三项的选择比例分别为:61.2%,36.5%和2.3%。相比之下,城市中学生对不文明行为的容忍态度值得深思,这种对遵纪守法明显违反行为的冷漠,要求我们在广大中学生中加强法治教育。

（二）中学生法纪意识的年龄特征

法纪意识的形成具有阶段性,在这一过程中,每一个阶段都与学生的思维发展阶段相关,学生的概念、判断和推理能力在不同的年龄阶段有不同的发展水平,所以,考查学生法纪意识与年龄的关系对于研究法纪意识的形成规律以及教育对策具有重要的意义。那么,法纪意识与学生的年龄是否具有直接的相关性,调查结果及分析如下。

1. 总体上来看,随着年龄的增长,中学生违纪现象呈上升趋势

调查将与中学生规范最为密切的学校及日常生活作为考察对象,选取了最常见和最容易发生违反情况的规章制度以及社会公德作为典型事件,从中分析中学生日常生活中遵纪守法的现实水平。由表8-10中可以看出,不同年级在守法各题目上的回答存在着显著的差异。在回答"你是否因为抄近道而踩草坪呢"时,无论是农村中学生还是城市中学生均有仅三成的人选择了"偶尔"这一选项。从对"看到有人随手扔垃圾,你会怎么做"和"红灯亮了,路上没车的时候,你会通过吗",而且随着年龄的增长,中学生在日常生活中违纪现象呈上升趋势,如表8-10所示。

这说明在涉及个人利益甚至只是一点方便时,中学生出现损坏社会公共利益的现象是比较多的,并且随着年龄的增长,这种现象也迅速增长。随着知识的增加,思维方式的增进,中学生的遵纪守法的行为反而呈倒退趋势,其原因值得反思。这就要求我们在具体的教育活动中,注重对学生法纪行为能力加以培养。

表 8-10　不同年级中学生在守法各题目上的卡方检验结果

题目	人数	卡方值	df	p
1. 班长贿选	1234	43.989	10	.000
2. 随手扔垃圾	1234	57.510	10	.000
3. 践踏草坪	1234	46.510	10	.000
4. 遵纪守法很重要	1234	27.718	10	.002
5. 是否闯红灯	1234	61.304	10	.000

2. 关于法纪意识的知行统一性,低年级学生更愿意付诸行动

对于遵纪守法的重要性,几乎每一个中学生都知道其重要性,也懂得要做到遵纪守法,但是在由知到行的转变上,无论是农村中学还是城市中学,低年级学生比高年级学生更加愿意行动起来。从数据分析中可以看出,低年级学生的行为意愿要高出高年级的学生十几个百分点,低年级的小学生更加淳朴和天真地表达自己的愿望,而对于高年级的学生来说,教育工作者则要注意加强将认知转化为行动的教育和引导。在"红灯亮了,路上没车的时候,你会通过吗"的情境问答中,明确回答"不会"农村中学各年级的比例分别为 90.9%、85.3%、69.6%、70.6%、67.7%、71.1%。而在城市中学中也呈现此种趋势,其比例分别为 63.2%、61.8%、58.6%、40.0%、54.5%、46.7%。

在道德和法纪的遵守方面城市中学生与农村中学生相比,各个年级均存在劣势,其中一大部分原因与城市位于经济文化中心,当代价值观日益多元有关,与城市中存在的大量不文明行为有关。而随着年级的升高,中学生遵纪守法的意识呈现出下降趋势,这一点应引起我们高度的重视。

(三)中学生法纪观念的性别差异

性别差异在人的社会生活的许多方面都存在,并且发挥重要的影响,那么在中学生的法律意识形成过程中是否存在着性别差异呢? 通过调查我们发现以下结果。

1. 中学里男生的法纪意识不如女生强

在问卷设置的 5 个问题的回答中,出现了同样的现象,就是女生的法纪意识水平要略高于男生。例如,在"红灯亮了,路上没车的时候,你会通过吗"的回答中,在农村中学生中,17.0% 的男生回答了"会",这一比例比女生高出了近 7 个百分点,而在城市中学生中选择"会"的男生比女生也要多 5.3 个百分点。在农村中学生中,10.6% 的男生选择了"犹豫",女生与其不相上下为 9.5%;而在城市中学生中,这一比例增加接近,选择"犹豫"的男女生比例分别为 24.8% 和 24.4%。此外,选择"不会"的中学生,农村中学有 72.4% 的男生,明显低于女生的 80.1%;而在城市中学生中,50.0% 的男生选择了"不会",而选择不会的女生则为55.7%,如表 8-11 所示。可见,无论城市还是农村中学,在现实生活中,男生违反交通规则的现象要比女生高出相当的比例。从这组数据的比较中,可以明确地判断女生的遵纪守法的意识和表现都要强于男生。

表 8-11　城乡男女生在"红灯亮了,路上没车的时候,你会通过吗"的回答情况

选项	农村		城市	
	男生	女生	男生	女生
A. 会	17.0%	10.4%	25.2%	19.9%
B. 犹豫	10.6%	9.5%	24.8%	24.4%
C. 不会	72.4%	80.1%	50.0%	55.7%

2. 在遵纪守法的具体行动上男生的自觉程度不如女生

总体上来看,中学生群体中女生的法纪意识水平要高于男生,在遵纪守法的具体行动中,女生同样表现出比男生更加积极。在问及"看到有人随手扔垃圾,你会怎么做"时,表示不仅要自己捡起来,而且会"告诉他

改正"的农村中学与城市中学的女生均比男生多出近4个百分点;"假装没看见"的农村中学中男生有5.9%,女生只有3.2%,而城市中学生中这一比列分别为7.8%和4.3%,其比例也要大大少于男生。可见,女生遵纪守法的人数比男生要多一些,在行动上也更加主动一些。

3. 对于遵纪守法的理性认识女生强于男生

中学阶段与小学阶段情况相似:女生对遵纪守法的意识相对于男生表现出更多的理性特征,在"同学送礼让你选他做班长,你会答应吗"这一问题情境中城乡中学生中女生的表现明显强于男生。农村中学中有8.5%的男生选择了"会",而选择"会"的女生只占4.2%,而城市中学中男生选择这一项的比例也比女生多出近4个百分点。在农村中学生中有78.3%男生选择"不会",而82.7%的女生会坚定的选择"不会",而城市中学生中男女生选择此项的比例也大致呈现出这一趋势,其比例分别为76.2%和79.8%。可见,在对遵纪守法的认识以及自觉遵守方面,女生要男生显得要理性一些,这与她们思维方式的缜密性有关,而男生的思维更具有跳跃性,这使得他们在选择时容易走向极端,这是我们教育工作者值得密切注意的地方。

(四)家庭环境与中学生法纪意识的关系

社会化从社会学的角度看是指个人在一生中,在与他人及社会的接触和互动中形成个性,遵守社会行为规范,扮演社会角色,以不断适应社会生活的过程。青少年社会化是人生社会化的几个关键期之一。家庭是社会生活的基本单位,是青少年个性形成、社会化初步发展的场所,正是在家庭中孩子得到父母的关心、照料与爱护,体验到生活的美好与安宁,也是在家庭中,他们通过模仿父母的言行举止来要求自己,而获得人格与个性的发展。除了年龄和性别差异外,每一个中学生都表现出他自己的特征。这种个体差异是多方面的因素造成的,其中家庭的背景和成长环境在中学生法纪意识的形成和发展过程中也起到了特别重要的作用。

1. 家庭辅导方式对中学生法纪意识的形成呈现明显的正相关

个体的成长是家庭、社会和学校教育三者共同作用的结果,它们之间相辅相成,缺一不可。尤其是在中学阶段,家庭在孩子的荣辱观形成过程中所起的作用更是重中之重。家庭中父母要以身作则,加强道德修养,不仅可以增强教育的可信性和感染性,而且还能像一面镜子促使子女经常对照自己、检查自己、矫正自己的不良言行。我国自古就重视父母的榜样示范作用,陆世仪在他的《思辨录辑要》讲到:"教子是以身率先。"颜之推在他著名《颜氏家训》中也说道:"夫风化,自上而行于下者也,自先而施于后者也。"

调查中我们发现,家庭和谐这一因素与中学生遵纪守法意识呈高度正相关。家庭成员之间要有良好的人际关系,彼此和谐相处、互相尊重、互相学习、共同进步,家庭成员之间真正做到人格上的平等、心理上的相容、情感上的融洽。在问及"你认为你的家庭关系和谐吗"时,农村中学和城市中学中分别有83.6%和69.3%的同学选择了"和谐",这说明农村中学生对家庭生活的满意度较城市中学生要高,有12.9%和23.8%的同学选择了"有点和谐",这说明农村中学生对家庭生活的满意度较城市中学生要高,而值得特别注意的是城市中学生不满家庭气氛的比例竟是农村同龄人的两倍,分别有3.5%和6.9%的中学生选择了"不和谐",这种情况需要学校加以合理引导,更需要家庭承担其义不容辞的责任。

2. 日常生活中中学生与母亲交流最多,母亲的教导对孩子的影响最大

当被问及"你在家中与谁交流最多"时,农村中学生和城市中学生中均有八成以上的人选择了与父母交流,这一点充分说明父母是孩子成长的主要影响源。而在父亲与母亲之间,与孩子交流最多的是母亲,城市中学生中占到了65.8%,而农村中学生中更是达到了74.5%(见表8-12)。由此可见,母亲的价值观念和教养方式对中学生的成长和法纪意识观念的影响是最大的。

表 8－12 城乡中学生在"你在家中与谁交流最多"的调查结果

地区	父亲	母亲	爷爷奶奶	其他人
城市	17.5%	65.8%	5.4%	11.2%
农村	11.5%	74.5%	8.4%	5.6%

第三节 研究结论与教育对策

一、研究结论

中小学生法纪意识的总体状况令人满意,但存在的问题应引起教育者的高度关注。

(一)中小学生的法纪意识与年级呈显著负相关

随着年龄的增长,学生的法纪意识却随之减弱,这种现象无论是在小学还是中学,在城市还是乡村,都是普遍存在的。从道德行为发展来看,中小学生道德意志控制力和自觉性明显增强,但还离不开外部检查和督促,小学生道德观念影响源主要是其家长和教师道德观念,所以他们的思想观念、言论和行动都会直接反映出他们所接受的教育内容,因而言行比较一致,到高年级就复杂得多,影响源增多了,行为控制能力也发展了,所以对自己道德需要或掩饰或延迟表决,有言行不一的现象。法治教育并不等于普及法律知识,学校的遵纪守法教育,更不能只是简单地告诉孩子一些法律条文,片面地规定一些行为禁忌,而是要全面地提高孩子的法律素养,特别要重视行为上的养成。一些看似简单的法律法规,到了孩子那里,也应该演化为全面的价值和行为。在这方面学校要根据学生的年龄特征与心理特点,进行有针对性的教育。比如,治安管理处罚条例和交通管理规则的教育,学校可以根据小学生的思维行为特点,把它具体化解为几个方面进行教育。如要团结同学,不打人骂人;要拾金不昧,不拿别人的东西要诚实,不撒谎骗人;要讲文明礼貌,行为举止要得体,要积极参加健康的文体活动,不参加赌博;要按时到校或回家,要遵守交通规则,注意交通安全;要遵守公共秩序,不在公共场所内打闹喧哗;要提高警惕,不上当受骗,不被坏人所利用等等。这些方面既包含了道理,也包含了具体的行为,对小学生是一种全面的指导。到了中学阶段,学生的逻辑抽象思维进一步发展,这方面的教育就可以更深一步,如,要知道交通法规是政府制定的法规,知道遵守交通法规的重要性,不遵守交通法规的危害性;要了解交警值勤的方式、方法,不断提高遵守交通规则的自觉性;要强化遵纪守法意识,帮助中学生从根本上认识到交通法规是生命之友,逐渐做到在社会上遇到有不遵守交通规则的行为能够批评劝阻等等。一般说来,青少年在某一个方面社会性发展的程度,往往表现在概念、价值认识、基本态度、行为模式等多个方面。中小学生在法律上的成熟,也应该表现在对法律基本概念的认识、法律基本价值的认同、正确的法律态度和在法律知识制约下的行为几个方面,而这正是学校法治教育要涵盖的内容。

（二）中小学生的法纪意识存在着明显的性别差异

整体而言,女生的法纪意识要明显强于男生,如何做到因性施教值得思考。教育的一条基本原则就是从学生的实际情况出发。因而性别教育应包括在教育目标之内,在理论上明确提出"因性施教"的观念对于教育教学具有很大的促进作用。因性施教是指教育者根据男女学生生理与心理的差异,采用不同的教育措施,使受教育者两性都获得充分、自由、平等、全面的发展。因性施教是在男女平等的前提下进行的,其实质在于如何使受教育者两性都获得全面的发展。对于不同的科目,教师提出的课堂教学目标应该因为受教育者性别的不同而有所差异,从而让男女学生的潜能都尽可能地得到发挥。

（三）中学生的法纪意识呈现出较大的城乡差异

农村与城市中学生的家庭关系大体上都以和谐为主,但农村中学生的生活幸福感要高一些,农村中学的学生对法纪意识的认可与实践都要高于城市中学生。这主要是由于城乡中学生生活环境的不同所致。随着城市文明的发展,多元化价值观日益凸显,城市中学生所受影响较大,而农村的社会环境相对要单纯一些。环境因素对青少年的不良影响令人堪忧,中小学生早期教育时期形成的一些好品质在逐渐淡化,因此,在教育中要把握道德内容的内化,有效促进青少年的社会化。瑞士心理学家皮亚杰认为:认识既不是起因于自我意识的主体,也不是起因于业已形成的、会把自己烙印在主体上的客体,认识起因于主客体之间的相互作用,人在适应外界的过程中,不断地同化外部信息于自身认识结构中,同时不断地改变自身结构以顺应外界环境。美国当代著名的社会心理学家班杜拉的社会学习理论认为,人的内部因素、行为、外部环境三者之间是双向地相互影响、相互决定的。人类行为的大多数类型是由个人经验组织起来的,正是因为人类具有一定的可塑性和诸多认知能力,如符号化能力、预谋能力、替代能力、自我调节能力、自我反省能力等,才能学到各种思想和行为。他特别强调社会环境因素和社会学习以及个人内部因素这两者在儿童少年品德形成中的作用。孟子也认为,人的社会性是品德形成与发展的内因。天地之性至真至善至美,而体现天地之性的人性也是善良的。虽然人都有形成良好品德的内因,都有为善的可能性,但是,要使这种可能性转化成现实性,则取决于环境和教育。他认为,环境是品德形成的外部条件,对品德形成有重要影响。在影响品德形成的外部因素中,教育最为重要,道德教化乃人性发展之必需。因此,大力发展经济,改良社会风气为中小学生学习和生活提供坚实的物质基础和各种丰富的精神食粮,提高整个社会的道德素质才是青少年品德教育的有力保证。

（四）家庭因素是影响中小学生法纪意识的一个重要方面

在家庭影响因素方面,母亲对孩子的影响是关键要素,家长的教养方式对孩子法纪意识的形成有着极大的影响。法律和社会规则看起来抽象,但实际上每时每刻渗透在人们的日常生活之中。家长自身对法律规则的态度,平时社会行为的规范性,是孩子社会行为的一面镜子,也是孩子法律意识、规则观念的基础来源。家长需要注意自己的一言一行,无论是思想观念上,还是具体行为上,都应力求给予孩子正面的、有益的信息。让孩子能够在家长潜移默化的影响下,从小形成正确社会理念,养成按照法律、规则做事的良好习惯。这比空洞、简单的要求重要得多,也有效得多。坚持"以遵纪守法为荣、以违法乱纪为耻",做到学法纪、懂法纪、守法纪、护法纪,就要树立正确的世界观、人生观和价值观。在家庭教育中,这是一项长期的任务。如何发挥教育合力,培养中小学生的法纪意识,值得每一位教育工作者与家长共同思考与探究。

二、教育对策

纵观历史,可以十分清楚地发现,人类社会的发展总是沿着从"人治"走向"法治",从"身份社会"走向"契约社会"的轨迹运行的。当人类社会进入 21 世纪以后,实现社会法治,建设法治国家,自然也就成为当今世界绝大多数谋求现代化的国家的一种必然选择和历史趋势。没有规矩不成方圆,国无法不治,民无法不立。人人守法纪,凡事依法纪,则社会安定,经济发展。倘若没有纪律的规范,失去法度的控制,各项秩序就无从保证,人们生存、发展的环境就会遭到破坏,人民群众就不可能安居乐业。

法治和责任理念是现代社会的基本理念。遵纪守法是公民应尽的社会责任和道德义务。遵纪守法,就要树立宪法意识和法治观念,严格遵守宪法和法律。要坚持法律面前人人平等,使全体公民平等地享有权利和履行义务,不因民族、种族、性别、职业、社会出身、教育程度、宗教信仰和财产状况等差别而有所不同。在我国,依法治国的方略正在大力实施,构建社会主义和谐社会已深入人心。我们每个公民更应该懂得遵纪守法的重要性、必要性,做到明纪、知法、守法,推动法治建设和社会和谐。"以遵纪守法为荣,以违法乱纪为耻。"胡锦涛总书记在关于社会主义荣辱观的重要论述中提出的这项要求,对于推进依法治国的进程、提高我国公民遵纪守法的道德素养,具有重大的指导意义。

"以遵纪守法为荣,以违法乱纪为耻",强调的是一种行为方式,人生准则;唤起的是人的良知,彰显的是人生自律的力量,倡导的是社会主义的法治观、道德观。历史与现实都已反复证明,遵纪守法的本源是道德良知。法律和纪律是为了维护全体人民的共同利益而制定的,神圣庄严,不可违背,不可侵犯,所以要自觉用法纪来约束自己的行为,对违纪之行、"越轨"之事,不想干、不愿为,从而保持人格气节,创造美好人生。

那些藐视法纪、践踏法纪的行为,必然受到法纪的惩处。但只要有社会、人群,就难免有违法乱纪行为,就可能会有人去扰乱社会秩序,扰乱安定团结的局面。因此,每一个具有道德良知、法纪意识的公民,都应自觉地拿起法纪这一有力武器,与各种违法乱纪行为作坚决的斗争。全体社会成员齐心协力,才能营造出这样一种社会状况:遵纪守法的人感到光荣、自在,得到尊重和支持;违背法纪的行为被斥责、抵制,个别违法乱纪之人被绳之以法。到处井然有序,人人崇尚法治,这样的社会才会令人向往,才充满生机和希望。

在道德教育中贯穿法纪教育,是由道德和法律的关系所决定的。首先,法律与道德相互吸收。一方面,许多法律规范本身就是道德规范的要求。一般而言,法律的禁止性规定,也就是社会道德的最终底线。另一方面,某些道德规范在一定时期、一定条件下也会上升为法律规范。其次,提高青少年学生的道德水平,有助于他们自觉做到守法、护法。道德水平的提高会为遵纪守法打下牢固的思想基础,这使他们不仅不会轻易触犯法律,而且能够自觉地遵守法律。同时,还能够以主人翁的责任感,维护法律的权威和尊严,勇于同一切违法现象作斗争,从而在行动和道义上支持与维护法律。

法律和纪律意识的形成是一个渐进的过程,由于年龄的缘故,中小学生对于法律和纪律的意识显得比较感性和浅显,"法律一词在儿童头脑中的表征可以归结为3个方面:罪与罚;司法机关和人员(含行为);法律条规和品格。从激活扩散模型的观点来看,这三方面内容跟"法律"的不同关系,分别代表着这一概念不同范畴的内涵。与成人相比,儿童对法律概念的表征无论是从维度还是从内容深度上都要单一、浅表和具体得多"①。但是,荣辱观教育不是单纯地要求加强法律纪律教育,改善社会法纪水平,更重要的是,利用荣辱观教育的方法,树立正确的社会主义荣辱观,以道德引导的方式促进和谐、健康、道德、文明的社会局面的形成。所以,不仅要研究如何加强法纪意识教育,同时也要关注如何确立"以遵纪守法为荣,以违法乱纪为耻"的荣辱观,关注在学校教育中如何加强荣辱观的形成,公民法律意识的形成是一个感知法律现象、理解法律概念、提高法律评价能力、树立法律信念的过程,这一过程具有阶段性、复杂性和曲折性的特点,其心理机制为由外而内的"同化"与由内而外的"顺应";而影响法律意识形成的有"意义障碍"和"知行脱节"两种情形。结合以上分析,笔者试图对加强和提高校学生法纪教育提出以下几点教育对策及建议。

(一)加强学校法治教育,切实改善法纪教育的实效性

学校教育是改善中小学生法纪意识的主要方式,也是教育义不容辞的责任,为了提高学校教育对改善学生法纪意识的作用,在学校的教育教学中要运用各种教育手段,创设丰富多彩的学校活动,通过网络、电视、班会等多种形式进行法治宣传,开辟校园普法宣传专栏,开展主题座谈会,法律宣传咨询、调查问卷、征文、出板报、演讲等系列活动,增强青少年依法自我保护的能力和全社会保护青少年合法权益的意识。还可以组织一些法律主体活动,例如法律知识竞赛,法治展览,使法治教育制度化、经常化和生动化。在学校的法纪教育中,应该注意以下几点。

首先,设置法律课程,将法治教育深入到学校的教学计划中,发挥学校主阵地的作用,规定课时、聘请执法机关的法律专业人员给学生授课,以与青少年学生学习、生活息息相关的法律知识为重点,帮助学生系统地了解法律知识。学法才能懂法,懂法才能守法,也才能运用法律武器,保

---

① 戴健林等:《儿童法律概念的心理结构探究》,《广州大学学报》(社会科学版)2001年第3期。

护自己的合法权益。值得注意的是,对中小学生的法纪教育要做到知、情、意、行等方面的有机统一,在让中小学生了解法律知识的同时,更要注重在法律情感和意志方面的培养和塑造,最终落实到中小学生的日常生活实践中去。

其次,要创新中学生法治教育方式。注意法治教育与各学科教育的相结合,中小学生的法纪教育,除了班主任的日常教导之外,各学科的课堂都是进行法纪教育的好阵地,要将各学科的特点与法治教育进行有机结合,使得法纪教育更加普遍化和日常化。广泛开展青少年喜爱、便于参与的法治实践活动,帮助青少年学生在实践中掌握法律知识,在体验中增强法治观念。

加大普法宣传活动,提高普法宣传教育的覆盖面和渗透力。要针对不同年龄的学生心理、生理特点和认识能力,通过让学生办宣传板报、墙报,举行法治知识竞赛、征文演讲比赛,开法治报告会、座谈会等生动活泼的形式让青少年学生切切实实地参与,引导青少年学习法律知识,提高他们的法律意识,教育他们自觉地学法、懂法、守法、护法。法治教育的形式要灵活多样,比如可以用案例来教育学生,从学生感兴趣的案例入手,用身边的真人真事对学生进行法律法规的教育;让学生一起讨论有关法律问题,如"人小干坏事是不是也违法"、"偷一支小铅笔是不是违法行为"、"打架是勇敢吗"等等。这种讨论式、探究式的学习方式,能够把枯燥的法律知识变成日常生活中的具体实践,帮助学生全面深入地理解法律规定;对于低年级的小学生而言,还可以把法律法规编成儿歌,或者找一些有关行为规范的儿歌,教学生学唱,如"上学放学走路边,不在路上跑和玩,拦车扒车很危险,维护秩序好少年"等,要注意纠正学生中传唱的诸如"汽车来了我不怕,我和汽车打一架"等坏儿歌,随时纠正小学生可能获得的坏信息与不良观念。还可以采取游戏的方法和学生一起学习法律法规,比如模拟马路交通行车,玩交通棋,中学生中的法庭角色扮演"今天我是律师"等,都可以帮助学生学习到法律法规知识,深入认识法律的内涵。

要开展实践性的法治教育活动,让青少年学生亲身体验,提高法治教育的实效性,要引导他们在执法、懂法的基础上进行守法实践。组织开展做"小小税务宣传员"、上"小小民警值勤岗"、当"小小交通指挥员"、做"小小法治辅导员"等实践教育活动。组织开展模拟法庭,聘请律师作指导,组织法治夏令营、观看法治电影等丰富多彩的教育活动,给学生提供守法、用法的实际情境。组织参观看守所,与在押少年犯进行座谈,旁听法院公开审理等实地警示教育活动,通过这些活动,让广大青少年学生在实践中增强法纪意识。

再次,师资队伍建设是加强中学生法治教育的重要保障。"打铁须得自身硬",实施中学生法治教育,对德育教师队伍建设提出了新的要求。德育教师要不断加强自身理论和业务学习,尤其是要注重法律知识的学习和法律观念、法律素质的培养,从而炼就过硬的本领,较好地承担起"教书育人"之重任。教师要不断地加强学习,努力地充实自己,更新教育观念,提高自身素质,才能跟上时代的步伐。承担法治教育教学任务的教师要有较高的素质,在知识结构方面,应具有宽厚扎实的专业知识,应有较深厚的人文知识,同时应具有一定的自然科学知识和现代教育技术应用知识;在能力结构方面,应该具有较强的逻辑思维能力、语言表达能力;在思想观念方面,应具有全面教育观念、开拓创新意识、奉献精神和责任感。从事法治教育的德育教师还要充分意识到自身言行的道德影响作用,不断提高自身的道德修养,全面提升教师的情感、态度和知识、能力等专业水平,在教学过程中自觉体现学科课程的爱国主义教育、文明行为习惯养成教育、民主法治观念、健康意识、环境意识等教育内容。从一定意义上说,德育教师法律意识水平的高低,直接影响着"高素质人才"后续队伍的现代法治观念的形成和依法办事能力的培养。

最后,将法治教育与中小学生自身法律预防行为相结合。青少年犯罪是我国当前最为严重的社会问题之一,青少年犯罪除了严重影响社会稳定之外,还对社会道德伦理有更大的损害。在学校法治教育中,一方面要教育学校要远离犯罪,预防犯罪,不要成为犯罪的加害者和受害者,既要学会辨别是非,不损害他人利益,又要懂得保护自己,维护自己的安全。对于学校来说,学校领导和老师要带头学法、懂法、用法,成为学生学习的典范;学生要认真学习国家的法律,尤其是《未成年人保护法》,懂得珍惜生命,远离犯罪,同时也要认真学习《中小学生守则》、《中小学生日常行为规范》等规章制度,把学到的法律知识与学习生活、思想政治工作联系起来,自觉规范自己的日常行为,努力成为具有良好法律意识的现代公民。

（二）提高父母责任意识,改善家庭法纪教育

父母是孩子的监护人,不但负有抚养的义务而且具有教育的义务,父母是孩子的启蒙老师,父母的行为举止和教育对于孩子来说是最为重要和宝贵的,父母对于孩子法纪意识的形成具有重要的影响作用,但是大多数的父母都认为学校和社会对孩子的成长的影响作用更大,在对孩子思想品德的成长过程中,学校和家庭的责任的认识上,认为"学校责任大"的有288个家长,占了总数的26.7%,认为家庭责任大的只有47人,只占总数的4.3%,大多数的家长(占总数的68%)认为社会及其他因素对孩子的成长影响最大。中小学阶段,是人生至关重要的一个时期,是人生走向青年期的过渡阶段。处于这一特殊时期的孩子,无论从生理上还是心理上,都经历着一场巨大的变化。他们求知欲强,富有幻想与冲动,容易感情用事,有较强的独立意识和逆反心理,父母通常情况下都陪在孩子周围,更能了解孩子的特点和需要,对孩子的成长影响也最大,所以,父母要主动积极的承担起这份责任,为中小学生的成长与成才献上一份来自于家庭的力量。

首先,要加强自身的法纪意识,提高自身文化与道德修养,努力做一个知法守法的好公民,为孩子提供一个健康和民主的家庭环境,也为孩子的日常生活起到模范带头作用。正如教育学家马卡连柯夫所说:"成年人在生活的每时每刻都在教育儿童,你们怎样穿戴,怎样同别人说话,怎样对待朋友或敌人,怎样微笑、怎样读报——这一切对孩子教育都有意义。"家庭是青少年的第一个社会生活环境,家庭作为教育的摇篮,道德教育的"航母",是他们接受德育最长久的场所。家长要时时处处做孩子榜样,尤其在孩子面前,与人交往要谦虚有理,温文尔雅;处理家庭、社会

矛盾时,要不急不躁,真正担当起孩子第一任教师的职责,充分发挥家庭法纪意识教育的积极作用。

其次,多与孩子谈心交流,及时了解孩子的心理变化。对孩子的法纪观念和意识,父母亲应该经常过问并给出自己的解答和疏导。中小学生处于身体快速发育,心理逐步从幼稚走向成熟,从依赖走向独立的阶段。这一特殊时期,随着年龄的增长,自我意识的增强,他们的世界观、人生观正在形成,但尚不成熟,这些就决定了中小学生的法纪观念具有不稳定性和可塑性强的特点。家长还要善于做孩子的知心朋友,同孩子多谈心,把握他们的思想脉搏,对学生思想中暴露出来的一些与法相悖的东西要及时纠正,防微杜渐,防止出现社会上流传的"学校的五天教育抵不上回家的两天教育"的现象的出现,使学生处在学校、家庭、社会参与的法治教育网络中,获得多途径、多方法、持久性的法治教育。

再次,注重与子女交流的方式方法。通过谈话的方法,利用电视、杂志、报纸、网络等工具选用生动活泼的案例进行正面或反面的教育,应该特别注意坚持以正面教育为主的原则。可以陪同他们观看法治类节目,增强他们学法、知法的兴趣。作为家长要充分认识到法治教育的必要性和紧迫性,认识到法治教育对中学生健康成长的重大意义,提高对他们进行法治教育的自觉性和主动性。主动利用好家庭教育这一阵地,适时对学生进行法治教育,可以利用吃饭时间、娱乐时间甚至休息前的时间施加影响,并且要注意结合他们的实际生活,选用他们身边的事件作为素材,努力做到具有针对性、实效性。

最后,积极改变家庭法纪教育的困境,从孩子思想实际出发,调整自身的角色,建立一个平等对话,促进发展的家庭法纪教育的平台。父母要掌握多方面的知识,在家庭中形成良好的学习风气,并运用各种科学的教育方法,用温暖、宽容、真诚的亲情来感染子女,建立起和谐的家庭互动关系。在家庭里,这种宽松、平等、民主的家庭氛围是实现法纪意识由外在向内在转化的基本条件。在家庭中开展法纪教育一定要注意方式方法,要耐心教育、正确引导,父母要"晓之以理,以理服人;动之以情,以情感人"。

（三）努力营造良好的社会法治环境

社会环境对人格的形成起着潜移默化的陶冶作用，由于环境影响的不同，人"可以为尧舜，可以为桀纣，可以为工匠，可以为农贾"，可见环境对人格形成起着多么重要的作用。我们要对中小学生进行价值观教育，还必须依靠良好的社会风尚和公正而强大的社会舆论，这种社会大环境形成后，会大大促进中学生完整人格的发展和正确价值观的确立。当前我国处于社会转型时期，人们的利益关系和思想价值取向已呈现多样性和复杂性，在商品交换原则作用下产生的见利忘义等不良风气，也更多地侵蚀到人的精神领域。

"从客观环境因素看，公民法律意识又要受法治传统和法律文化、现有法律、法治状况、社会性质等因素的影响和制约"①，社会环境对于个体的成长来说其作用毋庸置疑，社会法律状况和道德文明水平直接影响了中小学生法纪意识的形成和思想道德水平的提高，社会法治环境的改善是加强和改进中小学生法纪教育，提高中小学生法纪意识水平的前提条件。当今社会正在朝着建设社会主义和谐社会的大好形势发展，民主与法治建设取得前所未有的成绩，社会风气有所好转，但是来自于经济的、行政的法律和纪律问题仍然存在，信息时代和高科技的发展在推进社会发展的同时也给大家提出了新的问题。面对当前社会上存在的诸多法治问题和道德问题，国家和社会应该对此负起相应的责任，从加强社会道德建设着手，努力营造一个民主文明、法治有序的社会环境，让中小学生能够在一个健康的、文明的环境中成长，同时也有利于促进中小学生法纪意识的提高。一个法治的和纪律严明的社会的建设应该加强以下方面的工作。

首先，要不断地完善现行的法律和纪律制度等体系，为建设法治社会打下基础，同时，现行法律不断完善和完备的过程，也是人们法律意识不断提高的过程。近十年来，随着我国法律体系的不断完善，公民法律意识

---

① 龙凯:《公民法律意识的形成机理和途径》，《黔西南民族师专学报》2001 年第 3 期。

得到空前提高已充分说明了这一点。每一个具有道德良知、法纪意识的公民,都应自觉地拿起法纪这一有力武器,与各种违法乱纪行为作坚决的斗争。大家齐心协力,才能营造出这样一种社会状况:遵纪守法的人感到光荣、自在,得到尊重和支持;违背法纪的行为被斥责、抵制,个别违法乱纪之人被绳之以法。到处井然有序,人人崇尚法治,这样的社会才会令人向往,才充满生机和希望。

其次,要加强法纪教育,法纪教育是一个国家进行意识形态教育和公民形成法律意识的不可缺少的环节。我国向来重视法律纪律的教育,这次将遵纪守法列为"八荣八耻"之一也显示了国家对法治建设的重视。在全社会加大法纪教育的力度,使公民自觉遵守法律法规,用法律武器武装自己。在法治方面,当前大多数人一方面渴望法治健全,执法严明。另一方面,却又无视法律的重要作用,缺乏守法、护法的知识和主动意识。例如,在买到伪劣商品时,很多人会自认倒霉,不去运用甚至不知如何运用法律的武器保护自己,出现法治欲望与守法、护法精神之间的严重冲突。因此,我们应该教育广大公民树立正确的法律观念,用法律规范自己行为的同时,还应该用法律武器来武装自己,敢于同坏人坏事作斗争,并且检举、揭发违法犯罪行为,在受到不法分子侵害时,学会用法律保护自己。

再次,创建和谐的市场经济环境,为法纪教育的实施提供物质基础。市场经济具有竞争性的特点。这种特点既能激发学生树立进取创新、讲求效益的现代意识,又导致其形成弄虚作假、投机取巧的不良倾向的危险。社会主义市场经济的建立,促使商品生产者和经营者在竞争中求生存,这不仅能够推动社会主义市场经济的发展,而且也激励人们锐意进取、勇于创新、讲究效益、追求效率。但是,竞争的结果必然是优胜劣汰,对失意者来说是很残酷的。这就容易造成一部分人弄虚作假、投机取巧、为达目的不择手段。这些也深刻影响着中小学生的价值实践思维。这就要求不断建立和完善这些方面的法律法规,鼓励依法参与竞争,鼓励和维护公平竞争,制止和打击损害其他经营者、消费者合法权益和扰乱市场经济秩序的不正当竞争行为,实现社会公正,保障市场经济的健康发展和社会秩序的根本好转,创建一个和谐的经济环境。建立完善的社会主义市场经济体制,促进商品经济日趋繁荣和生产力的快速发展,为社会主义精神文明的发展提供丰厚的物质基础。实践证明,一个民族综合国力的提高和经济的高速发展,是该民族改变民族心理、提高民族素质、改善精神面貌和社会风尚的根本保证。

最后,要促进民族法律文化和民族心理的现代转型,法律意识传统对个体法律意识的形成影响深远,我国的法律文化传统源远流长,形成了独特的中国法律文化传统。近年来,随着改革开放的深入,文化领域也出现了空前繁荣,这是令人欣喜的。但是,不可否认,在表面繁荣的背后潜存着隐患,这就是文化市场与人们的文化观念同样的混乱。文化市场中的低级趣味、功利主义、迎合流俗、拜金主义、学术失范和非道德主义于今为烈。这些文化垃圾严重污染着人们的心灵,必须加以根治。在市场经济蓬勃发展和国际化加速前进的前提下,我们必须认真地审视本民族的文化传统,我国法律文化传统应该在继承和发扬的基础上迅速地融入到国际的舞台上,为青少年形成健康的、开放的、现代化的法律意识作出贡献。

(四)引导中小学生进行自我教育

自我教育是指学生在老师的指导下,为实现自我成长目标,依据一定的标准对自己的思想和行为进行认识、约束控制的活动,通过自我教育明辨是非,树立正确的人生观、价值观和社会道德观,从而促进中小学生的健康成长。加强法纪教育不是冷冰冰的说教,仅仅让学生学习法律条文是不够的,更主要的是要结合青少年学生的知识、阅历、心理等特点,在日常的道德教育中贯穿法纪教育,起到"春风化雨,润物无声"的效果。

中小学生法治教育目标的实现,最终是要通过中小学生将社会道德、法律要求内化为自我认识来实现。因此学生既是教育的客体,更是教育的主体,对于学生,任何外界的其他因素,如家庭、社会、学校等都是外因,都必须通过学生自己这个内因而起作用,没有学生的配合,没有学生的认同,其他形式的教育都是虚无缥缈的,不切实际的,很难取得实际效果。因此学生教育最终还须通过学生自我转化来实现。

1. 帮助学生转变观念,唤醒主体意识

学生来到学校习惯于一切听从老师的安排,是家长送到学校来专门"受教育"的,这样的观念势必使学生在教育上处于被动状态,认为"老师教什么,学生就学什么;老师不教,学生就不学"等。所以教师的一项任务就是要帮助学生转变观念,唤醒其主体意识。让学生认识到自己的存在具有独立性、主体性,自己的成长不能单靠老师、家长,更多的是靠自己的主动作为。法治教育不能只是靠外部的灌输,更需要学生的吸收、内省,需要学生主动地去学习,去体会,并在鲜活的社会生活中加以实践。

2. 引导学生加强自我约束,自我管理

学生的在校生活是由一系列的行为构成的,他需要处理自己与老师,自己与同学的关系,教师要引导学生主动去处理这些关系,如引导学生礼节上如何尊重教师,学习上如何处理与老师的关系,与老师产生意见分歧时怎么办,社会生活中如何按照法律要求去做,引导学生如何观察问题、思考问题、分析问题,引导学生如何处理与同学在思想上、学习上、生活上的关系,在处理这些复杂关系时,一定要符合社会道德规范和法律规范,本着有利于自己的健康成长,有利于他人和社会,遵守纪律和法律的处事准则,在实践中加强自我约束,自我管理,尝试自我教育,实现自我提升。

3. 积极开展活动,为学生创造更多的自我教育的机会

从广义上说,学生教育最终要依靠学生在活动中去实现,即在活动中产生道德冲突,提高法治意识,思考、处理冲突的过程其实就是自我教育的过程。如果离开各种活动,学生的真实心理得不到暴露,行为得不到检验,学生心灵中的真、善、美就得不到张扬,假、恶、丑就得不到抑制,自觉守法、用法的能力就得不到提高。在教学活动中,要尽可能多地提供和创造一些近乎真实的场景,引导学生在具体的情境里学会观察、判断、分析问题,学会用法律的观点和视角看待和分析问题,提高他们的法律素质。

4. 养成守法习惯,从培养良好行为做起

中小学生要学会养成良好的行为习惯,克制不文明习惯,就要在平常的日常生活中,通过学生的自我教育来逐步提高自觉守法的意识。中国青少年研究中心最近设计了未成年人的十个好习惯:热爱祖国,升国旗奏

国歌时自觉肃立;文明礼貌,微笑待人;尊重他人,耐心听他人说话;保护隐私,别人的东西不乱动;利人利己,用过的东西放回原处;诚实守信,说了就要努力做;待人友善,观看比赛文明喝彩;遵守规则,上下楼梯靠右行;勤奋自强,坚持每天锻炼身体;环保卫生,干干净净地迎接每一天。中小学生要在生活中通过这些平常小事,培养自身良好的行为习惯,为形成遵纪守法的品质奠定良好的基础。

总之,法纪教育是学校教育的一个重要方面。加强对青少年学生的法纪教育,是实行依法治国,提高全民族法律意识和法治观念的一项基础工作。对青少年进行法纪教育,需要我们构建充分发挥学校、社会和家庭教育合力的平台,培养中小学生自我教育的能力。只要我们摒弃生硬的说教,针对青少年学生的思想、心理特点,采取各种生动活泼、寓教于乐的教育方式,那么我国中小学的法纪教育一定会取得良好的效果。

第 九 章
艰苦奋斗篇

艰苦奋斗是中华民族的传统美德。"克勤于邦,克俭于家","成由节俭败由奢",勤勉敬业,国才能立;惟德日新,万邦为怀;"历观有家有国,其得之也,莫不阶于俭约;其失之也,莫不由于奢侈。"以艰苦奋斗为荣,既是对中华民族传统美德的继承,也是对时代精神的弘扬。培养中小学生艰苦奋斗、勤俭节约的品德,是当今学校荣辱观教育的重要内容。

第一节　研究背景与理论分析

《说文解字》中对"艰苦奋斗"四个字的解释分别是:艰,土难治也;苦,大苦苓也;奋,奞在田上,诗日不能奋飞(奞,鸟张毛羽自奋也);斗,遇也,从门斗声。古汉语中,"艰"常指艰难,如《诗·邶风·北风》记载:"终窭且贫,莫知我艰。""苦"指性味苦,引申为刻苦耐劳。"奋斗"指奋力格斗,如《宋史·吴挺传》记载:"金人舍骑操短刀奋斗。挺遣别将尽夺其马。"现代汉语中,根据商务印书馆《新华词典》2001 年修订版的解释,"艰苦奋斗"指不畏艰难困苦,坚持不懈的斗争。艰苦奋斗这一词组由"艰苦"和"奋斗"组成,是指人们不畏艰苦、勤劳勇敢、勤俭节约、积极进取、努力拼搏的奋斗精神。

中华民族有着悠久的历史文化传统，艰苦奋斗一直是中华民族生生不息的精神支柱和传统美德。《周易》中"天行健，君子以自强不息"的精神是中华民族精神的主流。"宝剑锋从磨砺出，梅花香自苦寒来"，"兴业犹如针挑土，败家好比浪推沙"，"一粥一饭，当思来之不易；半丝半缕，恒念物力维艰"等，是中国人民的传世格言；"忧劳可以兴国，逸豫可以亡身"，"艰难困苦，玉汝于成"，"居安思危，戒奢以俭"是众多志士仁人的座右铭；夸父追日、精卫填海、铁杵磨针、愚公移山、卧薪尝胆、悬梁刺股等古代传说，无一不表达着艰苦奋斗的精神。纵观中华民族的社会发展史，实质上就是一部艰苦奋斗、艰苦创业的历史。

过去，由于经济落后，人们曾长时间生活在物质条件十分艰苦的环境中也习惯了过苦日子，久而久之，人们自觉或不自觉地把艰苦奋斗理解为过苦日子。这种习惯性认识是对艰苦奋斗精神的片面解读。艰苦奋斗的实质强调的不是环境的艰苦，而是人们勤俭节约、勤劳勇敢、积极进取、努力拼搏的奋斗精神。艰苦奋斗精神的本质可以从两个方面来理解：物质方面，艰苦奋斗表现为勤劳勇敢、勤俭节约，强调消费水平与社会生产力发展水平和个人经济收入状况相适应；精神方面，艰苦奋斗表现为一种不畏困难、顽强拼搏、自强不息、奋发向上、积极进取的精神。它既是在革命战争时代抛头颅、洒热血、不畏强暴追求真理的英勇献身精神，又是在和平年代扎根于平凡岗位辛勤劳作默默奉献的精神；它既是身处顺境不丧失斗志积极进取的品格，又是物丰财富时代爱物如金的节俭品格。

艰苦奋斗精神主要有以下四个方面：其一，艰苦创业意识。艰苦创业意识是艰苦奋斗的首要的也是根本的内容。创业意识教育要培养中小学生的社会责任感，培养锐意进取开拓创新意识，培养不怕困难顽强拼搏的奋斗精神。其二，自立自强意识。自立自强是做人做事的基本素质，也是艰苦奋斗的基本内涵。自立自强意识的教育要培养自立自强的独立人格，培养自立自强的能力，培养自强不息百折不挠的意志。其三，劳动意识。劳动观是全社会要普及的观点，也是艰苦奋斗教育的突破口。劳动意识教育首先是劳动光荣的荣辱观教育，其次是培养吃苦耐劳的作风。劳动不仅是改造客观世界的动力源泉，也是改造主观世界的重要手段。

其四,俭朴意识。俭朴是一种自我节制的生活态度,是中华民族的传统美德。俭朴教育首先是要树立正确的消费观。既不赞成那种否定物质利益,有意降低生活质量的苦行僧式的消费观,也反对超前消费。在精神生活方面,俭朴要求人们不图虚荣、不浮躁,不见异思迁。清清白白做人,认认真真做事,忠贞不渝地追求真理,坚定不移地将理想付诸实践。

虽然艰苦奋斗的具体内容和形式会随着社会发展而有所变化,但其基本精神是永远不会过时的。物质生活条件改善了,仍然需要艰苦奋斗精神。艰苦奋斗是我们党和民族的重要精神支柱。完成改革和发展的繁重任务,战胜前进道路上遇到的种种困难和挑战,建设更高水平的小康社会,都要求我们始终发扬艰苦奋斗精神。倡导以艰苦奋斗为荣,以骄奢淫逸为耻,是社会主义基本道德规范之一。它要求我们继承和发扬优秀的民族精神和光荣的革命传统,摒弃贪图安逸、追求享受、铺张浪费、骄横奢侈的思想和行为,弘扬勤劳节俭、励精图治、不畏艰险、努力拼搏、顽强进取的精神。

第二节　数据呈现与问题讨论

一、小学部分

（一）调查方式及内容

本次调查以问卷的方式进行,并根据不同年级的特点辅以课堂讨论、绘画和辩论。研究者根据小学生身心发展特点,编制了针对艰苦奋斗状况的 6 道问题。以班级为单位分别对城乡小学生进行了调查。共有1473 名学生参与调查,其中一年级 173 名,二年级 224 名,三年级 312 名,四年级 277 名,五年级 221,六年级 266 名学生。调查以"对待名牌的态度"、"节俭意识"、"攀比现象"、"剩菜打包"等情境为内容,从年龄层次,性别等角度对小学生艰苦奋斗的情况进行分析。

（二）调查结果与分析

1. 小学生艰苦奋斗思想状况描述性分析

（1）在对待名牌的问题上，大部分小学生都有正确的观念。对于价格不菲的名牌，小学生并不是一味追求。在回答问卷中的问题"刘华的妈妈为他买了一件生日礼物，他问：'妈妈，为什么不是名牌的'，你怎么看？"小学生选择"赞成刘华观点"的有 115 人，占 7.8%；选择"无所谓"的有 157 人，占 10.7%；选择"不赞成刘华观点"的有 1201 人，占 81.5%，见表 9−1 所示。

表 9−1　小学生在对待名牌问题上的回答情况

选项	频数	百分比（%）
A. 赞成	115	7.8
B. 无所谓	157	10.7
C. 不赞成	1201	81.5
总计	1473	100.0

有八成的人不赞成刘华的观点，说明小学生能够在认识的层面上明确艰苦奋斗的含义。但在深入班级和家长的访谈中，笔者了解到大部分孩子不但吃穿用皆为名牌，而且对名牌表现出明显的向往和追求。这既有合理的部分，现在生活条件好了，名牌代表高质量，追求名牌也无可厚非，但是，如果超越家庭经济状况，不切实际地追求名牌，就值得教育工作者注意，需要对受教育者进行正确的指导。

（2）勤俭节约是我们中华民族的传统美德。当被问到"生活水平提高了，是否还有必要提倡勤俭节约"，选择"很有必要"的有 1108 人，占 75.2%；选择"没有必要"的有 43 人，占 2.9%；选择"看情况而定"的有 322 人，占 21.9%，见表 9−2 所示。

表 9 - 2　小学生对勤俭节约的回答情况

选项	频数	百分比（%）
A. 看情况而定	322	21.9
B. 没有必要	43	2.9
C. 很有必要	1108	75.2
总计	1473	100.0

从表中可以看出学生对于勤俭节约的认同度比较高，但是也有 21.9% 的学生选择"看情况而定"。在全体被试中有 3/4 的小学生对艰苦奋斗持有正确的态度，认为仍有艰苦奋斗的必要。

（3）在饭店吃饭后是否将剩下的饭菜打包是生活中经常会遇到的问题。在调查中，在"你在饭店吃饭时，剩下的菜会打包吗"问题上的回答情况是：选择"会"的有 1083 人，占 73.5%；选择"没想过"的有 218 人，占 14.8%；选择"不会"的有 172 人，占 11.7%，见表 9 - 3 所示。

表 9 - 3　小学生在吃饭打包上的回答情况

选项	频数	百分比（%）
A. 会	1083	73.5
B. 没想过	218	14.8
C. 不会	172	11.7
总计	1473	100.0

（4）针对学生中的攀比现象，研究者设计了问题"你会和同学攀比吃穿和文具吗"选择"会"的有 106 人，占 7.2%；选择"不知道"的有 135 人，占 9.2%；选择"不会"的有 1232 人，占 83.6%，见表 9 - 4 所示。

表9－4　小学生在攀比吃穿和文具上的回答情况

选项	频数	百分比(%)
A. 会	106	7.2
B. 不知道	135	9.2
C. 不会	1232	83.6
总计	1473	100.0

（5）对于艰苦奋斗知、情、意的调查结果如下，当问到"我们要艰苦奋斗"时，选择"我知道这很重要"的有306人，占总数的20.8%；选择"我愿意这样做"的有520人，占总数的35.3%；选择"我决定这样做"的有647人，占总数的43.9%，见表9－5所示。

表9－5　小学生在"我们要艰苦奋斗"上的回答情况

选项	频数	百分比(%)
A. 我知道这很重要	306	20.8
B. 我愿意这样做	520	35.3
C. 我决定这样做	647	43.9
总计	1473	100.0

本问题的设计目的主要是看学生对"艰苦奋斗"的理解以及是否决定在以后的人生道路上带着这一思想去行动。从上面的数据中我们也可以看出小学生对"艰苦奋斗"有一定的认识，以道德情感而言，都是很积极地想去行动。教育者要及时地引导学生，并让他们树立正确的人生观和价值观。

2. 小学生艰苦奋斗思想状况的差异分析

（1）小学不同性别学生在艰苦奋斗各题目上的卡方检验

在考察不同性别学生在艰苦奋斗各题目上的反应情况时，我们选取了有代表性的679份问卷进行分析，其中男生340名，女生339名。见表9－6所示。

表9-6 小学不同性别学生在艰苦奋斗上的卡方检验结果

题目	人数	卡方值	df	p
1. 对待名牌	679	0.467	2	.792
2. 关于勤俭节约	679	8.449	2	.015
3. 吃饭打包	679	0.523	2	.770
4. 攀比吃穿和文具	679	1.398	2	.497
5. 我们要艰苦奋斗	679	0.827	2	.661

由表9-6可以看出,不同性别的小学生在"是否要提倡勤俭节约"上的反应差异达到显著水平。在679名小学生中,有78.5%的女生认为很有必要坚持勤俭节约,作出此选择的男生有70.9%,与此同时,有1.2%的女生和4.1%的男生认为没有必要坚持勤俭节约。

不同性别的小学生在艰苦奋斗的其他几个题目上的反应差异均未达到显著水平。

(2)小学各年级学生在艰苦奋斗各题目上的卡方检验

由表9-7可以看出,各年级的小学生在勤俭节约各题目上的回答情况存在极为显著的差异。结合我们所进行的访谈发现,小学生的年级与名牌和勤俭节约意识方面存在较为紧密的内在联系,而与艰苦奋斗的行为方面呈现出极为明显的负相关。这说明在我们对小学生的教育中,长期存在着重视理论说教而轻视行为养成的倾向。在荣辱观教育中,要注意小学生艰苦奋斗行为的培养。

表9-7 小学各年级在艰苦奋斗上的卡方检验结果

题目	人数	卡方值	df	p
1. 对待名牌	1473	190.577	10	.000
2. 关于勤俭节约	1473	50.696	10	.000
3. 吃饭打包	1473	42.476	10	.000
4. 攀比吃穿和文具	1473	40.377	10	.000
5. 我们要艰苦奋斗	1472	81.979	10	.000

二、中学部分

（一）调查背景和目的

为了解当代中学生艰苦奋斗的现状，把握中学生对于艰苦奋斗的理解，本课题分别选取江苏省内两所中学为例，对在校中学生艰苦奋斗意识与行为进行了问卷调查。在调查数据基础上，多角度全方位地分析当前中学生艰苦奋斗的状况，揭示中学生艰苦奋斗观发展的规律和影响中学生艰苦奋斗教育成效的各种因素，进而对当代中学生艰苦奋斗教育出现的问题进行较为深入的分析与思考。

（二）调查内容和被试

此次调查的被试共 1234 名学生（其中男学生有 556 名，女学生有 668 名），范围涉及两所农村中学（一所初中，一所高中，共 628 名学生）和一所城市中学（包括初中部和高中部，共 606 名学生）。

1. 农村中学的调查

发放问卷 628 份，实际回收 628 份，回收率 100%。其中初一 110 份（占问卷总数的 17.5%），初二 109 份（占问卷总数的 17.4%），初三 102 份（占问卷总数的 16.2%），高一 109 份（占问卷总数的 17.4%），高二 99 份（占问卷总数的 15.8%），高三 99 份（占问卷总数的 15.8%）。

（1）性别构成

农村中学调查对象中，男生 312 人（占总人数的 49.7%）；女生 316 人（占总人数的 50.3%）。

（2）父母职业

农村中学调查对象中，父亲的职业是机关或事业单位工作人员的有 5 人，是国有、集体企业管理人员的 8 人，是教师或专业技术人员的 15 人，是下岗职工的 6 人，是工人或商业、服务行业职工的 56 人，是农民或乡镇企业职工的 414 人，是军人或警察的 1 人，是三资企业职员的 1 人，是个体从业人员、私营企业主的 20 人，是进城务工人员的 72 人，是乡镇企业职工的 3 人,从事其他职业的 27 人。母亲的职业是机关或事业单位工作人员的有 1 人,是国有、集体企业管理人员的 2 人,是教师或专业技术人员的 6 人,是下岗职工的 6 人,是工人或商业、服务行业职工的 16 人,是农民或乡镇企业职工的 542 人,是军人或警察的 0 人,是三资企业职员的 4 人,是个体从业人员、私营企业主的 12 人,是进城务工人员的 12 人,是乡镇企业职工的 4 人,是从事其他职业的 23 人。

(3)父母学历

农村中学父母学历构成:被调查对象父亲学历是研究生及以上的有 2 人,本科的 10 人,大专或中专的 13 人,高中的 170 人,初中及以下 433 人;被调查对象母亲学历是研究生及以上的有 1 人,本科的 5 人,大专或中专的 9 人,高中的 62 人,初中及以下 551 人。

农村中学家庭收入构成:1000 元以下的 238 人(占总人数的 37.9%),1000—3000 元的 306 人(占总人数的 48.7%),3000—5000 元的 49 人(占总人数的 7.8%),5000—10000 元的 13 人(占总人数的 2.1%),10000 元以上 22 人(占总人数的 3.5%)。

(4)家庭关系

被调查的农村中学学生中 525 人(占总人数的 83.6%)认为自己的家庭关系和谐,81 人(占总人数的 12.9%)认为自己的家庭关系有点和谐,22 人(占总人数的 3.5%)认为自己的家庭关系不和谐。

(5)辅导方式

被调查的农村中学生中,认为父亲的辅导方式是专制型的 165 人(占总人数的 26.3%),是民主型的 388 人(占总人数的 61.8%),是溺爱型的 31 人(占总人数的 4.9%),是忽视型的 44 人(占总人数的 7.0%);认为母亲的辅导方式是专制型的 161 人(占总人数的 25.6%),是民主型的 373 人(占总人数的 59.4%),是溺爱型的 60 人(占总人数的 9.6%),是忽视型的 34 人(占总人数的 5.4%)。

2. 城市中学的调查

发放问卷 606 份,实际回收 606 份,回收率 100%。其中初一 95 份(占问卷总数的 15.7%),初二 89 份(占问卷总数的 14.7%),初三 87 份

（占问卷总数的 14.4%），高一 120 份（占问卷总数的 19.8%），高二 110 份（占问卷总数的 18.2%），高三 105 份（占问卷总数的 17.3%）。

（1）性别构成

城市中学调查对象中，男生 254 人（占总人数的 41.9%）；女生 352 人（占总人数的 58.1%）。

（2）父母职业

城市中学调查对象中，父亲的职业是机关或事业单位工作人员的有 162 人，是国有、集体企业管理人员的 72 人，是教师或专业技术人员的 77 人，是下岗职工的 16 人，是工人或商业、服务行业职工的 70 人，是农民或乡镇企业职工的 5 人，是军人或警察的 40 人，是三资企业职员的 15 人，是个体从业人员、私营企业主的 75 人，是进城务工人员的 1 人，是乡镇企业职工的 1 人，是从事其他职业的 72 人。母亲的职业是机关或事业单位工作人员的有 123 人，是国有、集体企业管理人员的 84 人，是教师或专业技术人员的 85 人，是下岗职工的 30 人，是工人或商业、服务行业职工的 109 人，是农民或乡镇企业职工的 6 人，是军人或警察的 6 人，是三资企业职员的 15 人，是个体从业人员、私营企业主的 63 人，是进城务工人员的 0 人，是乡镇企业职工的 1 人，是从事其他职业的 84 人。

（3）父母学历

城市中学父母学历构成：被调查对象父亲学历是研究生及以上的有 29 人，本科的 220 人，大专或中专的 132 人，高中的 141 人，初中及以下 44 人；被调查对象母亲学历是研究生及以上的有 26 人，本科的 152 人，大专或中专的 193 人，高中的 181 人，初中及以下 54 人。

（4）家庭关系

被调查的城市中学学生中 420 人（占总人数的 69.3%）认为自己的家庭关系和谐，144 人（占总人数的 23.8%）认为自己的家庭关系有点和谐，42 人（占总人数的 6.9%）认为自己的家庭关系不和谐。被调查的城市中学学生中，认为与父亲呈现敌对关系的有 14 人（占总人数的 2.3%），认为父亲不关心自己的有 53 人（占总人数的 8.7%），认为父亲关爱自己的有 539 人（占总人数的 88.9%）；认为与母亲呈现敌对关系的有 12 人(占总人数的 2.0%),认为母亲不关心自己的有 30 人(占总人数的 5.0%),认为母亲关爱自己的有 564 人(占总人数的 93.1%)。

(5)辅导方式

被调查的城市中学生中,认为父亲的辅导方式是专制型的 104 人(占总人数的 17.2%),是民主型的 415 人(占总人数的 68.5%),是溺爱型的 37 人(占总人数的 6.1%),是忽视型的 50 人(占总人数的 8.3%)。认为母亲的辅导方式是专制型的 125 人(占总人数的 20.6%),是民主型的 427 人(占总人数的 70.5%),是溺爱型的 35 人(占总人数的 5.8%),是忽视型的 19 人(占总人数的 3.1%)。

(三)数据分析

1. 城市中学

(1)城市中学生艰苦奋斗思想状况的描述性分析

在艰苦奋斗部分,我们同样设置了五个情境题,包括生日礼物是否一定要名牌、生活水平提高了是否还要勤俭节约、在餐馆吃饭时剩菜是否会打包、是否会和同学攀比文具以及是否赞同人生的意义在于奋斗。

对于"生日礼物是否一定要名牌",选择"赞成"的人数为 11 人,占调查学生总数的 1.8%;选择"无所谓"的人数为 143,占调查学生总数的 23.6%;选择"不赞成"的人数为 452,占调查学生总数的 74.6%(见表 9 - 8)。可见,不赞成追求名牌的学生还是占绝大部分的。值得注意的是,对此持无所谓态度的同学也占了不小的比例(23.6%),这表明在生活水平日益提高的今天,艰苦奋斗已经不能像以前一样简单定义,只要和各自家庭消费水平相适应,在某种程度上也是可以接受的。当代中学生过度消费是一种炫耀,是虚荣心的表现。这种消费以追求名牌为主,他们注重的是商品的符号价值而非使用价值,消费的意图不在于商品的物质性,而在于商品所象征的人的关系和差别性,从而达到一种心理的满足,并以此来寻求他人和社会的认同和肯定。他们的消费已经不仅仅满足生存的需要,更多的情况下,是一种复杂的文化现象。这种复杂的文化现象满足了中学生时期喜欢求新猎奇、标新立异,追逐时髦和潮流的心态,实现他们心理补偿、表现和扩张自我的个性及体现"自我价值",也表明了中学生时期的价值观具有鲜明的时代性、新异性和不确定性。

表9-8　城市中学生在对待名牌上的回答情况

选项	频数	百分比(%)
A. 赞成	11	1.8
B. 无所谓	143	23.6
C. 不赞成	452	74.6
总计	606	100.0

对于"生活水平提高了是否还要勤俭节约",选择"没必要"的人数为16人,占调查学生总数的2.6%;选择"无所谓"的人数为70,占调查学生总数的11.6%;选择"有必要"的人数为520,占调查学生总数的85.8%。很明显,认为需要勤俭节约的仍然占大多数(见表9-9)。不管社会形势如何变化,学生在内心中对优秀传统的认同是需要给予充分肯定的。

表9-9　城市中学生在是否要勤俭节约上的回答情况

选项	频数	百分比(%)
A. 没必要	16	2.6
B. 无所谓	70	11.6
C. 有必要	520	85.8
总计	606	100.0

由表9-10我们可以看出,对于"剩饭菜是否会打包"的问题,选择"会"的人数为389人,占调查学生总数的64.2%;选择"没想过"的人数为126,占调查学生总数的20.8%;选择"不会"的人数为91,占调查学生总数的15.0%。虽然选择会打包剩饭菜的人数最多,但是也仅仅刚刚超过半数,选择不会打包及从未想过打包的人数竟然超过1/3。在我们呼吁创建节约型社会、呼吁环保、呼吁节约地球资源的时候,竟然出现这样高的比例,是我们教育需要深思的。

表9-10 城市中学生在餐馆吃饭剩饭菜是否打包的回答情况

选项	频数	百分比(%)
A. 会	389	64.2
B. 没想过	126	20.8
C. 不会	91	15.0
总计	606	100.0

由表9-11我们可以看出,对于"是否和同学攀比文具"的问题,选择"会"的人数为35人,占调查学生总数的5.8%;选择"不知道"的人数为103,占调查学生总数的17.0%;选择"不会"的人数为468,占调查学生总数的77.2%。由此可知,超过20%的学生在教育过程中是需要关注的。尽早纠正攀比的风气以避免学生攀比心理进一步膨胀是很有必要的。

表9-11 城市中学生在和同学攀比文具上的回答情况

选项	频数	百分比(%)
A. 会	35	5.8
B. 不知道	103	17.0
C. 不会	468	77.2
总计	606	100.0

由表9-12我们可以看出,对于"是否赞同人生的意义在于奋斗"的问题,选择"是"的人数为494人,占调查学生总数的81.5%;选择"说不清"的人数为93,占调查学生总数的15.3%;选择"不是"的人数为19,占调查学生总数的3.1%。所以,学生们的思想状态总体是好的,作为教育者,我们要对那些持有相反意见的学生给予更多的关注。毕竟,对于教师来说"不让每一个孩子掉队"既是职业道德所要求,又为教育目的所期待。

表9－12　城市中学生在"人生的意义在于奋斗"的回答情况

选项	频数	百分比(%)
A. 是	494	81.5
B. 说不清	93	15.3
C. 不是	19	3.1
总计	606	100.0

（2）城市中学生艰苦奋斗思想状况的差异分析

根据现有的调查问卷,我们分别就不同性别、不同年级的城市中学生在艰苦奋斗各题目上的回答情况作了卡方检验,以考察不同性别、不同年级的城市中学生在艰苦奋斗思想上的差异。

不同性别中学生在艰苦奋斗各题目上的回答情况如下所述。由表9－13可知,不同性别在"对待名牌"、"对待勤俭节约"、"吃饭打包"、"进行攀比"和"奋斗对人生的意义"上的卡方检验结果均不显著。结合表9－14,我们可以看出,对于是否和同学攀比文具,选择"会"的男女生人数分别为16人和19人,分别占同性别学生人数的6.3%和5.4%;选择"不知道"的男女生人数分别为47人和56人,分别占同性别学生人数的18.5%和15.9%;选择"不会"的男女生人数分别为191人和277人,分别占同性别学生人数的75.2%和78.7%,对任何一个选择,男女生的回答比例都比较接近,因性别不同而导致的差异不明显。因此,对于城市中学的学生而言,性别对学生艰苦奋斗思想状况的影响相对较小。

表9－13　城市中学性别与艰苦奋斗的卡方检验结果

题目	人数	卡方值	df	p
1. 对待名牌	606	3.837	2	.147
2. 关于勤俭节约	606	1.490	2	.475
3. 吃饭打包	606	5.099	2	.078
4. 攀比吃穿和文具	606	1.026	2	.599
5. 人生的意义在于奋斗	606	4.222	2	.121

表 9 - 14　城市中学男女生在吃穿攀比上的回答情况

性别	4. 攀比吃穿和文具			总计人数(百分比)
	A.会人数(百分比)	B.不知道人数(百分比)	C.不会人数(百分比)	
男	16(6.3)	47(18.5)	191(75.2)	254(100.0)
女	19(5.4)	56(15.9)	277(78.7)	352(100.0)

不同年级中学生在艰苦奋斗各题目上的回答情况:根据表 9 - 15 所显示的数据可知,不同年级的城市中学生在"对待勤俭节约"、"进行攀比"和"奋斗对人生的意义"上的回答差异不显著,但是他们在"对待名牌"、"吃饭打包"上的选择具有一定的差异。

表 9 - 15　城市中学不同年级在艰苦奋斗上的卡方检验结果

题目	人数	卡方值	df	p
1. 对待名牌	606	23.979	10	.008
2. 关于勤俭节约	606	17.151	10	.071
3. 吃饭打包	606	25.876	10	.004
4. 攀比吃穿和文具	606	17.562	10	.063
5. 人生的意义在于奋斗	606	6.386	10	.782

2. 农村中学

(1)农村中学生艰苦奋斗思想状况描述性分析

在艰苦奋斗部分,我们同样设置了五个情境题,包括生日礼物是否一定要名牌、生活水平提高了是否还要勤俭节约、在餐馆吃饭时剩菜是否会打包、是否会和同学攀比文具以及是否赞同人生的意义在于奋斗等。

对于题目"生日礼物是否一定要名牌",根据表 9 - 16 我们可以看出:选择"赞成"的人数为 27 人,占调查学生总数的 4.3%;选择"无所谓"的人数为 70,占调查学生总数的 11.1%;选择"不赞成"的人数为 531,占调查学生总数的74.6%。由此可知,不赞成追求名牌的学生还是占绝大部分的。值得注意的是,对此持赞成态度的同学也占了一定的比例(4.3%)。这表明在生活水平不断提高的当代,艰苦奋斗的具体含义已经发生了变化,再用旧的生活理念去理解艰苦奋斗已不合时宜了。个人的消费行为只要与其家庭消费水平相适应,也是完全可以理解的。

表9-16　农村中学生在对待名牌上的回答情况

选项	频数	百分比(%)
A.赞成	27	4.3
B.无所谓	70	11.1
C.不赞成	531	84.6
总计	628	100.0

对于"生活水平提高了是否还要勤俭节约",根据表9-17我们可以看出:选择"没必要"的人数为26人,占调查学生总数的4.1%;选择"无所谓"的人数为28,占调查学生总数的4.5%;选择"有必要"的人数为574,占调查学生总数的91.4%。很明显,认为需要勤俭节约的仍然占据绝大多数,不管社会形势如何,学生们对一些优秀传统在内心里还是认可的。由于生活条件的改善,学生对于艰苦的感受越来越少,对于勤俭的意义也不是很清楚,很多在成人眼里认为是不可思议的事在他们面前却变得极平常。因此,要想让学生养成勤俭节约的好习惯,必须先让他们理解勤俭的意义,还要让他们对勤俭节约有所体验。

表9-17　农村中学生在是否还要勤俭节约上的回答情况

选项	频数	百分比(%)
A.没必要	26	4.1
B.无所谓	28	4.5
C.有必要	574	91.4
总计	628	100.0

对于"剩饭菜是否会打包",根据表 9-18 我们可以看出:选择"会"的人数为 324 人,占调查学生总数的 51.6%;选择"没想过"的人数为 176,占调查学生总数的 28%;选择"不会"的人数为 128,占调查学生总数的 20.4%。虽然选择会打包剩饭菜的人数超过其他两项,但也是刚过半数,选择不会打包及从未想过打包的人数竟然超过 1/3。在我们生活水平日益提高的今天,竟然出现这样高的比例,说明现在的学生艰苦奋斗的观念是淡漠的,值得教育工作者深思。

表 9-18　农村中学生在餐馆吃饭剩饭菜是否会打包的回答情况

选项	频数	百分比(%)
A. 会	324	51.6
B. 没想过	176	28.0
C. 不会	128	20.4
总计	628	100.0

对于"是否和同学攀比文具",根据表 9-19 我们可以看出:选择"会"的人数为 36 人,占调查学生总数的 5.7%;选择"不知道"的人数为 74,占调查学生总数的 11.8%;选择"不会"的人数为 518,占调查学生总数的 82.5%。由此可知,还是有超过 20% 的学生在教育过程中是需要关注的,尽早纠正攀比的风气以避免学生们攀比的心理进一步膨胀是必要的。

表 9-19　农村中学生在是否会和同学攀比文具上的回答情况

选项	频数	百分比(%)
A. 会	36	5.7
B. 不知道	74	11.8
C. 不会	518	82.5
总计	628	100.0

对于"是否赞同人生的意义在于奋斗",根据表 9-20 我们可以看

出:选择"是"的人数为 578 人,占调查学生总数的 92.0%;选择"说不清"的人数为 38,占调查学生总数的 6.1%;选择"不是"的人数为 12,占调查学生总数的 1.9%。所以,学生们的思想状态总体是良好的,但是要更关注这些不赞成人生的意义在于奋斗的同学。

表 9 - 20 农村中学生在人生的意义是否在于奋斗的回的情况

选项	频数	百分比(%)
A. 是	578	92.0
B. 说不清	38	6.1
C. 不是	12	1.9
总计	628	100.0

(2)差异性分析

根据现有的调查问卷,我们分别就不同性别、不同年级的农村中学生在艰苦奋斗各题目上的回答情况作了卡方检验,以考察不同性别、不同年级农村中学生在艰苦奋斗思想上的差异。

不同性别的农村中学生在艰苦奋斗各题目上的差异检验:由表 9 - 21 可知,性别在"勤俭节约的态度"、"吃饭打包"、"攀比吃穿和文具"上的差异均未达到显著性水平;农村中学男女生在名牌意识、艰苦奋斗知行存在较高的差异。结合表 9 - 22,我们可以看出,对于"是否和同学攀比文具",选择"会"的男女生人数分别为 19 人和 17 人,分别占同性别学生人数的 6.1% 和 5.4%;选择"不知道"的男女生人数分别为 43 人和 31 人,分别占同性别学生人数的 13.8% 和 9.8%;选择"不会"的男女生人数分别为 250 人和 268 人,分别占同性别学生人数的 80.1% 和 84.8%。就农村中学生的攀比现象而言,男女生的比例都接近一致,因性别而产生的反应差异相对较小。

表9－21　农村中学男女生在艰苦奋斗上的卡方检验结果

题目	人数	卡方值	df	p
1. 对待名牌	628	17.629	2	.000
2. 关于勤俭节约	628	4.146	2	.126
3. 吃饭打包	628	5.667	2	.059
4. 攀比吃穿和文具	628	2.657	2	.265
5. 人生的意义在于奋斗	628	10.881	2	.004

表9－22　农村中学男女生在吃穿攀比上的回答情况

性别	4. 攀比吃穿和文具			总计 人数（百分比）
	A. 会 人数（百分比）	B. 不知道 人数（百分比）	C. 不会 人数（百分比）	
男	19(6.1)	43(13.8)	250(80.1)	312(100.0)
女	17(5.4)	31(9.8)	268(84.8)	316(100.0)

　　不同年级农村中学生在艰苦奋斗各题目上的差异检验:根据统计数据可知,不同年级农村中学生在"对待名牌的态度"、"奋斗对人生的意义"上的差异达到显著性水平。这表明年级对农村中学生的名牌意识、艰苦奋斗的知行存在一定的影响。结合我们的访谈可以看出,农村中学生的年级与艰苦奋斗中这两个情景的选择存在着较为紧密的联系,随着年级的升高,艰苦奋斗的意识变差(见表9－23)。这一点,值得广大教育工作者深思。

表9－23　农村中学不同年级在艰苦奋斗上的卡方检验结果

题目	人数	卡方值	df	p
1. 对待名牌	628	31.807	10	.000
2. 关于勤俭节约	628	14.259	10	.162
3. 吃饭打包	628	10.323	10	.413
4. 攀比吃穿和文具	628	11.764	10	.301
5. 人生的意义在于奋斗	628	28.118	10	.002

第三节 研究结论与教育对策

一、研究结论

(一)小学

根据调查问卷结论所做的分析,说明小学生在名牌意识、勤俭节约、是否打包剩菜剩饭、是否相互攀比吃穿及文具以及艰苦奋斗的知、情、行的五个情境题的选择中,艰苦奋斗的精神总体良好,能够知道并愿意践行艰苦奋斗的精神并把艰苦奋斗的精神用在学习中。访谈中,个别小学生由于年龄的限制和历史知识的缺乏对于艰苦奋斗的认识不全面。有小学生说:"艰苦奋斗是有能买奥迪的钱只买了奥托。"被调查的小学生,全部是九十年代后期出生的,对于物资缺乏没有太多的概念,对建国初期的困难情况缺乏感同深受的体验。艰苦奋斗是物质上的低要求更是精神上的高要求。在改革开放的政策下,虽然物质生活有所改善,在一定范围内提高学生的生活质量和生活品质是必然的。在新时期提倡艰苦奋斗的荣辱观,不是让广大人民群众回到困难时期,吃穿用都向最低的水平看齐,而是指在精神上我们要发扬勤俭、奋斗的优良传统,在任何困难面前都不轻易认输。艰苦奋斗的精神在任何年代都要发扬光大。

在性别与艰苦奋斗的相关性方面,统计结果也表明其基本上对小学生艰苦奋斗意识没有太大影响。在勤俭节约的问题上,女生的回答要好于男生。在年级与艰苦奋斗的相关性方面,根据统计结果我们不难看出,在攀比吃穿及文具的情境上,年级不影响小学生们的选择,但是在其他情境上却出现了相关性的状况,最典型的就是在名牌意识和勤俭节约的两个情境,都随着年级出现了高的正相关。在打包剩菜剩饭的问题上和对艰苦奋斗的认知、行动的方面出现了负相关。这表明,随着年级增长,小学生艰苦奋斗意识在不同方面会渐渐发生改变,呈现年级性特点。

虽然大部分小学生对于艰苦奋斗有正确的认识,能在生活的真实情景中作出正确的选择。但是,针对不同年级不同性别的小学生,教育者要采取不同的教育策略。这样才能帮助小学生树立正确的艰苦奋斗的观念,并在生活中有所行动。

"以艰苦奋斗为荣,以骄奢淫逸为耻",实质就是要正确认识和处理勤俭与奢侈的关系。调查结果说明中小学生对于艰苦奋斗荣辱观有一定的正确认识。大部分的学生都能够在日常生活中做到勤俭节约,并能够以正确的态度看待名牌问题。但是有少数的学生还是有错误的思想意识。

(二)中学

根据调查的数据分析,中学生在内心对优秀传统的认同是居主流的,认为需要勤俭节约的学生仍然占大多数,因此,我们在教育中必须正视这样的主流,因势利导,发挥他们在群体教育中的引领作用。但是,同时也要注意到,在具体的勤俭节约的行动上,如城市中学的学生选择不会打包及从未想过打包的人数就超过了1/3,这也说明城市中学生在这一观念上存在一定程度的言行脱节现象。

性别对于艰苦奋斗的差异性影响是有城乡区别的。城市中学生艰苦奋斗思想状况的差异分析对任何一个问题的选择,男女生的回答比例都比较接近,因性别不同而导致的差异不明显。因此,对于城市中学的学生而言,性别对学生艰苦奋斗思想状况的影响相对较小。然而从数据中可以看出,农村中学生性别对于艰苦奋斗则存在一定的影响,而且主要体现为名牌意识和对于艰苦奋斗精神的认识两个方面。

不同年级中学生在艰苦奋斗各题目上的回答情况,存在一定的选择性差异,也就是说不是在所有的问题上,学生的选择都会因年级而发生变化。具体来说,在"对待勤俭节约"、"进行攀比"和"奋斗对人生的意义"等问题的回答上,各年级的情况差异不显著,但是他们在"对待名牌"、"吃饭打包"等问题上的选择却具有一定的差异,而这种差异的显著更多地集中在学生坚持艰苦奋斗的具体事件上,这也从一个侧面验证了学生存在一定的言行脱节的情况。结合访谈,我们发现:农村中学生的年级与艰苦奋斗中"对待名牌的态度"、"奋斗对人生的意义"这两个情境的选择存在着较为紧密的联系,随着年级的升高,艰苦奋斗的意识越差。

二、教育对策

对中小学生进行艰苦奋斗的教育途径多种多样,本文从以下几个方面进行概括。

(一)培养艰苦奋斗的人生观和价值观,引导学生从身边小事做起

正确的人生观和价值观是坚持艰苦奋斗精神的根本。没有正确的人生观、价值观,就不可能坚持艰苦奋斗精神。只有树立了正确的人生观和价值观,才能在思想上坚持艰苦奋斗精神,才能经得起各种艰难险阻的考验。把中华民族传统美德和新时期形成的时代精神结合起来,从具体、生动的故事入手,从特定的情境和事件出发,把抽象的概括变为中小学生易于理解和接受的内容,使他们从具体的人物和事件中了解艰苦奋斗的精神,给他们留下终身难忘的教育效果。同时也通过参加各项社会劳动,使当代中小学生真正体会"谁知盘中餐,粒粒皆辛苦"的含义,使他们对那些铺张浪费、骄奢淫逸行为感到羞愧。真正体会劳动人民的辛勤劳动,理解人民是生产劳动的主体,体谅父母赚钱的辛苦,培养他们热爱劳动的好习惯,养成热爱人民、爱护公物、珍惜劳动成果的优秀品质。从身边的小事如一滴水、一度电、一张纸开始,对学生进行艰苦奋斗和勤俭节约的教育;从生活琐事做起,培养学生艰苦奋斗的人生观。

(二)帮助学生正确理解艰苦奋斗与合理消费的关系

我们讲的艰苦奋斗,不是要人们排除正常的生活消费,否定合理的物质利益,去过苦行僧式的清教徒生活。学校所提倡的艰苦奋斗教育,首先要把握好艰苦奋斗与合理消费的关系。现在的中小学生大部分都是独生

子女,一般出生于较好的家庭环境,具有较好的生活条件。而他们的父母一辈成长在物质匮乏的年代。为人父母者普遍存在补偿心理,他们希望孩子的童年比自己的童年更加幸福,所以尽量满足孩子们物质方面的需求。处在溺爱、娇生惯养中的"王子"、"公主"一代,怎么会懂得如何艰苦奋斗?父母对孩子过分的溺爱是造成当今中小学生不理解艰苦奋斗的主要原因。艰苦奋斗与提倡消费是一对矛盾,艰苦奋斗是为了更合理地消费,合理地消费又能培养艰苦奋斗的精神。艰苦奋斗是要求人们在消费中量入而出或者是把钱用在该用的地方,引导中小学生不要随意浪费、挥霍金钱,花钱时需要考虑是否花得物有所值,所购买的物品是否真正需要;花钱时需要衡量该物品价格是否在自己所能承担的经济能力之内;花钱时需要体会父母工作的艰辛与金钱的来之不易。讲艰苦奋斗,不仅是在物质层面上把自己的消费把握以合理、适度、力所能及的范围之中,更是在精神层面上不畏艰难困苦,提倡自强不息、奋发有为、勤俭办事的作风。我们要尽量避免在具体的消费行为上去讨论"艰苦奋斗"问题,如该不该买名牌衣服、山地车,该不该贷款消费等,而是让学生明白,艰苦奋斗不在于形式,不在于我们具体的吃穿,而在于价值追求,在于我们是不是以艰苦奋斗为"荣"。表现在生活细节中就是:我们是不是能心平气和地看待身边同学拥有的"名牌";是不是对家庭生活有困难的同学给予同样的尊重,对他们出色的表现予以由衷的赞扬等。这些都可以体现出我们是不是具有"艰苦奋斗"的道德意识。进一步讲,家庭生活困难的同学能够自信、自强地生活,生活较富足的同学能够多一份社会责任感。

总而言之,引导学生节约用钱,可以逐渐地培养学生的勤俭节约、艰苦奋斗的精神。艰苦奋斗并不是不消费,而是需要适度消费,远离高档消费。这不仅是国情所决定,也事关一个人的道德品质。

(三)发挥家庭在艰苦奋斗教育中的作用

有人曾比喻家庭教育是孩子成长的"生命教育"。遗憾的是有些家长在对其子女进行教育时,不讲科学,对他们提出的各类要求不作具体认真的分析,有求必应,这严重地助长了享乐主义思想和不良生活习惯的形成。美国曾有一位社会学家通过对一些百万富翁的调查发现,这些百万富翁们除了有勤奋、积极进取等共同特点外,还有一个最突出的特点,那就是生活简朴,不乱花钱炫耀自己。这些都值得我国在培养中小学生艰苦奋斗精神的过程中参考借鉴。家庭教育是培养学生艰苦奋斗精神的重要途径,为此,学校要加强与家长的联系,通过召开家长会,共同商讨教育孩子的问题。提醒家长不但要关心孩子的学习、生活,更要关心孩子的思想状况。使家长树立"再穷不能穷教育,再富不能富孩子"的认识,在日常生活中培养孩子艰苦奋斗的品德。

(四)追求艰苦奋斗教育内容的生活化

要教育中小学生树立远大的革命理想,培养不畏艰难困苦、勇于开拓创新的意识和精神;利用主题班会,结合生活中比吃、比穿、比阔、乱倒饭菜等现象,及时组织讨论,使学生们认识到能不能做到勤俭节约、艰苦奋斗关系到每个人的思想品质。人的精力是有限的,人的欲望是无止境的,生活享受方面花的精力多,必然会影响到学习和工作。一个人如果长期养成了大手大脚花钱的习惯,一旦财源中断、囊中羞涩,其膨胀的消费欲望必然会导致两种消极后果,一是巨大的生活反差使个体掉入悲观失望、怨天尤人的陷阱而不能自拔,二是铤而走险、劫财越货,走上犯罪的道路。当学生认识到这些道理,就会自觉养成勤俭节约的习惯。在学习上,要教育他们不畏困难,勇挑重担,敢于实践,大胆探索,奋力拼搏;在生活方式和生活作风上,要教育中小学生艰苦朴素,克勤克俭,不铺张,不奢侈;在对待国家和集体的财物上,要教育中小学生做到精打细算,力争少花钱,多办事;办好事。

(五)努力实现培养艰苦奋斗教育途径的多样化

一要充分利用好各种宣传阵地,进行思想发动,形成群体意识,在广大中小学生中培育"以勤俭节约光荣,以铺张浪费可耻"的正确的舆论导向,把艰苦奋斗的教育和相关的行政管理结合起来,制定必要的具有约束力的行为准则和规章制度,开展诸如争创"文明宿舍"、"文明教室"等活动,反对铺张浪费。二要有计划、有目的地组织中小学生进行社会实践,参加"希望工程"等活动,进而帮助他们准确了解中国的国情、民情,不能光讲享受,利用爱心基金、扶贫结对等方式进行教育。现在整个中国的经济水平还不发达,特别是西部内陆地区更是落后,还有许多孩子由于贫穷而失学在家。发达地区的学生可以把自己的零用钱捐献出来,帮助贫穷落后地区的学生,使他们能重返校园。虽然力量有限,却是学生们爱心的表达,通过此类活动,也有利于培养学生高尚的品格。三要有针对性地组织学生参加勤工助学活动和义务劳动等,培养他们热爱劳动、珍惜劳动成果、尊重劳动人民的优良品质;四要加强社会、学校与家长的配合,帮助他们建立合理的消费结构,指导他们在国力、家力、个人财力许可的情况下,正确合理地安排好自己的衣、食、住、行、用等方面的消费。

(六)坚持学校艰苦奋斗教育的常规化

坚持学校艰苦奋斗教育的常规化要利用课堂及教材进行教育。在政治课上,结合教材使学生了解古今中外著名的思想家、政治家、革命家艰苦奋斗的事迹。如三国时的名相诸葛亮在《诫子书》一文中说:"静以修身,俭以养德";中国共产党创始人之一革命家董必武穿的制服,是解放初期制作的,一直穿了十几年,洗得都发了白;苏联著名文学家高尔基在回忆列宁时写到:"生活俭朴,没有烟酒嗜好,从早到晚忙于复杂而又困难的工作";毛泽东主席从建国直到逝世睡的都是木板床;人民的好总理周恩来的睡衣都是夫人邓颖超补过多遍仍舍不得丢弃的珍物……通过这些事迹的学习,使学生体会到许多伟人都能做到勤俭节约、艰苦奋斗,难道我们不能做到吗? 当然,现在社会进步了,人们的生活水平提高了,我们不会再回头去过老前辈那种生活了,可是,勤俭节约、艰苦奋斗的精神不能丢。在语文课上,学习毛泽东主席在《中共七届二中全会上的报告》中的节选(文中告诫全党务必保持谦虚谨慎,不骄不躁的作风,务必保持艰苦奋斗的作风)《俭以养德》(文中指出,由俭入奢易,由奢入俭难)等文章,使学生认识到勤俭节约、艰苦奋斗不仅是个人的事,也是关系到党和国家、民族的大事。在历史课上,结合中国工农红军在两万五千里长征中,爬雪山过草地艰苦生活的事迹,抗日战争中,东北抗日联军在深山密林中,艰苦地坚持抗日活动,直至胜利的故事等,使广大学生认识到他们的事迹无一不是艰苦奋斗的典范,向他们学习,以他们为楷模,弘扬艰苦奋斗的精神和作风。此外,通过教师对学生的影响力,以教师的行为感化学生。教师不仅要利用一切机会对学生进行艰苦奋斗教育,更要以身作则,率先垂范,从自己做起,以一种奋发向上、百折不挠的精神意志去感染学生,以勤俭节约、刻苦钻研的实际行动去影响学生,使学生受到熏陶。同时,学校应建立一套严格的规章制度约束那些铺张浪费的行为,制止浪费粮食、水电的现象,奖励那些生活节俭、学习刻苦、知难而上的学生。

第 十 章

荣辱观教育研究总结

荣辱观作为人生观的重要组成部分,它集中体现了人们对于荣誉与耻辱的基本看法,并形成了一套评价荣与耻的根本标准。社会主义荣辱观有机统一了中华民族的传统美德与时代精神,它是对马克思主义道德观的一次精辟概括和新时期社会主义道德的一次系统总结。

第一节 研究过程的总结

一、问题的提出

荣辱观从道德的视角透视了人与社会的关系。人们的社会行为是有目的有意识的,这种目的不仅仅包括在经济上对社会创造价值并获得经济回报,也包括在政治上对社会发生作用并赢得一定的社会地位与权力,还包括在道德上的奉献并获得社会名声,当然也包括在审美体验中获得满足和幸福。人们在道德上的奉献并获得社会名声是荣辱观关注的对象。新中国成立 60 年来,在中国的经济发展一路飙升的新时期,国民的道德素质遭遇了一次又一次冲击,不少人早已将"荣辱观"抛向脑后,甚至还出现了荣辱颠倒的情况,有些人反耻为荣,例如将纸醉金迷、骄奢淫逸视为有生活品味的表现;还有一些人反荣为耻,例如,将艰苦奋斗视为过时的做法,认为不值得提倡。在这样的社会大环境下,青少年越发觉得迷茫,他们不知道是应该从众,还是应该以课本上的先进人物为榜样。中国是社会主义国家,荣辱观在中国的社会背景下也被赋予了新的含义,2006 年 3 月 4 日,胡锦涛同志在出席全国政协十届四次会议民盟、民进联组会委员时精辟地阐述了以"八荣八耻"为主要内容的社会主义荣辱观。"八荣八耻"精练地概括了社会主义荣辱观,反映了荣辱观在市场经济条件下应有的归宿。

现今,我国正处于快速发展时期,如何让青少年的道德修养跟上经济发展的步伐,成了学者不得不关注的问题。正是基于这样的忧虑,本课题组进行了为期 2 年的实证研究,由于荣辱观的内涵丰富,本课题中将胡锦涛同志提出的"八荣八耻"作为社会主义荣辱观的总结和缩影,在江苏与安徽的城乡中小学中对少年儿童的荣辱观形成与发展以及教育状况进行全方位的研究分析。本课题的目的是为了给中小学校荣辱观教育提出操作性的意见和建议,同时在道德教育的视野中,对中小学生的荣辱观进行客观分析与描述,对学校荣辱观教育进行客观评价与思考,帮助学校在道德教育中找到荣辱观教育的立足点与生长点,从而为学校道德教育改革提供新的视角与思路,提高我国学校德育的实效。

本调查研究的主要问题是:社会转型时期中小学生面临的荣辱观选择;中小学生荣辱观发展的现状及基本特征;我国中小学校荣辱观的重构以及荣辱观教育的方法。

二、调查项目设计的理论思路

根据荣辱观作用域的不同,我们按照八荣八耻将中小学生的荣辱观划分为爱国主义、服务人民、崇尚科学、辛勤劳动、团结互助、诚实守信、遵纪守法、艰苦奋斗 8 个方面。由于青少年的荣辱观是内涵丰富的,我们的研究不可能全部涵盖,只能有所选择和侧重,集中在能够表现当前中小学生荣辱观特点和发展趋势的主要方面。

爱国主义是人们对生于斯长于斯的田野、山川和人民的深深眷恋和热爱，是对祖国悠久历史和文化传统的崇高自豪感，是对国家、民族命运的自信心和高度责任感，在本课题中主要包括中小学生对中国传统节日的认同、在国际比赛中的国家荣誉感、对祖国科技发展的自豪感、对国家政治的关注意识、爱国行为的实施及如何处理个人利益与国家利益的关系；服务人民是社会主义社会中公民道德的基本要求和基本行为规范，在本课题中主要包括对待一些普通而且辛苦工作人的态度、对待援助他人的想法、参加志愿者活动以及对待服务人民重要性的理解等；崇尚科学反映的是对待科学问题的荣辱观要求，在本课题中主要包括对宗教信仰以及科学知识的态度和认识等方面；辛勤劳动是对中华民族历久弥新的传统美德的精辟概括，它揭示了社会主义劳动观的核心精神和根本要求，但是在新的时代，辛勤劳动也应该被赋予新的时代特征，在本课题中它主要包括服务劳动、家务劳动、简单生产劳动和公益劳动等方面；团结互助是对集体主义思想的揭示，也是对人道主义人际关系的概括。它既高度概括了社会主义社会中人际关系的基本特征，又明确提出了培育和形成社会主义新型人际关系所必须遵循的道德要求。在本课题中主要包括对损人利己、帮助同学、自私自利等方面的看法与认识；诚实守信是源远流长之德，在新时期的中国更加重要，它是人的处世之本，是社会发展的必要条件，在本课题中它主要包括中小学生对他人诚信的期待度、中小学生人际交往中的诚信度、中小学生对待金钱的诚信度、中小学生在学习方面的诚信度以及中小学生对诚信的态度等方面；遵纪守法是对社会公民的法治观念和守法意识的强调和要求，在大力强调民主社会的今天，法纪观念已经成为社会主义思想道德建设的重要补充和有效保障，也是社会主义精神文明建设健康发展的基本要求，在本课题中它主要包括中小学生法纪意识水平、年龄特征、性别差异、家庭影响几方面；艰苦奋斗是中华民族传统美德，在社会主义荣辱观中具有其独特意义，在本课题中，它主要包括节俭意识、攀比现象等方面。

三、调查研究的方法与样本

中小学生荣辱观调查,关键在于调查的真实性和调查问卷的可分析性。因此,在问卷调查及访谈时,我们尽量避开涉及隐私及模式化的问题,利用关联性问题识别是否为真实的荣辱观,即尽量使问卷的问题前后关联,并具有层次性;避免将荣辱观问题简单地做统计处理,以提高研究信度。研究方法包括问卷调查、个别访谈、班组座谈及文献调查法等。

1. 问卷法

为了更好地了解中小学生荣辱观发展的情况,采用问卷调查的方式进行实证研究,给读者呈现更客观、明确的数据展示。本研究共设计问卷4000 份,剔除无效问卷 215 份,共统计学生问卷 3785 份。统计软件为SPSS15.0。

2. 访谈法

配合问卷调查,发现问卷调查中出现的不足点和闪光点,本研究针对个别同学和老师进行访谈,这样可以补充问卷调查法的不足,更全面地发现中小学生荣辱观发展情况以及制定教育对策。

3. 文献法

本研究收集和研读了荣辱观及相关方面的专著和文章,并借助互联网进行了大量的资料搜索。

4. 观察法

本研究实地深入中小学校园,旁听了很多课程,包括语文课、思品课等等,并对于课程开展记录观察,从细节发现问题。

5. 文本分析法

本研究针对中小学每个年级的不同特点,给不同年级布置了不同任务,比如一二年级进行谈话(以故事来启发),看"八荣八耻"的图片说话(看图说话);五年级同学分两组,一组辩论"艰苦朴素"话题,另一组辩论"辛勤劳动"话题;六年级同学画画,关于"遵纪守法"话题等。对中学生主要采取"情景模拟"、"角色扮演"、"道德两难故事"等方法进行研究。

问卷调查样本:在江苏和安徽两省三市分别选取了城市、城镇、农村不同类型的好、中、差三种不同办学水平的中小学共 5 所,综合考虑了学生性别、父母职业、文化程度及家庭收入等多种因素,随机抽取小一至高三的学生共 4000 多人。分别针对学生、教师、家长设计调查问卷和访谈提纲。发放问卷 4000 份,剔除无效问卷 215 份,共统计学生问卷 3785 份,有效问卷回收率为 94.63%。此外综合访谈、观察、文本分析等方法对于样本进行了合理分析。

第二节　调查结果的总结

调查结果包括 8 个维度,本书前面部分已经详细呈现调查数据,本部分将从中小学生的荣辱观认知程度、情感程度、意志力程度以及行动程度 4 方面对本课题加以总结。本课题在调查问卷中设计了一个让中小学生在知、情、意三方面均衡的题目,同时设计了一些附加情境题作为补充,对他们的知情意进行了调查与分析。而行动程度则比较难以通过调查问卷来调查,课题组采取的方案是设计一道情境假设题来考察中小学生的假设行动,虽然这样不能完全测试出中小学生在荣辱观上的行动程度,但是可以作为一种参考数据以供讨论之用。

一、小学部分

（一）小学生对荣辱观的认知程度

调查问卷中涉及小学生对荣辱观认知程度的题目数量不够充分,所以对于整体的小学生荣辱观认知程度不能给出全面的分析,课题组在设计题目的过程中,更多地考虑了小学生的年龄特点和身心发展特点,所以设计的题目多为情境性题目。情境性题目比较容易被小学生理解,但是也具有视域狭窄的缺点。数据显示,小学生对于荣辱观的认知程度较高,基本在70%以上,他们对于荣与耻的认识较为正确。74.9%的小学生知道敲击石头发出蛙鸣声是一种自然现象;76.7%的小学生对于"买彩票中了大奖"的看法是需要自己努力;82.3%的小学生能够认识到选举班长时的贿赂是违纪的;75.2%的小学生认为勤俭节约是很有必要的。大部分小学生对于荣和辱有合理的区分和认识,他们的荣辱观与社会的主流价值取向相符,还有一些小学生由于各种原因对于荣辱观的认识有所偏离,这部分小学生应该成为教师德育工作的重点对象。

（二）小学生对荣辱观的情感程度

数据表明,小学生对于荣辱观的情感程度总体反应强烈,90.4%的小学生在"国际比赛中,中国队获得荣誉时,你会感到怎样"的题目中选择了"激动",而只有39.2%的家长在同样的题目中选择了"激动";91%的小学生对环卫工人持尊重态度;89.1%的小学生乐于参加班级组织的集体劳动;92.5%的小学生在个人与班级的成功中间选择了更喜欢班级的成功;81.5%的小学生不赞成追求名牌的行为;92.9%的小学生不相信世界上有鬼。小学生对于荣辱观的情感程度的正确倾向基本都处于80%以上,这是比较高的情感程度,由此,课题组认为,由于小学生的情感发生较为单纯,影响因素较少,这使得小学生对于荣辱的感情处于"善"的本真状态,相比于小学生的调查,家长对于荣辱观的情感程度明显低于小学生。再如,对于"当'嫦娥一号'升空时,你会感到怎样"的调查中,82.7%的小学生选择感到自豪,而仅有35.2%的家长选择感到自豪,大部分家长(41.1%)选择一般,还有23.7%的家长竟然选择了漠不关心。这让我们不得不谨慎,如何保持小学生清澈的心灵与情感不受成人的影响。

（三）小学生对荣辱观的意志力程度

小学生对荣辱观的意志力程度,主要表现在行动的延续性上,所以课题组设计了一些频次选择的问题,这样可以考察小学生某种行为是否具有延续性以及延续的长短时间等等。调查数据显示,25.9%的小学生经常关注国家政治新闻,大部分(67.1%)的小学生只是有时关注国家政治新闻;43.2%的小学生经常主动帮助同学,超过半数(55.5%)的小学生只是有时帮助同学;62.5%的小学生可以坚持不违反学校规范和纪律,33.5%的小学生偶尔违反学校的纪律。根据数据,我们可以看出,小学生对荣辱观的意志力程度根据情况的不同会发生变化,对于学校的要求与规范,他们会选择努力坚持,而对于学校以外的事物,尤其是与学习、分数不相关的事物,则会有时为之。课题组认为,由于学校课业压力巨大和父母的"望子成龙,望女成凤"的心理,当前小学生的社会责任感面临着缺失的危险,他们的意志力与和自己相关的程度的大小成正比,先考虑与自己相关性大的事物,比如自己的学习,再考虑自己周围,比如先看到同学的困难,再接下才会去关注社会的苦难和国家的苦难等。由此,课题组发现,如何让小学生的小爱变成大爱,如何增强小学生的社会责任感也是所有学者需要关注的内容。

(四)小学生的荣辱观在知、情、意三者间的博弈

小学生荣辱观的成熟分为知、情、意、行4部分,其中前3部分是基础,行是最终目标。知代表了小学生对于荣辱观的认知,情代表了小学生对于荣辱观的情感,意代表了小学生对于荣辱观的意志力,三者相互依存,不可分割,而知、情、意又非一个层面,它们内部有着渐进的关系,知是最基本的层次,情是中间层次,意是最高层次。只有在知情意之上的行动才能持久,才能成为荣辱行动的一个常态。根据我们的调查结果,小学生在荣辱观的知情意程度上有着明显的特点(如表10-1)。

表 10-1　小学生荣辱观中知、情、意表现程度表

选项/观点	我们要热爱祖国	我们要服务人民	我们要崇尚科学	我们要辛勤劳动	我们要团结互助	我们要诚实守信	我们要遵纪守法	我们要艰苦奋斗	平均值
我知道这很重要	25.50	20.60	25.20	21.20	21.60	23.60	22.30	20.80	22.60
我愿意这样做	38.40	47.30	35.80	41.30	39.20	33.50	33.70	35.30	38.06
我决定这样做	36.20	32.00	39.00	37.40	39.20	42.90	44.0	43.90	39.33

从数据中可以看出,小学生荣辱观在知、情、意方面的发展基本偏向于情与意,其中,39.33%的小学生坚定不移地贯彻社会主义荣辱观。根据对数据的进一步分析,课题组发现,低年级的学生选择"我决定这样做"的数据远远高于中高年级同学,中高年级同学则大部分选择"我愿意这样做"。这与我国长期以来的德育教条式灌输方式有很大关系,低年级的小学生对于爱国、为人民服务等的理解还处于教条式,他们往往把规则当做必需,所以才会喊出"我决定这样做"的口号,而中高年级的学生由于有了自己的思维方式,越来越多的情感渗入到他们对于国家、生命、金钱等的认识中,所以会更倾向于个体主导的情感式选择条目上。

(五)小学生的荣辱观行为程度

为了更加客观地调查小学生的荣辱观行为,除了设置一些过往行为检测题外,课题组设置了许多两难情境题供小学生选择,这样可以看出他们在面对两难困境时的行为趋向,在其中一道两难情境题"如果你是一名国家机密人员,受到生命威胁时,你会怎么办"中,86.6%的小学生选择了坚决不交;在另一道情境题"运动会接力赛时,你们组的丁丁同学落后了,你怎么想"中,94%的小学生选择了会继续为他加油;在对于小学生荣辱观行为程度的调查数据统计中,课题组发现了一件非常有趣的现象,凡是假设的情境题,小学生对于高级选项的数据基本都超过80%,而实际的频次题中,小学生的实际表现又大部分处于基本水平,比如很少有人参加过志愿者服务,11.0%的小学生经常参加志愿者服务,45.5%的小学生从未参加过志愿者服务;62.8%的小学生在看到同学作弊时会去劝阻他不要作弊,30.3%的小学生还处在自己有罪恶感和羞耻感的层面;85.7%的小学生从未在过马路时翻越过栏杆;73.5%的小学生经历过在饭店吃饭,把剩饭打包。这说明,我们的道德教育还存在着两张皮现象,口号的强者,行动的弱者。我国德育实效性低的问题在这个调查当中再次浮向水面,成了一个我们不得不提倡再次关注的焦点问题。

二、中学部分

（一）中学生对荣辱观的认知程度

在中学生的荣辱观问卷中，课题组特别设计了一道考察中学生对荣辱观认知程度的题目，直观地反映了中学生对荣辱观的认知程度，如表10-2所示。

表10-2　中学生荣辱观部分维度认知程度百分比表

项目/百分比	热爱祖国	服务人民	崇尚科学	辛勤劳动	团结互助	诚实守信	遵纪守法	艰苦奋斗
很重要	88.17	79.95	95.06	87.45	88.25	92.53	92.55	88.6
说不清	9.72	18.45	4.05	8.25	7.46	5.45	4.65	8.05
不重要	2.11	1.60	0.91	4.35	4.29	2.02	2.80	3.35

从表中我们可以看出，中学生对于荣辱观的认知程度很高，基本在80%以上的中学生认为荣辱观是很重要的，但是相比之下，八荣八耻的维度对于中学生来讲也是略有区别，有些项目，比如崇尚科学，认为其很重要的中学生数量达到了95.06%，而服务人民这个项目，认为其很重要的中学生为79.95%。由此，我们可以发现，中学生对于新时代荣辱观（崇尚科学、诚实守信、遵纪守法等）的认知比他们对于传统荣辱观（服务人民、辛勤劳动、艰苦奋斗等）的认知程度要高，造成这种倾向的原因，课题组分析，首先是由于他们出生的时代背景处于新时期，其次是学校教育对于传统荣辱观的渗透不够深入。此外，还有一些数据说明了中学生对于荣辱观的认知情况，比如88.55%的中学生认为应尊重环卫工人；84.65%的中学生认为应该向灾区捐款。但是在对于非常时尚的"星座"问题上，中学生的认知却不是很清楚，只有1/3（36.65%）的中学生能理性、科学地看待"星座学"，清醒地认识自己，积极地对待生活。另有一半以上（51.25%）的中学生持半信半疑的态度，不能正确地认识到其伪科学性，对相关的学说有兴趣，紧跟流行，又说不清楚这种说法到底对不对，

值不值得相信,此外还有一成以上(13.1%)的中学生迷信"星座学",错误地把它等同于科学。

(二)中学生对荣辱观的情感程度

与小学生相比,中学生对于荣辱观的情感程度要略微降低,80.6%的中学生在中国队在国际比赛中夺冠感到激动;同样,当"嫦娥一号"升空时,80.6%的中学生会感到激动;88.4%的中学生对自己作为一名中国人而感到骄傲;78.85%的中学生愿意参加班级集体劳动;88.2%的中学生在集体荣誉中愿意为落后的同学加油;92.6%的同学在遇到别的同学没有打伞时愿意与他分享雨伞;57.3%的同学在班级荣誉与个人荣誉中选择了班级荣誉,同时二成多(26.6%)的同学选择了个人荣誉;79.6%的中学生不赞成追求名牌,17.35%的中学生持无所谓态度;仅有64%的中学生对于同学作弊感到厌恶,31.47%的中学生觉得无所谓,甚至有约5%的中学生会去效仿。由以上的数据我们可以清楚地看出,在宏观的荣辱观情感上,比如爱国情感,中学生的荣辱观情感最高;中观荣辱观情感,比如团结集体的情感,中学生对此的情感程度居次;微观荣辱观情感,比如艰苦朴素,中学生对此情感程度比前两者略低。

(三)中学生对荣辱观的意志力程度

调查问卷中包含了几道考察频率的题目,以此考察中学生的荣辱观意志力,与小学生的数据相比,我们会明显发现,中学生的荣辱观意志力大大增加,约二成的小学生会经常关注国家政治新闻,但是却有约8.3成的中学生经常关心国家政治新闻;但是在辛勤劳动和团结互助方面,比例有所下降,48.1%的中学生在家经常做家务,48.1%的中学生在家有时做家务,3.8%的中学生在家从不做家务;59.35%的中学生经常帮助同学,37.7%的中学生仅仅是有时帮助同学。原因课题组分析为,首先,现在的中学生大部分是独生子女,父母望子成龙,望女成凤的心态,让他们专注于学业,而且他们也面临着升学压力,所以家务劳动参与的频率较低;其次,独生子女的独居心理会造成他们在团结互助上的意志力不足,每位同学在家里都是备受呵护,当面临群体的平等时,有时自己的位置就会无法摆正。

(四)中学生的荣辱观行动程度

在测试中学生的荣辱观行动程度时,我们依然设置了一部分情境题和一部分现实题,在情境题:"如果你是一名国家机密人员,受到生命威胁时,你会怎么办?"时88.4%的中学生选择了坚决不说;同样,在面对"踢足球砸破玻璃"的模拟情景,89.09%的中学生选择了会承认错误;相比情景设置题,在现实题中仅有10.75%的中学生参加过志愿者活动,大部分(55.75%)中学生有时参加志愿者活动,约33.6%的中学生没有参加过志愿者活动;80.66%的中学会在店主多找了自己钱后会归还,还有约一成的中学生会自己把钱拿走;57.9%的中学生会将剩菜打包,17.7%的中学生不会打包,剩下的持无所谓态度;93.55%的中学生在公车上会主动为老弱病残孕让座;92.36%的同学借了别人的东西会按时归还。我们发现现实题里中学生的行动表现没有情境题中好,原因与我们上面分析小学生的一样,就是知行分离所带来的后果。但是在现实题里中学生的荣辱观行动表现又高于小学生,这也说明了,随着中学生身心的成熟与发展,他们控制自己行动的能力在不断增强,而且对于荣辱观的认知、情感、意志可以较好地指导他们的行动。

第三节 研究结论的总结

一、性别差异

性别原本是一个生物学概念,是人的社会属性赋予了性别以社会和文化的意义,使性别成为带有社会和文化角色的两个相对的概念,除了在生物学上,人在心理、文化等各个方面都存在着由于性别而造成(无论是先天生物性别规定的,还是社会性别角色定位)的差异,性别差异在社会学和心理学等学科视角中是一个重要的分析因素。在社会主义荣辱观的八个方面,性别因素有的表现为显著性差异,有的则表现为差异不显著。

从不同性别的小学生在荣辱观各题目上的卡方检验结果来看:小学生的性别在爱国荣辱观和诚信荣辱观上反应差异不显著;在服务人民荣辱观上,根据题目的不同而表现不同,比如,不同性别的小学生在"环卫工人的工作你怎么看待"上的回答差异不大;不同性别的小学生在援助灾区上的反应存在显著的差异,女生更为感性,她们的同情心和爱心表现得更为明显。从以上的分析中我们可以很清楚地了解到,在对于援助他人方面,小学生们存在着明显的性别差异,女生表现的更为主动、积极,而男生则相对被动;很多学校和社会团体都在组织志愿者活动,在对为人民服务的情感态度中,小学生的性别差异不显著。辛勤劳动荣辱观与服务人民荣辱观类似,根据情况的不同,性别差异表现不同,在关于是否有主动劳动的意识上,性别差异达到了显著性水平。在劳动的主动性上,男生与女生之间存在较大差别,主动承担家务的男生只占总人数的28.7%,而女生占38.6%;"做但不主动"的男生占15.6%,而女生只有8.7%,几乎是男生的一半;"叫做也不做"的男生几乎是女生的两倍,男生占1.9%,女生只有0.1%。但是,对辛勤劳动的认知和意愿进行差异检验发现,性别差异均未达到显著水平,说明男女生在劳动认知和劳动意愿上的差异不大。

在团结互助、遵纪守法、艰苦朴素等荣辱观上,性别因素表现为显著性差异,"以团结互助为荣",女生团结互助的思想与行动表现都优于男生,女生更容易将团结互助的思想与行动结合起来,在团结互助的社会行动方面,女生更愿意付诸实践,而男生更容易产生知行分离现象,他们的言行脱节现象更明显。不同性别小学生在"帮助同学"上的反应差异显著。从男女生对比来看,女生经常帮助同学的人数和比率都明显高于男生,从不帮助同学的人数和比率明显低于男生,表明"团结互助"的思想在女生身上体现更明显,女生帮助同学的频率更高。对第五题的调查也显示出女生乐于助人的频率明显高于男生,说明"以团结互助为荣,以损人利己为耻"的观点在女生身上表现更明显,性别差异影响小学生对团结互助的思想与实践行为。"以遵纪守法为荣"中,小学生中女生比男生的法纪意识更强,例如,在"是否违反过学校的规章制度"的回答中,一半以上(51.5%)的男生回答"从不",而从不违反学校规章制度的女生却高达67.3%,比男生多了15.8个百分点;偶尔违反校规的男生占43.8%,女生只有28.9%。在"你是否因为抄近道而翻越栏杆"的回答中,2.6%的男生经常翻越,仅有0.3%的女生会这样做;有15.3%的男生偶尔翻越,只有4.7%的女生这么做过;82.1%的男生从不翻越栏杆,而从来不因抄近道翻越栏杆的女生则高达95%,从这组数据的比较中,可以更加明确地判断女生的遵纪守法的意识和表现要强于男生;在遵纪守法的具体行动上女生比男生更自觉。在问及"看到有人随手扔垃圾,你会怎么做"时,有更多的女生不仅要自己捡起来,而且会"告诉他改正"(女生51.9%,男生48.5%);"假装没看见"的男生有3.5%,女生只有2.9%。在对于"我们要遵纪守法"的认识上,有40.6%男生选择"我决定这么做",有46.3%的女生做出了这一选择;对于遵纪守法的认识女生比男生更加理性。在"贿选"的问题情境中,女生的表现要强于男生:有82.9%男生选择"不会",而87.3%的女生会坚定地选择"不会"。反之有7.1%的男生选择了"会(贿选)",而选择"会(贿选)"的女生只占4.1%。在"以艰苦奋斗为荣"中,不同性别的小学生在"是否要提倡勤俭节约"上的反应差异达到显著水平。在679名小学生中,有78.5%的女生认为很有必要坚持勤俭节约,作出此选择的男生有70.9%,与此同时,有1.2%的女生和4.1%的男生认为没有必要坚持勤俭节约。

二、年龄差异

调查显示,小学生的社会主义荣辱观八个方面的内容在年龄上都表现出显著差异。"爱国主义荣辱观"具体表现为:中国传统节日认同感呈现出随年级增高而加强的趋势。爱国知情意表现为年级越高,爱国情感加深,但爱国意志或行为减弱的趋势。选"我愿意这样做"的比例呈增高的趋势;选"我决定这样做"的比例呈递减趋势。在国家机密与个人生命的选择上,小学年级越高,选"犹豫不决"的比例呈增高的趋势;选"交出国家机密"的比例呈递减趋势;"服务人民荣辱观"方面,不同的年级对于服务意识的认识和理解是有一定差异,在对待环卫工人的态度上,各年级差异显著。绝大多数小学生对待那些做脏活、累活的工作的人是尊重的,随着年级的增长选择"无所谓"的学生略有增长,而持有"瞧不起"态度的人则随着年级的增长呈递减趋势。对于帮助他人行动的认识,不同的年级段有着不同的理解,各年级在各选项上的反应存在一定差异。对于是否经常参加志愿者活动,不同年级小学生的反应有着较大的差异,总体上看,中高年级的小学生参加的机会比低年级的学生要多,而经常参加志愿者活动的学生随着年级的增长总体上在减少,即随着年级的增长经常参加志愿者活动的人数呈递减趋势;"崇尚科学方面",不同年级的学生在问卷关于"崇尚科学"的各题目上的反应存在显著差异,当问及"星座的说法是否科学"时,认为"科学"的高年级学生明显高于低年级学生。当问及"有人到庙里烧香拜佛求神保佑,你认为这样对么"时,选择"对"的学生人数百分比,一至三年级呈递减趋势,四至六年级基本持平,而且低年级明显高于高年级;"热爱劳动荣辱观"方面,对 6 个年级在劳动维度各题目上的数据进行卡方检验发现,不同年级在各个维度上的反应差异均达到了显著水平,见表 10－3。各年级在劳动维度各题目上的回答存在显著差异。我们发现三、四年级的反应与其他年级存在差异,表明三、四年级是个关键期。这个阶段的儿童能否养成正确的劳动观念对他们未来的发展至关重要,教师应该多关注这个年龄阶段的学生。

表 10－3　不同年级小学生在劳动维度上的卡方检验结果

题目	人数	卡方值	df	p
1. 你在家做家务吗?	1473	62.012	10	.000
2. 班级组织的劳动	1473	20.433	10	.025
3. 中彩票的看法	1473	55.724	10	.000
4. 对农民赚钱少的看法	1473	265.874	10	.000
5. 我们要辛勤劳动	1473	33.376	10	.000

在"团结互助荣辱观"方面,不同年级在"应不应该故意破坏"、"是否经常帮助同学"、"对同学落后的看法"、"团结互助的知情意"、"对下雨同学没伞的做法"、"喜欢个人成功还是班级成功"之间存在较为显著的差异。小学生随着年龄增大,他们对团结互助的相关内容理解更深刻,认为不该故意破坏别人东西的人数越多;随着年级升高,小学生经常帮助同学的人数比例增大,从不帮助同学的人数比例逐渐减小;知道要团结互助的人越来越多,愿意团结互助的人也逐渐增多,而决定要团结互助的人却越来越少;倾向于个人成功的人越来越多,倾向于班级成功的人越来越少。见表 10-4 所示。

表 10-4　小学各年级学生在团结互助上的卡方检验结果

题目	人数	卡方值	df	p
1. 如何看待破坏别人东西	1473	31.673	10	.000
2. 你是否经常帮助同学	1473	51.741	10	.000
3. 如何看待同学落后	1473	29.284	10	.001
4. 我们要团结互助	1473	29.972	10	.001
5. 同学没打伞	1473	22.397	10	.013
6. 个人与班级的成功	1473	86.841	10	.000

在"诚信荣辱观"上,不同年级小学生在"踢球砸到玻璃"的选择上差异不显著,但是对"捡到钱包"、"按时还书"、"店主多找钱"、"我们要诚实守信"和"同学作弊"上均有显著差异。在"遵纪守法荣辱观"上,调查数据显示,随着年龄的增长,小学生违纪现象呈上升趋势,偶尔违犯学校规章制度的,一年级有 16.2%,四年级有 30.7%,而六年级则增长到 32.7%,就是说近 1/3 的学生都有偶尔违犯学校规章制度的现象。在问及"你是否因为抄近道而翻过栏杆"时,回答偶尔做的,一年级中只有 5.8%,四年级增加到 13.0%,而六年级则增加到 22.6%(见表 8-3)。从这一选项可以看出,在涉及个人利益(甚至只是一点方便)时,小学生出现损坏社会公共利益的现象是比较多的,并且随着年龄的增长,这种现

象增长迅速;在法纪意识的知行统一性上,低年级学生更愿意付诸行动。低年级的小学生更加淳朴和天真地表达自己的愿望,对于高年级的学生来说则要注意加强将认知转化为行动的教育和引导;法律与纪律的理性思维能力与年级呈正相关性。在生活常规中,遵纪守法的方面比高年级表现的也好,但是在理性思维和道德困境中,低年级小学生的道德思维能力明显要低于高年级的学生。在"班长贿选"的情境问答中,明确回答"不会的,这是违纪的"各年级的比例分别为 49.1% 、82.1% 、79.4% 、90.2% 、94.1% 、89.0% 。从中可以看出,在道德和法纪思维能力上高年级的学生明显高于低年级学生,选择"会的,到时候我选谁他也不知道"的学生中,一年级有 16.2% ,而五年级则只有 2.3% ,从中可以看出,备选答案给理性思维能力并不强的低年级学生提供了一个似乎合理的解释,所以有许多的学生都选择了这一做法,这并不一定说明低年级学生比高年级的学生更加"诡计多端",但是低年级学生的道德思维能力的缺陷是显而易见的,在这一点上,高年级的学生对于问题情境有着明确的认识,这正是理性思维能力提高的表现;在"勤俭节约荣辱观"方面,各年级的小学生存在极为显著的差异。结合我们所进行的访谈发现,小学生的年级与名牌和勤俭节约意识方面存在较为紧密的内在联系,而与艰苦奋斗的行为方面呈现出极为明显的负相关。这说明在小学生的教育中缺乏养成性教育。在荣辱观培养上,要注意小学生艰苦奋斗行为的培养。

三、城乡差异

本次调查在中学生群体中特别设置了城乡差异比较,以此相互补充城乡荣辱观教育中不足的方面。

爱国荣辱观方面,经卡方检验发现,城市与农村中学生在爱国维度各题目上的差异显著,见表 10 - 5 所示。

表 10-5　城乡中学生在爱国维度上的卡方检验结果

题目	人数	卡方值	df	p
1. 国家比赛荣誉感	1234	51.277	2	.000
2. 国家科技自豪感	1234	122.011	2	.000
3. 国家政治意识	1234	14.740	2	.001
4. 爱国两难情境	1234	61.237	2	.000
5. 爱国情感	1234	54.164	2	.000

　　服务荣辱观方面,在对待环卫工人的态度上,不论农村还是城市,大多数中学生对待环卫工人的态度是尊重的,但农村中学生与城市中学生的态度又有很大不同,城乡中学生在"瞧不起"这个观点中相差了 2.4 倍;在援助他人的态度上,农村中学的学生要比城市学生更乐于帮助别人。在"不会"和"没有想过"这两个选项上,城市的学生要比农村的学生高出一倍多,城乡差异十分明显。对于志愿服务行为,无论是农村还是城市经常参加的人数都是比较少的,两者无显著性差异;在对"为人民服务"的态度上,农村中学生的服务态度要优于城市中学生,具体表现在选择"对"的选项中,农村的学生与城市的学生选择的比例相差了 13.3%。

　　崇尚科学荣辱观方面,在对待星座的态度上,和城市中学进行比较,农村中学对星座学说持有科学观的人数比城市中学多五个百分点,持怀疑态度的人数比城市中学少六个百分点,迷信星座学说的人数百分比城乡差异很小;在对待烧香拜佛的态度上,我们可以清晰地发现城乡差异。农村中学对烧香拜佛现象持否定态度的人数最多,而城市中学对烧香拜佛现象持理解、宽容态度的人数最多。在对科学的认可度上,和城市中学相比,农村中学有更多的学生相信科学很重要,对科学和科学家的崇拜心理更加浓厚。但无论农村还是城市,中学生都能把科学放在重要的位置,并认为科学在生活中的作用非常大。

　　团结互助荣辱观方面,城乡中学生在团结互助的大部分题目的反应均存在着显著的差异。农村中学生和城市中学生所在年级和性别都影响他们团结互助的思想行为:年级越高,农村中学生集体荣誉感越强,城市中学生年级与团结互助的思想行为相关较高,年级越高,城市中学生关于团结互助的意识越弱。城乡中学生性别与团结互助的思想行为都有一定联系,女生更乐于助人,女生的荣辱观意识高于男生。农村中学生父母职业不影响他们团结互助的思想行动,城市中学生父亲职业越好,学生越关注个人成功,而母亲职业不影响大多数城市中学生团结互助的荣辱观。农村中学学生父亲学历越高,学生团结互助的意识越弱,母亲学历与农村学生团结互助的荣辱观不相关;城市中学学生母亲学历越高,学生更喜欢个人成功,父亲学历不影响他们团结互助的荣辱观。农村中学生和城市中学生家庭月收入和在家交流对象与学生团结互助荣辱观没有相关性。家庭关系中母子关系对学生荣辱观的影响较大,这在城市中学表现更明显,母子关系敌对的学生在团结互助方面更被动。总体上父母的辅导方式对城乡中学生荣辱观都没多大影响,但在农村中学中母亲辅导方式对学生的荣辱观影响较大,母亲辅导方式越差,学生在助人方面越冷漠,如表 10-6 所示。

表 10-6 城乡中学生在团结互助上的卡方检验结果

题目	人数	卡方值	df	p
1. 弄坏别人东西	1234	0.083	2	.959
2. 是否帮助同学	1234	10.949	2	.004
3. 同学落后	1234	15.916	2	.000
4. 同学没打伞	1234	6.141	2	.046
5. 个人与班级成功	1234	151.605	2	.000

诚信荣辱观方面,农村学生的诚信道德意识普遍强于城市学生,例如在回答"小刚踢足球不小心把教室的玻璃砸破",超过 10% 的城市学生会选择"他会悄悄离开",而不到 6% 的农村学生才会选择"他会悄悄离开";在人际交往诚信方面、金钱诚信方面和对诚信的态度,农村学生的诚信道德意识也稍强于城市学生;而在学习诚信上,农村学生的诚信意识优于城市学生,当问到"当你看见班上有同学考试作弊时",农村学生超

过72%的学生回答"厌恶",而城市学生的回答"厌恶"的比例只有55%。我们认为改革开放使得城市的经济发展水平和文化发展水平都超过农村,但随之而来的消极、腐败思想及社会不正之风也比农村严重,这些都影响着中学生的诚信品质所产生的消极后果不可低估。

第四节　教育策略的总结

一、与时俱进的爱国主义教育

爱国主义教育不能仅停留在抽象的说教上,要活化传统资源,融入时代特色。为此,爱国主义教育的内容亟待拓宽,应结合现代社会多元化发展的轨迹,把科技道德教育、公民道德教育、环境道德教育、合作精神教育、网络道德教育等内容融入主旋律,使爱国主义教育更具新意,富有时代气息。现代科技发展越来越显示其巨大作用,但科技在为人类造福的同时,其使用不当也会给人类带来极大危害和造成新的灾难,像生态失衡、环境污染、核威胁等,为此必须在科技发展与社会道德精神价值之间找到平衡,从小培养人的科学精神和科技价值观念。现代国际竞争归根结底是人才竞争,我国社会主义要在竞争中立于不败之地,就应增强人才素质,科学道德素质是现代人才必备的重要素质,也是现代爱国主义教育必须赋予的新内容。从中小学生对中国传统节日的认同中,我们可以看出爱国荣辱观的教育亟待更新。我国从2008年开始重新重视传统节日,并把清明节、端午节与中秋节定为法定假日。爱国荣辱观应紧密联系这些内容,突出时代性。同时,中小学爱国荣辱观教育还要适应全球化背景。第一,全球化背景下的爱国主义教育要求培养理性的爱国观。虽然爱国主义首先表现为一种忠诚,对祖国、人民的忠诚,培育这种忠诚始终是爱国教育的主要价值追求。从教育学生忠于小组、班级、年级、学校这些微型群体开始,逐步扩大到忠于较大的群体如家乡、城市,再到忠于国家这种大群体。第二,全球化背景下的爱国主义教育要求国际视野的培养。爱国荣辱观教育要有国际视野,积极适应我国公民民主社会的发展。拥有世界公民意识的爱国荣辱观教育是全球视野下现代教育的诉求。第三,全球化背景下的爱国主义教育要求多元化思想的交流与合作。我国正处于社会转型时期,不同思想观点、不同文化的相互碰撞和激荡,致使中小学生的理想信念、思想认识、价值取向由于社会生活的影响呈现出多元化的倾向,甚至出现扭曲。在全球化的背景下,进行各国爱国主义教育理念与教育经验的交流,同时也会出现共同关注全球问题的合作等。这对中小学爱国主义教育提出了新的挑战。

二、贴近实践的服务荣辱观教育

我们要重视开展丰富多彩的服务实践活动,要突出教育主体的实践性,充分发挥中小学生的积极性、主动性,做到活动铸爱。在实践活动中,要注意从点滴小事做起,不放过任何一次服务教育的机会,比如去敬老院看望爷爷奶奶、帮助盲人过马路、为灾区小朋友捐学习用品、开展服务他人的文娱活动等等。根据道德发展理论的第二个结论是要促进学生的道德品质与行为的一致性。世上没有一种品质是能在一朝一夕之间形成的,因而养成教育更是一项任重而道远的光荣使命,教育者要在具体的情境中引导学生把所学的道德知识应用到实践中去,养成其良好的行为习惯。

三、弘扬科学精神的科学荣辱观教育

美国科学社会学家默顿在《民主秩序中的科学和技术》中指出:"科学的精神气质是指约束科学家的有情感色调的价值和规范综合体。"他还提出了构成科学精神的 4 种规范:普遍性、公有性、无偏见性和有条理的怀疑性。周光召院士把科学精神概括为:客观、求实精神,这是科学精神的首要要求;不断求知精神;追求真理,不盲从潮流、不迷信权威的科学怀疑精神;创新精神;继承的精神;团队精神、民主作风、百家争鸣等。尽管对科学精神的内涵尚无统一认识,总的说来,科学精神是人类在长期的科学探索和获取科学成就的过程中积淀而成的精神气质的集中表征,包括科学情感、态度、价值观等。"科学教育作为一种影响人的文化活动,本质上就是一种人文活动。科学教育影响的直接对象是受教育者的精神世界。科学教育的目的是影响和提升学生的精神品格。"①对照我们的科学教育,我们不无遗憾地发现,我们的教育者并未能够从深层次考虑学生科学品格的养成,我们从不缺知识的传授,但我们太欠缺精神气质的培养。在调查分析中,我们不难看到对于烧香拜佛的问题,尽管许多学生认识到这是反科学的,也有不少学生能用自己的眼光和大脑来辨析反科学和宗教文化的异同。但实际上问题并非如此简单。我们从城乡学生的答案中会看到一个有趣的现象,就是表面上看农村的学生似乎比城市的学生在烧香拜佛的问题上看法更科学,但深究起来,情况也许恰恰相反。如果说对愚昧的偏执是一种迷信,我们是否也可以说,对科学的偏执同样是一种迷信呢? 农村学生之所以坚定地认为烧香拜佛是迷信也许并非来源于对这个问题的深入思考,而仅仅是我们科学灌输形成的一种思维定势。相形之下,城市学生的宽容或许更能说明一种相对而言的科学态度,他们能够认识到,对于烧香拜佛不能一概以迷信斥之,很多时候它都是源于人的一种心理慰藉的需要或宗教文化的需要。

四、融入生活的劳动荣辱观教育

家庭生活是由日复一日的琐碎事情组成的,如整理房间和学习用具、清扫院落、清洗衣服、烧菜做饭等。家庭里的自我服务劳动会使学生感到自己是家庭中的一员,有责任关心家里的一切事情,培养锻炼生活自理的能力。父母应成为热爱劳动的榜样。平时父母不要因为做家务而发牢骚,否则,孩子会认为家务劳动是很累人的,因而对做家务产生反感。更

---

① 刘德华:《科学教育的人文价值》,四川教育出版社 2003 年版,第 241—242 页。

不要在要求孩子做家务时,自己却在一旁看电视或玩电脑游戏。当孩子犯错时,有的家长喜欢用劳动来惩罚孩子,这样不但没能使孩子意识到自己的错误,还会使孩子对劳动产生厌恶感。家长要为孩子创造动手的机会,一名家长说,女儿要求自己洗手帕,结果弄得满地都是水,此后她再也不让孩子干家务了,认为自己干更省心些。家长的这种做法很容易挫伤孩子对劳动的兴趣。家长应放手让孩子锻炼,不要怕他们做不好,也不能求全责备,更不能包办代替。对于孩子独立去做的事,只要他们付出努力,无论结果怎样都要给予认可和赞许,使孩子产生自信。"我能行"这种自我感觉很重要,它是孩子独立性得以发展的动力。孩子自己做事常常做不好甚至失败,在这种情况下,家长应该鼓励孩子再去做,这样会提高他们的积极性,增强他们的自信心,增加他们的锻炼机会,养成独立的行为。学会照料自己的生活,应成为中小学生劳动的重要内容。

学校劳动包括卫生值日、清扫和布置教室、绿化校园、刻苦学习、帮助同学。自我服务劳动不只是为自己服务,还包括为自己生活的集体服务,为同学们服务。在学校里的自我服务劳动可以培养学生关心集体、关心他人的思想品德。当前很多学校都开展了学生劳动值日、值周活动,就是让一个班级的学生停课进行校园的劳动值日,这一制度为学生的劳动观念强化和劳动技能提高提供了机会和平台。这也需要我们教育工作者善于引导,当遇到学生不慎弄脏了墙壁甚至打碎了用具等事情,不要严厉斥责,而是要耐心纠正学生的动作,教会他如何做得更好。

五、深入活动的团结互助荣辱观教育

活动是课堂教育的补充,也是学校教育的重要场所。形式多样的课外活动不仅能够强化课堂教育的效果,更为重要的是它能够为学生的发展提供交往平台。当前,校园活动的形式很多,如集邮、棋类活动、音乐、美术、书法、舞蹈、体育等小组教学活动,都能使学生为演好某一个角色、完成一项共同的任务而积极、主动地行动,其中虽然难免会出现操作失误、意见分歧、言辞不和,但基于良好的愿望和共同的目标,学生会在不断的"争斗"中渐渐明白伙伴之间应有的宽容、体谅、帮助和团结,并体会到团结互助所产生的愉悦。事实上,人总是先通过认识别人来认识自己的,同伴交往可以促进学生自我意识的发展。在集体中得到尊重和承认都会引起主体内部愉悦的情绪体验,因此,同伴交往就有行为矫正作用,当个体的错误行为引起集体舆论时,个体受到的刺激也更大,改正的动机也越迫切。另外,同伴交往可以提供榜样和示范。研究发现,中小学生多以自己喜爱的友伴为"镜子"来对照自己,喜爱听从自己信任的伙伴的忠告,喜欢模仿崇敬的人的行为,同时,也喜欢得到别人的赞美,因此,作为教师,应该对中小学生团结互助的好行为多加以表扬和鼓励,以此来强化他们继续保持好的行为,而对于他们不好的行为则要加以耐心教育。

六、基于信念的诚信荣辱观教育

诚实守信是中华民族的传统美德。提高诚信信念是解决诚信认知与诚信行为分离最好的方式。古语说:"人无信不立",诚信是做人处事之根本。提高中小学生对诚信信念的认识,应该从诚信的名人榜样学起。没有什么东西可以取代诚信,缺少诚信的人无法取得成功。中小学生应该以实例为榜样树立诚信信念,在生活和行动中诚实做人、诚信做事。诚信信念的树立和形成必将强有力地推动诚信行为的实施和扩展。中小学生如果按内心的诚信信念来支配自己的言行,就会在内心形成一种情绪体验,便会产生一种发自内心的道德义务和责任感。通过教师引导学生学习诚信美德,吸收古今优秀道德准则,认真剖析现实社会中的不诚信事例的危害,提高中小学生对诚信信念的认识。中小学生的诚信信念越强烈,对自己行为的诚信意义就理解得越透彻,就越能按正确的诚信规则做事。提高诚信信念认识是我们开展诚信教育的首要步骤。中小学生处于信念的萌发时期,中学可以开展一些读书会、从现实中的诚信事例或者具有教育意义的影片出发,让学生热烈开展讨论,从诚信实践提升至诚信信念。中小学生的诚信行为往往因事而异,这是因为中小学生对待诚信的态度是不稳定的,会随着事情、环境的变化而发生变化。

七、紧跟时代的法治荣辱观教育

社会环境对人格的形成起着潜移默化的陶冶作用,社会法律状况和道德文明水平直接影响了中小学生法纪意识的形成和思想道德水平的提高,社会法治环境的改善是加强和改进中小学生法纪教育,提高中小学生法纪意识水平的前提条件。当今社会正在朝着建设社会主义和谐社会的大好形势下发展,民主与法治建设取得前所未有的成绩,社会风气有所好转,但是来自于经济的、行政的法律和纪律问题仍然存在,信息时代和高科技的发展在推进社会发展的同时也给大家提出了新的问题。面对当前社会上存在的诸多法治问题和道德问题,国家和社会应该对此负起相应的责任,从加强社会道德建设着手,努力营造一个民主文明、法治有序的社会环境,让中小学生能够在一个健康的、文明的环境中成长,同时也有利于促进中小学生法纪意识的提高。一个法治和纪律严明社会的建设应该加强以下方面的工作。首先,要不断地完善现行的法律和纪律制度等体系,为建设法治社会打下基础,同时,现行法律不断完善和完备的过程,也是人们法律意识不断提高的过程。近十年来,随着我国法律体系的不断完善,公民法律意识得到空前提高已充分说明了这一点。每一个具有道德良知、法纪意识的公民,都应自觉地拿起法纪这一有力武器,与各种违法乱纪行为作坚决的斗争。大家齐心协力,才能营造出这样一种社会状况。其次,创建和谐的市场经济环境,为法纪教育的实施提供物质基础。市场经济具有竞争性的特点。这种特点既能激发学生树立进取创新、讲求效益的现代意识,也导致其形成弄虚作假、投机取巧的不良倾向的危险。社会主义市场经济的建立,促使商品生产者和经营者在竞争中求生存,这不仅能够推动社会主义市场经济的发展,而且也激励人们锐意进取、勇于创新、讲究效益、追求效率。但是,竞争的结果必然是优胜劣汰,对失意者来说是很残酷的。这就容易造成一部分人弄虚作假、投机取巧、为达目的不择手段。这些也深刻影响着中小学生的价值实践思维。

八、以人为本的艰苦奋斗荣辱观教育

我们讲艰苦奋斗,当然不是要人们去过清教徒式、苦行僧式的生活,也不是否定合理的物质利益。加强艰苦奋斗教育,首先要把握好艰苦奋斗与合理消费的关系。现在的中小学生中独生子女占了大多数,他们一般具有较好的教育条件和生活条件。他们父母成长时期物质相对缺乏,于是希望满足孩子的一切要求。父母希望可以使他们的孩子比他们更幸福,希望孩子能够充分发展个人才能。为人父母者普遍存在补偿心理,他们过分关心孩子的吃穿玩乐,对孩子过分溺爱,这也是造成中小学生对艰苦奋斗理解不够的原因。艰苦奋斗与消费是一个矛盾体,艰苦奋斗是为了更合理地消费,合理地消费又能培养艰苦奋斗的精神,艰苦奋斗是要求人们在消费中量入而出或者是把钱用在该用的地方。要引导中小学生必须面对现实,花钱时该想一想自己在干什么,想一想钱自何处来,想一想消费之后的影响。讲艰苦奋斗,不仅是在物质层面上讲把自己的消费把握在合理、适度、力所能及的范围之中,更是应在精神层面上讲不畏艰难困苦,提倡自强不息、奋发有为、勤俭办事的作风。我们要尽量避免在该不该买一双名牌鞋、一辆山地车,该不该贷款消费等具体的消费行为上,去讨论"艰苦奋斗"问题。而是让学生明白,艰苦奋斗不在形式,不在我们吃什么、穿什么,而在于价值追求,在于我们是不是以艰苦奋斗为"荣"。表现在生活细节中,我们是不是能平和地看待身边同学拥有的各种"名牌",尊重多元的消费行为;是不是对家庭生活困难的同学给予同样的尊重,对他们各方面出色的表现予以由衷的赞扬等等。这些都可以体现出我们是不是具有"艰苦奋斗"的道德意识。进一步讲,家庭生活困难的同学能够自信、自强,生活较富足的同学能够多一分社会责任。引导学生节约用钱,可以逐渐地培养学生勤俭节约、艰苦奋斗的精神。让学生远离高档消费。艰苦奋斗并不是不消费,而是远离高档消费,要注意适度消费。这不仅是国情决定的,也是培养一个人良好品德的需要。

参 考 文 献

一、著作类

1.《列宁全集》第 23 卷,人民出版社 1995 年版。

2.《马克思恩格斯全集》第 39 卷,北京人民出版社 1961 年版。

3.《马卡连柯全集》,人民教育出版社 1962 年版。

4.《徐特立教育文集》,人民教育出版社 1979 年版。

5.《孙中山全集》第 3 卷,中华书局出版社 1984 年版。

6. 南京师范大学教育系编:《教育学》,人民教育出版社 1984 年版。

7. 周辅成选编:《西方伦理学名著选辑》上卷,商务印书馆 1987 年版。

8. 斯宾诺莎:《神、人及其幸福简论》,商务印书馆 1987 年版。

9. 玛格丽特·米德:《文化与承诺:一项有关代沟问题的研究》,河北人民出版社 1987 年版。

10. 包儿生:《伦理学体系》,中国社会科学出版社 1988 年版。

11. 罗尔斯:《正义论》,中国社会科学出版社 1988 年版。

12. 苏昌培:《团结学》,社会科学文献出版社 1992 年版。

13. 岩崎允胤主编:《人的尊严、价值及其实现》,当代中国出版 1993 年版。

14. 苗力田等编:《亚里士多德全集》(第 8 卷),人民大学出版社 1995 年版。

15. 詹万生:《德育新论》,首都师范大学出版社 1996 年版。

16. 胡厚福:《德育学原理》,北京师范大学出版社 1997 年版。

17. 朱永康:《中外学校道德教育比较研究》,福建教育出版社 1998

年版。

18. 唐凯麟主编:《西方伦理学名著提要》,江西人民出版社2000年版。

19. 檀传宝:《学校教育原理》,教育科学出版社2000年版。

20. 郑永廷:《现代思想道德教育理论与方法》,广东高等教育出版社2000年版。

21. 浦卫忠:《爱国主义与民族精神》,社会科学文献出版社2000年版。

22. 黄向阳:《德育原理》,华东师范大学出版社2000年版。

23. 王荣栓:《科学是一种精神》,济南出版社2000年版。

24. 姜日天:《君子国智慧——韩国哲学与21世纪》,华东出版社2001年版。

25. 教育部社政司组编:《比较思想政治教育学》,高等教育出版社2001年版。

26. 郑永廷主编:《思想政治教育方法论》,高等教育出版社2001年版。

27. 刘德华:《"点击"学校课程——走在十字路口的科学教育》,福建教育出版社2001年版。

28. 江苏省陶行知教育思想研究会、南京晓庄师范陶行知研究会:《陶行知文集》,江苏教育出版社2001年版。

29. 克里夫·贝克:《优化学校教育:一种价值的观点》,华东出版社2003年版。

30. 内尔·诺丁斯:《学会关心教育的另一种模式》,教育科学出版社2003年版。

31. 刘德华:《科学教育的人文价值》,四川教育出版社2003年版。

32. 赵志毅:《文本与人本——高校德育方略研究》,南京师范大学出版社2004年版。

33. 李健孙:《荣誉与责任》,译林出版社2004年版。

34. 胡锦涛:《坚持发扬艰苦奋斗的优良作风,努力实现全面建设小康社会的宏伟目标》,十六大以来重要文献选编(上),中央文献出版社 2005 年版。

35. 刘星:《法理学导论》,法律出版社 2005 年版。

36. 于海波:《科学课程发展的文化学研究》,东北师范大学出版社 2007 年版。

37. 梁金霞、黄祖辉:《道德教育全球视域》,华南理工大学出版社 2007 年版。

38. 高德胜:《道德教育的时代遭遇》,教育科学出版社 2008 年版。

39. 赵志毅:《班级活动的组织与设计》,南京师范大学出版社 2009 年版。

二、论文类

1. 赵学漱:《从经科教一体谈科学教育改革》,《辽宁教育学院学报》 1994 年第 1 期。

2. 刘桂兰:《市场经济条件下的荣辱观》,《聊城师范学院学报(哲学社会科学版)》1995 年第 2 期。

3. 余龙进、刘绍龙:《爱国主义教育是一门科学》,《思想政治教育》 1997 年第 8 期。

4. 王海文:《论全球化时代的爱国主义教育》,《浙江大学》2001 年。

5. 戴健林、任杰、路红:《儿童法律概念的心理结构探究关》,《广州大学学报》2001 年第 3 期。

6. 龙凯:《公民法律意识的形成机理和途径》,《黔西南民族师专学报》2001 年第 3 期。

7. 杨万柱:《以"以德育人"为核心实施"以德治教"》,《中国高等教育》2001 年第 24 期。

8. 韩冰清:《试论我国中小学科学教育改革的基本对策》,《教育实践与研究》2002 年第 8 期。

9. 韩华球、李红霞:《关于中小学科学教育改革趋向的几点思考》,《学科教育》2002 年第 10 期。

10. 中共中央办公厅、国务院办公厅:《关于进一步加强和改进未成年人思想道德建设的若干意见》,《中国教育报》2004 年 3 月 23 日。

11. 赵爱玲:《国内诚信研究综述》,《道德与文明》2004 年第 3 期。

12. 张云飞:《韩国民族精神教育情况简介》,《高校理论战线》2004 年第 3 期。

13. 胡锦涛:《在省部级主要领导干部提高构建社会主义和谐社会能力专题研究班开班式上的讲话》,《人民日报》2005 年 2 月 20 日。

14. 李双玲、孙铭钟:《中国近现代科学教育的改革历程及思考》,《杭州师范学院学报》2005 年第 1 期。

15. 龚瑜:《小学生不愿意当劳动委员"劳动光荣"受挑战》,《中国青年报》2006 年 3 月 23 日。

16.《一条泾渭分明的是非界限——三论树立社会主义荣辱观》,《人民日报》2006 年 3 月 24 日。

17. 温克勤:《对于学习、践行社会主义荣辱观思想内涵的一些理解》,《道德与文明》2006 年第 3 期。

18. 刘义昆:《"八荣八耻"点出中国社会要害》,《光明观察》2006 年第 3 期。

19. 田宏伟:《法律意识的形成与更新》,《商丘师范学院学报》2006 年第 3 期。

20. 韦文学:《国外高校德育的特点及对我国的启示》,《思想政治教育》2006 年第 5 期。

21. 李忠杰:《正确处理荣辱观建设中几个辩证关系》,《中国纪检监察报》2006 年 6 月 13 日。

22. 刘书林:《社会主义荣辱观教育的特点和规律》,《思想教育研究》2006 年第 6 期。

23. 严莉群:《当前大学生社会主义荣辱观教育机制探析》,《西南民族大学学报(人文社科版)》2006 年第 6 期。

24. 张晓林:《引导社会风尚的一面旗帜——谈"八荣八耻"社会主义荣辱观》,《思想政治教育》2006 年第 8 期。

25. 李健华、易想和:《论社会主义荣辱观的主体层次性》,《思想政治教育》2006 年第 8 期。

26. 章毛平:《关于加强青少年社会主义荣辱观教育的理性思考》,《思想政治教育》2006 年第 8 期。

27. 彭雨、管宁:《韩国、美国高校道德教育特色与启示》,《思想政治教育》2006 年第 11 期。

28. 刘艳玲:《全球化背景下我国中小学爱国主义教育的研究》,湖南师范大学 2006 年。

29. 赵志毅:《化解冲突:和谐社会的德育之道》,《南京师大学报》2007 年第 1 期。

30. 蔡雪冰:《论公民法律意识的形成及特点》,《中南工业大学学报》2007 年第 2 期。

31. 蔡丹丰:《性别差异研究的发展及其思考》,《湖北教育学院学报》2007 年第 4 期。

32. 赵志毅:《美国教育理论的研究与发展》,《大学教育科学》2008 年第 2 期。

33. 赵志毅:《以科学发展观为指导提高德育研究水平》,《全球教育展望》2010 年第 1 期。

后　记

　　2006年9月,教育部人文社会科学研究基地2006年重大项目——"社会主义荣辱观与中小学德育研究"(编号06JJD880022)立项。作为子课题,本研究在当年10月正式启动。进行了一年的案头准备工作之后,课题组于2007年10月分赴江苏南京、新沂和安徽和县及浙江杭州等地进行问卷、访谈等实地调查。斗转星移,一晃已经四个年头了。当这本凝结着课题组全体成员辛勤劳动的研究报告即将付梓之时,作为课题组负责人的我有许多话要说。

　　一个课题的完成是团队成员心血和汗水的结晶。几年来,课题组在深入城乡中小学实施实证研究时的那一幕幕场景又浮现在我的脑海。无论是风雪交加的严冬,还是骄阳似火的盛夏;无论是百花盛开的暖春,还是寒风凛冽的深秋,我和我的2006、2007、2008、2009届的硕士与博士研究生弟子们在繁重的教学(学习)与理论研究之余每两周一次的基层学校实地考察、听课、研讨活动从未间断过,正是这不折不挠的"基层锻炼"和认真严肃的问题研讨造就了我们整个团队严谨的研究品格和较为丰富的研究经验,望着案头这厚厚的卷宗和一摞摞小山般的回收的问卷,我不禁感慨万千!我真真切切地感受到了导师鲁洁先生的名言"教师的生命在学生身上延续"的深切含义。铁打的校园,流水的学生,和我一起从事课题研究的弟子们来了又去,去了又来,换了一茬又一茬,可大家精诚团结,为学术而战的治学精神却化作了铅字,凝聚在这字里行间。

　　南京市赤壁路小学校长陆燕、教研室主任邓俊娇,南京市游府西街小学校长林慧敏、书记田世华、副校长杨毅静,南京市莫愁湖小学校长佴中琪、副校长胡明艳,南京市梅园中学政教处主任周梅,南京市九中校长王伏才、副校长林启红,新沂港头中学校长阎刚,瓦窑中学校长王启乐,安徽和县第三小学校长张家琦以及上述学校的老师、学生、家长对课题研究鼎力相助,在此表示衷心的感谢!

　　课题组由以下人员组成:赵志毅、刘香东、柴吉川、崔婧婧、宋美超、马晓红、樊秀丽、刘洁璇、高梅、石洪玲、李飞跃、郑丹、赵艺、刘国磊、余国俊、卫佳、王宝君。本书数据表格的处理由柴吉川、石洪玲、刘国磊具体负责,并且得到了南京师范大学心理系邓铸老师及其弟子周临同学的大力支持,谨表谢忱。本书统稿工作由赵志毅负责,我的2009届博士研究生弟子李宏亮对书稿做了全面的阅读和校对,付出了辛勤的劳动。

赵志毅

2010年3月8日于杭州文二路师苑新村寓所

责任编辑:夏　青

图书在版编目(CIP)数据

荣辱观教育的当代路向——基于城乡中小学的实证研究/赵志毅 等著.
-北京:人民出版社,2010.9
(荣辱文丛)
ISBN 978-7-01-008854-9

Ⅰ.①荣…　Ⅱ.①赵…　Ⅲ.①思想政治教育-教学研究-中小学
　Ⅳ.①G631

中国版本图书馆 CIP 数据核字(2010)第 067151 号

荣辱观教育的当代路向
RONGRU GUAN JIAOYU DE DANGDAI LUXIANG
——基于城乡中小学的实证研究

赵志毅　等著

人民出版社 出版发行
(100706　北京朝阳门内大街 166 号)

北京瑞古冠中印刷厂印刷　新华书店经销

2010 年 9 月第 1 版　2010 年 9 月北京第 1 次印刷
开本:710 毫米×1000 毫米 1/16　印张:20
字数:286 千字　印数:0,001-3,000 册

ISBN 978-7-01-008854-9　定价:42.00 元

邮购地址 100706　北京朝阳门内大街 166 号
人民东方图书销售中心　电话 (010)65250042　65289539